Dem Andenken Feldmarschall Rommels
und der Toten, die in Afrika in
ritterlichem Kampf starben und fern
Ihrer Heimat im Schoß der Wüste ruhen

Hanns Gert von Esebeck

Das Deutsche Afrika-Korps

Sieg und Niederlage

mit 55 Dokumentarfotos

Limes Verlag

5. Auflage (20.-23. Tsd.)

Alle Rechte vorbehalten
© Limes Verlag, Wiesbaden und München, 1949, 1961, 1975
Text-Druck: Poeschel & Schulz-Schomburgk, Eschwege
Bild-Druck: Rud. Bechthold + Comp., Wiesbaden
Klischees: Nordklischee, München
Einband: Klemme & Bleimund, Bielefeld
Umschlag: Klaus Neumann
Die Karten zeichnete Werner Reißmann
Printed in Germany
ISBN 3-8090-2078-8

INHALTSÜBERSICHT

VORWORT

Am 6. Februar 1941 erhielt General Erwin Rommel, einer der jüngsten Generale des deutschen Heeres, im Hauptquartier Adolf Hitlers Befehl, mit einem deutschen Expeditionskorps zur Unterstützung der bedrängten Italiener nach Nordafrika zu gehen. Dieser Entschluß des Oberkommandos der Wehrmacht, Italien Waffenhilfe zu gewähren, war nicht freiwillig erfolgt.

Italiens Eintritt in den Krieg hatte Deutschland keine Entlastung gebracht. Im Gegenteil ergab sich schon nach wenigen Wochen, daß die Truppen des faschistischen Italien die geringen Aufgaben, die es sich vorbehalten und übernommen hatte, ohne deutsche Hilfe nicht würden lösen können. An der Wende des Jahres 1940/41 aber zogen über Rom die drohenden Wolken einer Katastrophe herauf, die auch Deutschland hätten in Mitleidenschaft ziehen müssen. Marschall Graziani, einer der erfolgreichen und verläßlichen Generale Italiens, war in Nordafrika geschlagen worden; Libyen drohte in die Hand Englands zu fallen.

Seit 1912 italienischer Besitz, war das Gebiet, etwa doppelt so groß wie Ägypten, nur in seinen Randgebieten an der Küste bewohnbar. Aus dem wasser- und vegetationsärmsten Teil der großen Sahara bestehend, zählte die Kolonie nur 750 000 Einwohner, während Ägypten, der östliche Nachbar, 16 Millionen besaß. Aber Libyen war nur 400 Kilometer von Sizilien entfernt und deshalb ein wichtiges militärisches Sprungbrett zur Sicherung des italienischen Besitzes in Afrika. Es war die westliche Zange zum Sudan und Ägypten und es schaltete den britischen Einfluß auf Französisch Nordafrika aus. Zudem machte es die Behauptung Libyens England unmöglich, vom afrikanischen Kontinent aus den Blockadering um Europa vom Süden zu schließen und von hier eine Invasion vorzubereiten.

Während der westliche Teil Libyens, Tripolitanien, und der östliche, die Marmarica, durchweg tote Wüste bildeten, war der mittlere Verwaltungsbezirk, die Cyrenaika mit ihrer Hauptstadt Bengasi, nach der Befriedung des Landes durch Graziani zu Beginn der dreißiger Jahre zum Zentrum einer erfolgreichen Kolonisierung geworden. In den fruchtbaren, wasserreichen Randgebieten waren Bauerndörfer entstanden, Städte und Siedlungen, die einen hoffnungsvollen Anfang bezeichneten. Marschall Balbo hatte Bardia zu einem Hafen ausgebaut, der 1936 fertiggestellt worden war, und zugleich eine Straße entlang der Küste errichtet, die von Tunesien bis zur ägyptischen Grenze über fast 2000 Kilometer führte. Sie lief 800 Kilometer durch meist wasserloses Gebiet, entlang der Großen Syrte von Tripolis bis Marsa el Brega und erreichte nach weiteren 800 Kilometern Tobruk, den größten Hafen der Marmarica, Flottenstützpunkt und Festung seit dem Feldzug Grazianis gegen die Senussi.

Am 13. September 1940 hatte Graziani überraschend die libysch-ägyptische Grenze überschritten, den Feind überall geworfen und einen Tag später Sidi el Barani erreicht, das, zur Festung ausgebaut, den italienischen schnellen Verbänden nach kurzem Kampf in die Hand fiel. England hatte unter dem Befehl General Wavells nur schwache Kräfte entlang der Grenze stehen, die sich auf einen Raum von 300 Kilometern verteilten. Seine Verteidigungslinie begann bei Sollum, am Meer und der Bucht gleichen Namens gelegen, und endete in der Oase Siwa tief in der Wüste. Wochenlang hatte er Graziani zu täuschen vermocht und ihn durch geschickte Verschleierungsmanöver über die Stärke der englischen Truppen im Unklaren gelassen. Nun schien es, als sollte die Offensive, die Wavell unvorbereitet traf, Englands Vorherrschaft im Mittleren Osten jäh beenden. Denn praktisch bestand der Schutz des Nildeltas nur in den vorgeschobenen dünnen Linien weniger Divisionen. Reserven waren nicht verfügbar. Aber Graziani setzte seinen Vormarsch nicht fort, sondern blieb zur allgemeinen Überraschung bei Sidi el Barani stehen und begann hier, sorgsam und überlegt, den Ort selbst auszubauen und in südlicher Richtung Stützpunkte anzulegen, um sich eine sichere Ausgangsstellung für seine nächsten Operationen zu schaffen. Es wurden Lager errichtet, Munition nachgeführt, Brunnen gebohrt, Kampfstände gebaut, ein Teil der Divisionen aber nach Libyen zurückgezogen, da sich die Wasserversorgung als zu schwierig erwiesen hatte. So fand Wavell Zeit, Verstärkungen heranzuführen, um selber zu einem Gegenschlag auszuholen, der ihm alle Ehre machen sollte. Am 9. Dezember 1940 brachen seine Panzerdivisionen durch die ungesicherten Zwischenräume der italienischen Stützpunkte und gelangten, fast unbemerkt von den sorglosen Besatzungen, in den Rücken ihrer Front. Im Zusammenwirken mit der Luftwaffe und der Flotte begann Wavell gleichzeitig seinen Angriff entlang der Küstenstraße. Die Panzerverbände aber stürzten sich in Rücken und Flanken der Italiener.

Die Front brach unter dem ersten Ansturm zusammen. Sidi el Barani war am 11. Dezember wieder im Besitz der Engländer. Nur Reste der Truppen Grazianis konnten sich über die Grenze retten. Wavell aber war entschlossen, diesen Sieg um so nachdrücklicher auszunutzen, als die italienischen Divisionen in ihrer Kampfmoral erschüttert waren. Schon am 5. Januar fiel Bardia, keine 50 Kilometer von der Grenze gelegen, eine gut ausgebaute Festung. 30 000 Mann gingen in die Gefangenschaft. Der Kampf hatte nur zwei Tage gedauert. Die Stadt selbst, auf steilen Klippen hoch über dem Meere gelegen, war ohne Bedeutung. Wichtig waren nur die Süßwasserquellen in den tief eingeschnittenen Tälern am Hafen.

Tobruk, bedeutender Flottenstützpunkt, 150 Kilometer von der Grenze entfernt, kapitulierte am 23. Dezember, seit dem 20. von zwei Panzer- und drei Infanteriedivisionen angegriffen. Derna, 170 Kilometer westlich, Pforte zur Cyrenaika, wurde geräumt und bald war die ganze Cyrenaika in der Hand Wavells, der Anfang Februar Agedabia erreichte und hier am Rande der Großen Syrte zunächst Halt machte, um seine Verbände neu zu ordnen und seinen Nachschub heranzubringen. Er hatte unterstützt durch eine überlegene Luftwaffe, einen glänzenden Sieg erfochten, und es konnte kaum zweifelhaft sein, daß er ihn alsbald durch einen Angriff auf Tripolis vollenden und krönen würde.

Graziani hatte keine Möglichkeit mehr, Wavell aufzuhalten. Die Reste seiner zerschlagenen Armee sammelten sich im Raume der Stadt Tripolis, um sie als letzten Besitz zu verteidigen. Aber es fehlten alle Voraussetzungen, es mit Aussicht auf Erfolg tun zu können. Schwache Kräfte standen noch bei Homs, etwa 130 Kilometer ostwärts Tripolis. Die eigentliche Front, 500 Kilometer bis Syrte vorgeschoben, war von einem verstärkten Bataillon besetzt, dem einzigen Verband, der Wavell noch entgegentreten konnte. Es bestand aus einigen Batterien des Obersten Grati, der Abteilung Santa Maria mit wenigen leichten Panzern, leichten Flakgeschützen und 7,5-cm-Kanonen. Im rückwärtigen Gebiet zeigte sich nur Desorganisation, fehlten schwere Waffen und mangelte vor allem der Wille zu entschlossenem Widerstand.

Die Italiener waren das Opfer ihrer eigenen Leichtfertigkeit geworden. Zwar hatte sie ein fast über drei Jahrzehnte sich erstreckender Krieg in Libyen und Abessinien zu erfahrenen Kolonialsoldaten werden lassen, zwar hatte sich Graziani bei der Rückeroberung des Fezzan und der Befriedung der Cyrenaika an der Wende der dreißiger Jahre als glänzender Truppenführer und hervorragender Kolonialpionier gezeigt, allein alle diese Feldzüge und Kämpfe mit ihren hohen Leistungen und bemerkenswerten Erfolgen hatten sich gegen mehr oder weniger unterlegene Eingeborenenarmeen oder Stämme abgespielt. Ihnen

waren die Italiener dank der klug eingesetzten technischen Kriegsmittel selbst mit veralteten Geschützen und nach europäischen Begriffen mangelhaften Waffen überlegen gewesen. Ein modern ausgerü-
stetes Heer war ihnen dabei nirgends entgegengetreten. So hatten sich
Gewohnheiten herausgebildet, die ihnen in den vergangenen Wüsten-
expeditionen das Leben erträglich gemacht hatten. Sie hatten sie bei-
behalten, ohne zu erkennen, welche Gefahr das bedeuten mußte. Sie
hatten dabei nicht gelernt, sich der Wüste anzupassen. Sie hatten geglaubt, sie zu beherrschen, während in Wahrheit die Wüste es ist,
welche den Menschen ihren Gesetzen unterwirft. Sie hatten versucht —
und es mit Erfolg getan — das europäische Leben in den öden Stein-
wüsten und den Gebirgen des südlichen Libyen und in der grausamen
Grenzenlosigkeit der ägyptischen Sahara fortzusetzen. Sie bauten keine
Stellungen, die gegen Artillerie, Panzer oder Bomber Sicherheit gaben,
sondern Stellungen, die ihnen bequemen Unterschlupf gewährten,
Schutz vor dem Ghibli, dem Sandsturm der Sahara, Schutz vor der
glühenden Sonne und den kalten Nächten. Tafelgeschirr, Betten,
Wäsche, elegante Uniformen, Wein, Selterswasser, Tische, Stühle, Kasi-
noeinrichtungen fanden den Weg in die Wüste. Das Leben in ihr war
nicht schön, aber man hatte es sich erleichtert. Allein dieses Land forderte Härte, Anpassungsfähigkeit, eisernen Willen, sich zu behaupten
und Entbehrungen zu ertragen. Die italienische Armee tat alles, um
diesen Forderungen auszuweichen, und als beim ersten Stoß die luxu-
riöse Lebensordnung zusammenbrach, zerging auch die Kampfmoral
der Divisionen wie Dunst in der Wüstensonnenglut, zumal der schlecht
ausgerüstete Soldat weder Anteilnahme noch Begeisterung für einen
Krieg empfand, den er nicht gewollt hatte.
War nach dieser Niederlage und bei dem trostlosen Zustand der italienischen Truppen noch irgend etwas zu erwarten? Gab es noch eine
Möglichkeit, die Katastrophe abzuwenden? Konnte ein Volk, das in
seiner Technik und in all seinen Kriegsmitteln England unterlegen
war, daran denken, sich zu behaupten? Der Verlust Libyens mußte
das Ende der in Somaliland kämpfenden Truppen und den Verlust
Abessiniens beschleunigen. Er würde endlich das Mittelmeer völlig in
den Besitz Englands bringen und damit auch Europa bedrohen. Die
Preisgabe der Kolonien mußte aber auch politische Rückwirkungen
für Mussolini und sein System haben, wenn schon das erste Kriegs-
jahr mit einer eindeutigen Niederlage abschloß.
Graziani legte den Oberbefehl nieder. Sein Nachfolger wurde General
Gariboldi, bisher Chef des Stabes des Marschalls. General Rommel,
der in Tripolis zum erstenmal mit ihm zusammentraf, stand vor einer
Aufgabe, bei der nur Ehre und Ansehen zu verlieren waren. Sie erschien unlösbar.

DER VORMARSCH

Rommels Auftrag

Fünf Männer umstanden einen jener widerlich dicken Käfer, die seit einigen Tagen zu Tausenden das Land bevölkerten. Voller Spannung blickten sie auf den Skarabäus. Das einst so geheiligte Tier gab sich einer höchst prosaischen Beschäftigung hin und wälzte eine aprikosengroße Kugel aus Kamelmist vor sich her.

„Ob er es schaffen wird?" Der Mann, der diese Frage stellte, ohne eine Antwort zu erhalten und mit seinem Spazierstock die Kugel fortschob, hinter der der schwarze Pillendreher sogleich hereilte, mochte Ende 40 zählen. Er trug einen bequemen Rock aus hellgrünem Leinen, hohe Stiefel und eine weiche Feldmütze mit goldener Borte. Sein schmales Antlitz, mehr dem eines Gelehrten gleichend als einen Soldaten verratend, zeigte geheime Unruhe.

Die Sonne stand im Dunste der Morgenwolken als milchige Scheibe am Horizont und hob das Land langsam aus der Verzauberung der Nacht. An der abseits liegenden Straße, über sanfte Hügel wie ein breiter glänzender Schuhriemen ausgestreckt, lag das Kastell von el Agheila, ein Turm, klobig, dick, von Mauern aus Lehm und Ziegeln eingefaßt, als sei es einer Spielzeugschachtel oder einem Märchen aus Tausendundeiner Nacht entnommen. Fern in der Wüste spielten Staubfahnen im Morgenwind und die Farbe der unendlichen Ebene wechselte vom Grau des ersten Lichtes zum Gelb des Tages über, in Myriaden funkelnder Tautropfen plötzlich aufblitzend, in denen die Umrisse der niedrigen Kameldornbüsche sich wie Tintenkleckse ausnahmen. Unmerklich hatte sich der Himmel in tiefes Blau getönt und jetzt erglänzten die Ränder eines fernen Dschebel im Strahlenglanz der befreiten Sonne.

Der Skarabäus hatte seine Kugel wiedergefunden. Er schob und zerrte sie mit heftigen, regelmäßigen Stößen beharrlich weiter. Von der Straße ließ sich das tiefe Brummen schwerer Motoren hören. Es wurde lauter, stärker, und dröhnend schoben sich drei Panzer an das Fort heran. Einen Augenblick schwiegen die Motoren und in der Stille hörte man

11

die hellen Stimmen der Besatzungen, die zum Fort irgend etwas hinüberriefen. Dann wurden die Motoren wieder angeworfen, und die Kampfwagen fuhren rasselnd weiter. Zwei Flakgeschütze, 8,8 cm auf Selbstfahrlafetten, folgten, und hinter ihnen knatterten wie ein Schwarm aufgescheuchter Wespen Motorräder einer Kradschützenkompanie vorüber. Die fünf Männer hatten sich zur Straße gewandt und, fast wie auf ein Kommando, auf ihre Uhren und von ihren Uhren suchend zum Himmel geblickt. Der Mann mit dem Stock schob den Skarabäus mit einer ungeduldigen Bewegung unter einen Kameldornbusch.

Vor ein paar Wochen erst, Mitte Februar, war er als Kommandeur der deutschen 5. leichten Division in Tripolis gelandet und mit den ersten Teilen seiner Truppen, der Aufklärungsabteilung 3 und einer Panzerjägerabteilung, sofort zur Front geeilt. Was er und seine Soldaten sich unter Afrika und der Wüste vorgestellt hatten, wußte der General heute nicht mehr zu sagen. Vielleicht waren es Palmenhaine gewesen, die sich unter der Last süßer Datteln bogen, malerische Oasen, an deren Wasserquellen verschleierte Frauen ihre Krüge vollschöpften und auf deren grünen Gründen Kamelherden weideten. Auf jeden Fall war alles ganz anders, als sie es sich erträumt hatten. Gleich hinter Tripolis hatte der Staubsturm sie empfangen und in seine glühenden Arme genommen. Dieser Ghibli, der vom Süden der fernen Sahara kommend das Land mit seinem Brausen erfüllte, nahm ihnen jede Sicht. Das Atmen wurde schwer, die Kehlen waren ausgedörrt, die Zungen dick vor Durst und die entzündeten Augen brannten. Überall drang der feine Sand ein, ein ekliger, fetter Staub, vor dem sich die Araber mit ihrem Litham schützten, dem Tuche, das sie fest über den Kopf zogen.

Ja, sehr bald hatten sie die Wüste kennengelernt. Es war ein trostlos ödes Land, unheimlich fast in seiner Verlassenheit und Totenstarre, über der sich nur die Luft belebte, sobald die Sonne ihr Spiel begann und sie wie einen dicken Brei hin und her rührte. Das Wasser, das die Syrte nur widerwillig spendete, war salzig. Es hatte eine höchst eindeutige Wirkung. Aber sie gewöhnten sich schließlich an alles, an die Glut der ewig wolkenlosen Tage, an die Kälte der Nächte, an die verschwenderische Grenzenlosigkeit des Landes und an die Schauer, denen sie unter dem sternenfunkelnden Himmel im Bewußtsein ihrer Verlorenheit unterlagen.

Sie waren auf die neuen Lebensbedingungen nicht vorbereitet worden. Nach einer flüchtigen Gesundheitsprüfung hatte man sie tropentauglich erklärt, ihnen Kochrezepte, Vorschriften für die Behandlung frischen Fleisches — „es soll nach dem Schlachten etwa 12 Stunden hängen und dabei fliegensicher aufbewahrt werden" — allerlei Gesundheitsregeln und törichte Gesetze für ihren Umgang mit Arabern mitgegeben. Nun war die Syrte ihre Heimat geworden. Sie hatten nichts zu kochen, auch kein frisches Fleisch. Von den Arabern bekamen sie nichts zu sehen und das Salzwasser regelte ihre Gesundheit mit peinlicher Schnelligkeit. Sie lernten ihre Zelte und Fahrzeuge tief im Sande zu vergraben und erkannten, daß es selbst auf dieser deckungslosen Ebene Möglichkeiten gab, sich unsichtbar zu machen.

Der klar umrissene Auftrag an den kommandierenden General des Deutschen Afrikakorps beschränkte sich auf die Sicherung der Syrte. Er war mithin rein defensiver Art. Aber schon beim ersten Gespräch im italienischen Hauptquartier hatte sich dieser Auftrag wie ein Kameldornbusch in der Sonne verflüchtigt. Und jetzt waren die Truppen der 5. Leichten zum Angriff angetreten.

General Streich, ihr Kommandeur, hob seinen Knotenstock und klopfte den Staub von seinen Hosen. Froh, der bisherigen Untätigkeit ein Ende bereiten zu können, gestand er sich doch ein, daß ihn dieser Befehl nicht nur mit Genugtuung erfüllen konnte. Sie hatten nichts und waren nichts. Nur Teile seiner Division waren bis jetzt eingetroffen, eine Handvoll deutscher Soldaten, gestützt auf eine Handvoll Italiener von höchst zweifelhaftem Kampfwert und drüben, auf der anderen Seite, ein Feind, der wüstenerfahren, gut ausgerüstet und ihnen um ein Vielfaches überlegen sein mußte.

Und trotzdem, ja, trotzdem wollte der Kommandierende es wagen. Daran war nichts mehr zu ändern, und man wußte es schon lange, daß jener ein Mann von unberechenbaren Entschlüssen war. Kein Zögerer jedenfalls, kein vorsichtiger Planer, ja überhaupt kein Mann der Defensive. Die Lösung seiner Aufgabe, war sie überhaupt zu lösen, konnte er sich gar nicht anders als durch einen Angriff vorstellen. Er mußte wagen. Aber ob er es schaffen würde?

Am Himmel stand ein feines Brausen, näherte sich und dicht über die Hügel schwang sich ein Flugzeug, in dessen Glaskanzel zwei Männer saßen. Die Maschine machte eine kurze Schleife, landete und hielt dicht vor dem General mit seinen Begleitern.

Ein mittelgroßer, untersetzter Mann sprang aus dem „Fieseler Storch". Sein Kopf zeigte eine hohe, ebenmäßige Stirn, eine kräftige, energische Nase, vortretende Backenknochen, einen schmalen Mund mit festen Lippen über einem Kinn von gefährlicher Willenskraft. Die harten Falten um Nüstern und Mundwinkel wurden durch einen Zug gleichsam lächelnder Verschmitztheit gemildert. Auch seine klaren und blauen Augen, kühl im wägenden Blick, durchdringend und scharf, verrieten jenes Listige, das diesem Manne eignete und, brach es durch, seinen Colleonikopf mit schöner Wärme belebte. So stand an diesem 31. März der kommandierende General des DAK, Erwin Rommel, vor dem

Kommandeur und dem Stab der 5. leichten Division, um den Angriff auf Marsa el Brega selbst zu führen.

Die Hilfe, die angesichts der Katastrophe in Libyen das deutsche Oberkommando zu gewähren sich entschlossen hatte, sollte aus zwei Divisionen bestehen, von denen die Reste der 5. Leichten bis Mitte April, die 15. Panzer-Division aber bis Ende Mai in Afrika versammelt sein sollten. Der Befehl, den Rommel im Führerhauptquartier erhalten hatte, sah vor, diese Truppen im Raume um Tripolis zu versammeln und sie dann geschlossen an die Front zu bringen. Vorbedingung für diese Unterstützung war, Tripolitanien im Osten der Großen Syrte zu verteidigen, nicht aber an den Grenzen der Küstenstadt, wie es von Rom zuerst vorgesehen war. Maßgebend für diese Forderung wurde die Erwägung, daß die deutschen Luftwaffenverbände den notwendigen Raum für ihre Bewegungen brauchten, der in einer belagerten Festung Tripolis nicht mehr zur Verfügung stand. Zugleich wurden die italienischen motorisierten Verbände dem DAK unterstellt, das Expeditionskorps selbst aber dem italienischen Oberbefehlshaber in Libyen.

General Rommel, der am 12. Februar zum ersten Male die Hauptstadt Tripolitaniens betrat, sechs Tage, nachdem er seinen Auftrag empfing, fand die italienischen Verbände in einem weit desolateren Zustand vor, als man ihm geschildert hatte. Bengasi war drei Tage zuvor gefallen, die letzte italienische Panzerdivision bei Beda Fomm aufgerieben worden und General Wavell entlang der Küstenstraße über Agedabia hinaus im Vormarsch.

Wie sollte er aufgehalten werden? Alles, was ein Wüstenkrieg erforderte — und nicht nur er — war verloren gegangen, in die Hand des Feindes gefallen oder vernichtet, und nichts war seither geschehen, um diese Verluste wieder auszugleichen. Panzer, Kanonen, Lastwagen, Lager mit Brennstoff, Munition und Verpflegung, in Monate währender Arbeit von Graziani sorgsam angelegt, der Front zugeführt oder in der Cyrenaika und in der östlichen Marmarica verteilt, waren im Sturm des englischen Sieges hinweggefegt worden.

Rommel forderte, nach kurzer Prüfung der Lage und der möglichen Entwicklung, ungeachtet all der wenig ermutigenden Tatsachen die sofortige Vorverlegung der Front und ihren Ausbau zur festen Verteidigungslinie. Er war bereit, entgegen seinem Auftrage, die deutschen Truppen Zug um Zug mit ihrem Eintreffen sofort an die Front zu werfen. Das X. italienische Korps mit den Divisionen Pavia, Brescia und der Panzerdivision Ariete mit 60 leichten, völlig veralteten Kampfwagen, zur Verteidigung von Tripolis im Raum der Küstenstadt versammelt, sollte zur Verstärkung ebenfalls vorgeführt werden. Und mit diesen Truppen wollte Rommel in die Gegend von Agedabia vorstoßen,

14

um die Süßwasserquellen der Siedlung in Besitz zu nehmen, welche für die Versorgung der Truppen wichtig waren.

Gariboldi, der als Oberbefehlshaber in Libyen bis zur Stunde noch in dem Gedanken gelebt hatte, die Stadt Tripolis beschleunigt zur Festung auszubauen, um wenigstens sie dem Zugriff Wavells zu entziehen, erschrak vor dieser Forderung. Wollte dieser neue, unbekannte deutsche General alles auf eine Karte setzen, um alles zu verlieren? Er kannte die Wüste nicht, er kannte die furchtbare und wasserlose Syrte nicht, und er hatte keine Ahnung von den Schwierigkeiten, durch dieses endlose Gebiet der Trostlosigkeit den gesamten Nachschub führen zu müssen.

„Was soll geschehen," fragte er voller Sorge, „wenn sich Wavell in Agedabia stellt und es dort zu schweren und abermals verlustreichen Kämpfen kommt? Was dann?"

Rommel hatte gelächelt. Ihm käme es gerade darauf an, Wavell zu stellen, hatte er erwidert. Der Feind sollte geschlagen und aus der Cyrenaika hinausgeworfen werden. Das war ein klares Ziel. Der Zeitpunkt müßte deshalb so gewählt werden, daß jener seine fünf, ihm jetzt zur Verfügung stehenden Divisionen nicht verstärken könnte. Werde Wavell eine Schlacht annehmen, um so besser; er werde geschlagen werden. Setzte er sich aber ab, so müßte unverzüglich nachgestoßen werden.

Rommel hatte gleich nach seiner Ankunft einen Erkundungsflug über das Frontgebiet unternommen, die Unzulänglichkeit der dort getroffenen Abwehr gesehen, aber mit seinem allezeit beweglichen Geist bereits ungezählte Möglichkeiten gewittert. Nicht die Stärke des Gegners und der Ruhm seiner Erfolge beeindruckten ihn, nicht der traurige Zustand der italienischen Bundesgenossen oder gar dieser mit seinen eigenen Gesetzen ihm völlig fremde Kriegsschauplatz beschäftigten ihn. Er trachtete ausschließlich nach dem Punkt der Schwäche, den selbst der stärkste Gegner besaß und der es Rommel ermöglichen sollte, fand er ihn heraus, kräftig zuzuschlagen.

Bereits am 17. Februar waren deutsche Panzerspähwagen gemeinsam mit der Abteilung Santa Maria zur Aufklärung gegen den Feind gefahren. Wavell hatte seinen Vormarsch wider alle Erwartungen nicht fortgesetzt. Die deutschen Luftwaffenverbände, auf eine Forderung Rommels, die er schon in Rom durchgesetzt hatte, seit dem 12. Februar tagtäglich am Feinde, hatten ihm nicht unbeträchtliche Verluste zugefügt. In der Nacht zum 12. Februar war überraschend zum erstenmal der Hafen von Bengasi mit Erfolg gebombt worden. Seither unterlag die Küstenstraße der deutschen Kontrolle und, ohne Verstärkung, glaubte Wavell, es nicht wagen zu können, erneut anzutreten. Die englischen fliegenden Verbände aber lagen noch weit zurück. Nichts hätte freilich Wavells kampferfahrene und wüstengewohnte Divisionen aufhalten und an einem erfolgreichen Stoß bis Tripolis hindern können. Aber wie er versäumt hatte, nach dem Fall Bengasis und Agedabias entschlossen weiter anzugreifen, so zögerte er auch jetzt noch und verlor kostbare Zeit *).

Denn Schiff auf Schiff brachte von Neapel Truppen, Ausrüstung und Nachschub nach Tripolis. 800 Kilometer führte die asphaltierte Küstenstraße, die Littoreana, ostwärts, bis zur neuen Front, vorüber an Homs mit seinen arabischen Lehmkaten, vorüber an den römischen Ruinenfeldern von Leptis Magna, an Misurata, das den typischen Charakter einer italienischen Kolonistenstadt trug und dann durch das 500 Kilometer sich erstreckende Gebiet der Großen Syrte, unfruchtbares Land, über dem am Tage die Sonne in verzehrender Glut loderte. Halfagras und Kameldorn waren seine einzige Vegetation. Am Horizont standen unwirklich und fern die Konturen der Dschebel, deren rötliche Umrisse sich erst am Abend gegen den kristallklaren Himmel scharf abzeichneten. Vom weißen Sand der Küste wurde die Sonne in funkelnden Kaskaden zurückgeworfen und über dem Innern der Wüste lagen die Spiegelungen blauer Seen in der flackernden Luft.

Ende Februar waren die Wasserstellen von en Nufilia besetzt worden, auch sie salzhaltig, aber immerhin Wasser. Teile der Divisionen Brescia und der Pavia begannen mit dem Stellungsbau im Syrteabschnitt und im Verlauf eines Monats war einiges erreicht und so etwas wie eine Front entstanden. Rommels Vorschlag, Ende Mai, nach Ankunft der letzten deutschen Truppen, auf Agedabia vorzufühlen und, wenn sich die Möglichkeit ergab, den Angriff in die Cyrenaika hineinzutragen, war vom deutschen Oberkommando gebilligt worden.

Am 22. März gingen im Zuge einer bewaffneten Aufklärung leichte deutsche Kräfte auf el Agheila vor, einem elenden Flecken in der Wüste, dessen Besitz freilich für den Nachschub zu der Oase Marada wichtig war, die von einem deutsch-italienischen Verband besetzt worden war, um den offenen Flügel im Süden zu sichern. Die Engländer beantworteten diesen Versuch einer Frontverbesserung auf unerwartete Weise. Sie räumten nach kurzem Kampf das Kastell und überließen dem DAK damit eine günstige Angriffsbasis. Bei diesem Vorstoß waren auch Gefangene eingebracht worden, große, kräftige Burschen, braunverbrannt, sehnig, die mit kühler Gelassenheit ihr bitteres Los

---

*) Desmond Young meint dazu in seiner Rommelbiographie, es sei zweifelhaft, ob Wavells ausgeleierte Panzer und überbeanspruchte Lastwagen weitere 800 Kilometer durchgehalten hätten, ja ob nicht die noch intakten italienischen Divisionen im Raume von Tripolis eine Linie Homs-Tarhuna in aller Ruhe befestigt haben würden. Tatsächlich gab es aber keine intakten italienischen Divisionen zu jenem Zeitpunkt, und selbst eine Handvoll jener ausgeleierten Panzer hätte bei entschlossener Führung genügt, den Feldzug zu beenden und die Italiener aus Nordafrika hinwegzufegen.

Die 12. Staffel auf der Überfahrt nach Tripolis

Erste Rast — noch gibt es Palmen

Leptis Magna

Unser Spähtrupp

Rommel mit Oberstleutnant v. d. Borne und General Fröhlich

Verwehte Straßen

Tee bei 55 Grad und Arifeuer

Feindbeobachtung

auf sich nahmen. Sie schoben den flachen Stahlhelm ins Genick und wußten zunächst keine Antwort auf die Frage nach der Anwesenheit deutscher Truppen. Nein, erklärten sie endlich, davon hätten sie nichts gehört und was hätten auch die Deutschen in dieser verdammten Gegend verloren?

Tatsächlich erging erst am 25. März ein Tagesbefehl an die englischen Truppen der Agheilafront. „Keiner von uns," so lasen die deutschen Soldaten in dem erbeuteten Dokument, „darf sich im geringsten von der Aussicht beeindrucken lassen, deutschen Panzerdivisionen zukünftig im Kampf gegenüberzustehen. Im Gegenteil wollen wir froh sein, wenn man uns endlich die ersehnte Gelegenheit gibt." Und dann folgte ein Satz, der zum Nachdenken anregen konnte, denn in ihm wurde festgestellt, die Deutschen seien keine Übermenschen, als die sie sich dünkten, vielmehr recht minderwertige Soldaten. Unterzeichnet war der Befehl von General Gambier-Parry, der sich zehn Tage später in deutscher Gefangenschaft befinden sollte....

So kam der 31. März, ein denkwürdiger Tag, weil er der Ausgangspunkt vieler anderer wurde. Während General Streich mit seinem Stabe auf die Ankunft Rommels wartete, war eine deutsche Kolonne der 5. Leichten bereits südwärts auf Suerra zu aufgebrochen. Über die Küstenstraße, die Via Balbia, die einst Marschall Balbo angelegt und bis zur ägyptischen Grenze vorgeführt hatte, waren Panzer, 8,8-Flak und Kradschützen angesetzt, die soeben das alte Türkenfort von Agheila passiert hatten, während Panzerjäger die linke Flanke am Meer sicherten. Weit vorgeschoben stand auf dem rechten Flügel eine weitere „Abteilung". Es waren Panzerattrappen, die Rommel aus alten italienischen Fahrzeugen hatte herstellen lassen. Genug von ihnen konnten herrenlos in der Wüste aufgelesen werden. Jetzt waren sie bestimmt, den Gegner über die tatsächliche Stärke des DAK zu täuschen.

Marsa el Brega, eine arabische Siedlung, die auf steilem Sandberge nahe der Küste um eine weiße Moschee lag, war das Ziel dieses Vorstoßes. Schritt für Schritt tasteten sich die Truppen vor, deren Fahrzeuge zum Teil im unpassierbaren Sandgelände an der Küste steckenblieben. Pioniere brachen ein Minenfeld auf und langsam schob sich die Infanterie an die Höhenzüge von Brega heran.

Die Mittagstemperatur belief sich auf 40 Grad Celsius und gab einen leichten Vorgeschmack jener Hitze, die dem Sommer ein hartnäckiger Begleiter werden sollte. Als der Artilleriekampf unvermutet einsetzte, nahm die 8,8-Flak die feindlichen Stellungen unter direkten Beschuß. Aber erst nach dem Einsatz von Sturzkampfbombern waren die englischen Batterien soweit ausgeschaltet, daß die Infanterie zum Angriff antreten konnte.

Als die Sonne sank und die ersten erlösenden Schatten sich neben den niedrigen Hütten Bregas in den Sand zeichneten, war der Engländer aus seinen Stellungen geworfen und die letzten Widerstandsnester waren ausgeräumt worden.

Marsa el Brega war genommen. Die deutschen Truppen standen an der Grenze der Cyrenaika.

Waren Wavells Divisionen weich geworden? Warum waren sie so eilends zurückgegangen?

„Ich glaube", sagte General Rommel, nachdenklich die englischen Gefangenen betrachtend, „Wavell war leichtsinnig, allzu leichtsinnig. Er scheint gedacht zu haben, wir könnten nichts anfangen, nachdem der Italiener zusammengeschlagen war. Er wird sich irren. Wir werden morgen Agedabia nehmen und, befindet sich der Gegner auf dem Rückzug, so wird aus dieser Bewegung mit seinem Gegenangriff nicht zu rechnen sein. Im Gegenteil, wenn wir quer durch die Cyrenaika auf der Nordostpiste in Richtung Derna stoßen, werden wir ihn abschneiden können."

Rommels Entschluß war gefaßt: nachsetzen und dem Feinde keine Zeit zur Besinnung lassen.

Agedabia, von seinen 600 Einwohnern unter der Einwirkung der Ereignisse freilich geräumt und der europäische Ortsteil von den Arabern längst geplündert, war also das nächste Ziel. Wenn auch der 5. leichten Division namhafte Teile fehlten, sie mußte es schaffen. In der Tat schien man auf der anderen Seite noch immer keine Ahnung zu haben, wie schwach Rommel in dieser Zeit war und daß nur Kühnheit und die Schnelligkeit des Entschlusses seine wirksamsten Waffen darstellten.

Mit den Verbänden der 5. Leichten war nur eine einzige italienische Abteilung, die Santa Maria, zur Verstärkung mit vorgezogen worden. Die Spitzen hatten sich bis auf 20 Kilometer nach Agedabia herangeschoben. 60 Kilometer hatten sie nichts anderes vom Gegner gesehen als die Zeichen eines überstürzten Aufbruchs, Tropenhelme, Patronentaschen, Briefe aus dem Mutterland, verlassene Stellungen, Munition, Fahrzeuge.

Ein erregendes Bild bot sich am Morgen des 2. Aprils, als Pioniere, Teile des MG-Bataillons Ponath, und Panzerspähwagen an der Spitze auf Agedabia antraten. Die Panzer waren zum Flankenstoß durch die Wüste angesetzt, und soweit das Auge reichte, standen Staubfahnen über dem Land. Während die Panzer sich mit englischen Kampfwagen herumschlugen und dabei gut vorwärts kamen, die 8,8 in überschlagendem Einsatz den Feind wieder in direktem Beschuß packte, schossen aus Agedabia bereits die Flammenbündel explodierender Munitionslager.

Am Nachmittag war der Ort genommen. Zahlreiche Gefangene, Ausrüstung, Lastwagen, Munition, Verpflegung und Gerät waren in deutsche Hand gefallen. Im Schutze des welligen Geländes war der Gegner verschwunden. Rommel, bei den Angriffsspitzen, riß die Truppen weiter vorwärts. „Tuchfühlung halten mit dem Feind und ordentlich Staub machen. Staub spart Munition." Erst 30 Kilometer ostwärts Agedabia machte die Aufklärungsabteilung Halt. Es war nur noch zu flüchtiger Feindberührung gekommen und eine Meldung, daß starke Panzerverbände, scheinbar ohne Brennstoff, im Raume von Beda Fomm ständen, enthüllte sich als Irrtum. Es waren italienische Kampfwagen, die in der Winterschlacht hier verlassen worden waren.

Unter sehr geringen eigenen Verlusten war die Schlacht bei Agedabia zu einem Erfolg geworden. Die Grenze Tripolitaniens war überschritten, die Gefahr zunächst gebannt. Tripolis lag fast tausend Kilometer hinter der Front. Das DAK stand auf dem Boden der Cyrenaika und — was im Augenblick noch wichtiger erschien — es verfügte über die unerschöpflichen Süßwasserquellen Agedabias, ein um so schönerer Gewinn, als die Syrte mit ihren salzigen Wassern für den Nachschub nicht mehr beansprucht zu werden brauchte.

So war in wenigen Tagen erreicht, was dem DAK für Ende Mai als Ziel befohlen worden war. Dieser Erfolg war nicht ohne Eindruck auf Wavell geblieben. Die Luftaufklärung stellte überall eine rückläufige Bewegung beim Gegner fest. Rommel entschloß sich daher, diese Tatsache ohne Zögern auszunützen.

Ein unausführbarer Plan

Die Aufklärungsabteilung des Oberstleutnant von Wechmar war ohne Rast weitermarschiert. Solluch, eine vergessene Siedlung aus Lehm und Kamelmist, ging in Flammen auf. Zerschossene englische Fahrzeuge bedeckten das Feld. In aller Eile wurden ein paar Kreuze zusammengeschlagen, um den gefallenen Deutschen und Engländern ein Grab zu setzen.

„Bengasi 40 km" stand auf dem Wegweiser. Unversehens wandelte sich das Bild der Landschaft. Trockenes Gras, aber immerhin Gras, bedeckte den Boden. Kamelherden zogen träge über die Ebene und blickten gelangweilt zur Straße. Über Ginsterbüsche ragten die weißen Köpfe der Dünen vom Meer herüber. Die ersten Bäume tauchten auf, Oliven mit silberhellen, fetten Blättern, dunkler Wacholder, Meerkirschen, armselige Gerstenfelder, dazwischen Brunnen mit ledernen Schöpfeimern. Es duftete nach Thymian.

Das fruchtbare, grüne Bengasi kündigte sich an mit Bäumen und Schatten längs der Straße, ein ungewohnter Anblick für die Truppen.

Ohne Feindberührung gewann die Aufklärungsabteilung den Flugplatz, auf dem von den Januarkämpfen und in den letzten Tagen zerstörte Maschinen fahl im Mondschein aufleuchteten. Über der Stadt wälzten sich die Schwaden brennender Benzinvorräte und Öllager, von den schütternden Explosionen englischer Munitionsstapel seltsam angestrahlt. Bengasi war geräumt worden.

Die Stadt verdankte, was sie geworden war, zielbewußter Kolonialarbeit. Von den 140 000 Italienern, die in den wenigen Siedlungen und Kolonistendörfern des Landes lebten, hatten sich 16 000 allein in der Hauptstadt des Landes niedergelassen. Schöne breite Straßen, moderne Verwaltungsgebäude, leuchtend bunte Gärten gaben dem modernen Stadtteil das Gepräge. Allein dieses schöne, freundliche Bengasi gehörte der Vergangenheit an. Um die Wende des Jahres hatte der Krieg an seine Pforten gepocht. Grazianis geschlagene Armee flutete zurück, Australier, Neuseeländer, Inder, Polen und Engländer kamen und jetzt hatte die Stadt abermals ihren Besitzer gewechselt. Das Schwerste sollte ihr freilich noch bevorstehen, aber bereits jetzt trug sie die Spuren unheilvoller Tage. Kaum ein Haus war von den Schrecken des Krieges verschont, der Hafen ein Trümmerfeld verwüsteter Quais, abgebrannter Lagerhallen, verbogenen Eisens und durcheinander gewirbelter Schiffsteile. Während am nächsten Morgen die Aufklärungsabteilung die Stadt bereits wieder verlassen hatte, weitere deutsche Truppen durch Bengasi zogen und am Abend italienische Einheiten eintrafen, und während die Bevölkerung sich dem Taumel einer unerwarteten Wendung hingab, bereitete Rommel in Agedabia schon den nächsten Schlag vor.

„Es nützt gar nichts, wenn wir den Engländer vor uns hertreiben. Wir müssen ihn vernichten." Die Karte der Cyrenaika zeigte dem General eine Piste, welche von Agedabia über Msus quer durch die Wüste nach Mechilli lief und jenseits von Derna die Küstenstraße an der Bucht von Bomba erreichte. Hier sollte durchgestoßen und hier mußten die englischen Truppen in der Cyrenaika abgeschnitten werden. Die Italiener, welche die Wüste kannten, hatten Bedenken. Es sei unmöglich, so erklärten sie, mitten durch die Wüste zu marschieren. Es bedürfe sorgsamer Vorbereitungen. Große Einheiten liefen Gefahr, versprengt zu werden. Die Gebirge seien zum Teil unpassierbar. Schwere Fahrzeuge könnten nicht durchkommen. Die deutschen Truppen verfügten zudem über keinerlei Erfahrungen.

Die Einwände zählten Legion. Auch General Gariboldi war nicht einverstanden. Schon am 2. April hatte er Rommel einen Funkspruch gesandt: „Aus Nachrichten, die ich erhalten habe, entnehme ich, daß Ihr Vormarsch andauert. Dieses ist entgegengesetzt dem, was ich bestimmt habe. Ich bitte Sie, mich zu erwarten, ehe Sie den Vormarsch fortsetzen." Der Plan ist, so erklärte er jetzt bei seiner Ankunft, unausführbar. Da er zudem auch den Richtlinien widersprach, die Mussolini für die Führung des Kampfes Gariboldi gegeben hatte und da ferner die Versorgungslage nicht geordnet war, so verlangte der General absolute Unterstellung und keine weiteren Maßnahmen ohne seine Genehmigung. Erst müsse in Rom angefragt und die Genehmigung für die Fortsetzung der Operationen eingeholt werden.

Rommel schob alle Einwände beiseite. Er erklärte sich entschlossen, zu handeln, wenn die Voraussetzungen gegeben seien. Auf eine Genehmigung aus Rom zu warten, wäre nicht möglich, wollte er sich nicht aller Chancen begeben, welche die Lage ihm böte.

Keine Erfahrungen? Man würde sie gewinnen! Die 5. Leichte war am Ende ihres Brennstoffes? Sofort erhielt sie Befehl, abzusitzen und mit allen Fahrzeugen in Tag- und Nachtfahrten Brennstoff vorzubringen! Es würde nur Sand, Steine, Geröll geben? Es war eine Durststrecke von 300 Kilometern? Aber waren nicht englische Truppen in Mechilli gemeldet worden? Hatte nicht Wavell diese Pisten und dieses Gebiet durchquert? Eben aus Bengasi zurückgekehrt, erteilte Rommel den Befehl, unverzüglich zum Meer bei Tmimi durchzustoßen, die Küstenstraße zu sperren und gleichzeitig von Bengasi aus wieder anzutreten.

Die Abteilung Ponath sollte an Mechilli vorbei Derna gewinnen. Zwei Kolonnen, verstärkt durch italienische Einheiten, erhielten Mechilli als direktes Marschziel. Wasser, wetterfestes Brot und Büchsenfleisch bildeten die Verpflegung für fünf Tage. Der italienischen Artillerieabteilung Fabris führte Rommel 35 Kanister Brennstoff, die letzten Vorräte des Divisionsstabes, sogar selber zu.

Im Brausen eines undurchdringlichen Ghibli glitten die Fahrzeuge mit tiefen Abständen die Asphaltstraße nach Solluch nordwärts. Leere Öltonnen, aus den dahinstürmenden Staubmassen auftauchend, kündeten die Abzweigung nach Mechilli an. Scharf ostwärts wurde abgebogen. Der Marsch durch die Wüste begann.

Die Pisten, welche hier und anderwärts durch die Wüste führten, waren alte Karawanenpfade. Der Sand, im Laufe der Zeit von Tausenden von Fahrzeugen zu hauchfeinem Staub zermahlen, lag wie eine dicke Puderschicht über ihnen. Um diesem Staube, der um jedes Fahrzeug in dicken Wirbeln aufstieg, zu entgehen, pflegte man ihm auszuweichen, bis sich im Laufe weniger Wochen die Pisten so verbreitert hatten, daß es kein Ausweichen mehr gab. Und so tasteten sich die Kolonnen fast blind vorwärts, eingehüllt nicht nur vom Ghibli, sondern auch vom Pistenstaub.

Antelat, einige Lehmhütten in einer von Gott verlassenen Welt, tauchte als letzte Siedlung auf. Fortan erwiesen sich sämtliche Karten als unzuverlässig. In der Tat mußte man sie in der Wüste erst auf eine besondere Art lesen lernen. Die verzeichneten Namen bedeuteten keineswegs, daß hier auch Ortschaften oder Wasserstellen zu finden waren. Zumeist war gar nichts vorhanden. Irgendwo lag ein verwehter, verfallener Brunnen, dem Araber vor undenklichen Zeiten einen höchst klangvollen Name verliehen hatten. Irgendwo waren Steine als Karawanenzeichen zu Haufen geschichtet. Das war alles. Kein Baum, kein Strauch, kein Richtungspunkt ringsum, nur trostlose Eintönigkeit, nackte Wüste. Im Toben des Sandsturmes verbarg sich das Land in dichten Schleiern. Schwieg der Ghibli aber, so kochte die Luft zu einem dicken Brei, die Sonne spiegelte blaue Seen vor das Auge, verwandelte einen niedrigen Kameldornbusch ins Riesenhafte, machte Fahrzeuge unsichtbar und narrte mit ihren verrückten Verzerrungen die Menschen. Die Richtung konnte nur nach dem Kompaß eingehalten werden. Indessen erwiesen sich die Dschebelübergänge als so schwierig, daß die Kolonnen sich Pässe suchen mußten, nur langsam vorwärts kamen und endlich von der Wüste verschluckt wurden.

Doch Rommel hatte Glück. Allen Schwierigkeiten zum Trotz überwanden die Truppen die Dschebel und gewannen zum Teil schon am nächsten Tage die offene Wüste. Schnelligkeit, von der jetzt alles abhing und die alle Bewegungen wie auch alle Entschlüsse Rommels in der Zukunft kennzeichnete, mußte zur Überraschung des Gegners führen. Zwei Aufklärungsflieger, die mit ihren Störchen die Nacht auf dem Flugplatz von Mechilli mitten im Feinde zugebracht hatten, stießen an diesem Morgen auf die Staubfahnen von vier Fahrzeugen. Es war Rommel, der sie zur Landung einwinkte und ihnen Befehl gab, die ringsum in der Wüste verstreuten Marschgruppen zu suchen, zu sammeln und auf Mechilli anzusetzen. Beide Flieger hatten die Masse einer Panzerdivision und einer indischen mot. Division in Mechilli melden können.

Es war ein kühnes Spiel. Ahnte der Engländer, was aus der Wüste heranzog, wie sich langsam die Fäden zu dünnen, aber festen Maschen um seinen Stützpunkt knüpfen sollten, um sich endlich zu einem Netz zu verdichten, so brauchte er sich nur den einzelnen Kampfgruppen entgegenzustellen, um sie einzeln zu schlagen und zu vernichten. Aber entweder wußte er wirklich nichts, und dann war seine Aufklärung nicht in Ordnung, oder er unterschätzte den deutschen Gegner.

Rommel, ungeduldig geworden, hatte endlich selber einen „Storch" bestiegen, die einzelnen Kampfgruppen gesucht und, sie zur höchsten

Eile antreibend, eingewiesen. Der General landete dabei um ein Haar in den Armen der Engländer. Erst auf 80 Meter erkannte er den Irrtum und zog die Maschine wieder hoch.

Am Abend war die Masse der Truppen eingetroffen. Nach Derna, nach Tmimi und strahlenförmig auf Mechilli streckten sich Rommels Finger vor. Der Ghibli hatte sich gelegt. Es wurde, nach einem Tage unerträglicher Glut, wieder kühl. Klar und rein stieg das Land aus der Verzauberung des Abends. Deutlich hob sich die kleine weiße Oase mit dem alten Türkenturm aus der Wüste. Aber das Überraschende an diesem Bild war nicht diese Siedlung inmitten toter Wüste und waren nicht die Umrisse der Dschebel, die wie hingehaucht am zartblassen Horizont standen. Es waren die Massen der englischen Truppen, die ringsum lagerten und die mit bloßem Auge inmitten ihrer Fahrzeuge zu erkennen waren.

Zweimal wurden sie, sobald der Ring um Mechilli geschlossen war, zur Übergabe aufgefordert. Jede Kapitulation wurde indessen abgelehnt. So brachen die Panzer im letzten Licht des Tages in den Gegner ein und schufen damit die Voraussetzung für den Angriff in der Frühe des 8. Aprils, bei dem nach kurzem, heftigen Kampf der Ort genommen wurde. Nur einem kleinen Teil der Besatzung gelang es, durchzubrechen. 2000 Gefangene, zumeist Inder, wurden gemacht. Ihre blutigen Verluste waren schwer. Zugleich meldete die Gruppe Ponath, daß Derna abgeriegelt und auch hier mehrere hundert Gefangene eingebracht worden waren. Unter ihnen befanden sich General P. Neame, Oberkommandierender von Ägypten und Transjordanien, auf Besuch in Libyen, General Wiard, der in Andalsnes die englischen Landungstruppen für Norwegen geführt hatte, in Mechilli O'Connor und Gambier-Parry, Kommandeur der 2. Panzerdivision. Unermeßlich war die Beute. Sie wog noch schwerer für den Feind als sein Verlust an guten Soldaten. Hunderte von Fahrzeugen standen dem DAK zur Verfügung, Brennstoff, das wichtigste Nachschubgut, Waffen, Geschütze, Munition und reiche Verpflegungslager waren Rommel zugefallen. Zudem war das gesamte Hochland von Barce in deutscher Hand, denn die Küstenstraße war gesperrt und dem DAK damit der Weg in die östliche Marmarica geöffnet.

Am 9. April erging Befehl, die Verfolgung des Feindes fortzusetzen. Die Vorausabteilung, die über Tmimi in Richtung Gazala-Tobruk antreten sollte, übernahm General von Prittwitz, Kommandeur der noch nicht eingetroffenen 15. PD. General Streich, Kommandeur der 5. Leichten, folgte mit der Masse und italienische Einheiten sollten die Sicherung Mechillis und der rückwärtigen Gebiete übernehmen.

Hier, durch den Erfolg von Mechilli, deutete sich zum ersten Male Rommels Überlegenheit an. Er hatte sofort erkannt, daß dieser Kriegsschauplatz wie kein anderer e i n e Forderung an die Führung stellte: vorne zu sein, um unmittelbar eingreifen und Entscheidungen treffen zu können. Das Schlachtfeld Libyen war das der Überraschungen und überlegen mußte daher immer der Teil sein, der schneller zu handeln in der Lage war. Er konnte dem Gegner das Gesetz des Handelns aufzwingen. Die Einschließung von Mechilli war das Beispiel.

„Wir hatten nichts", stellte Rommel nach der Schlacht fest, „ungewollt sind wir eigentlich in diese Operation hineingeschlenkert. Der Feind hatte sie uns aufgenötigt. Aber das Schwerste steht uns noch bevor."

General Rommel pflegte seinen Gegner nicht zu unterschätzen.

TOBRUK

Stellungskrieg

An der Casa Ristorio, am Kilometer 31 vor Tobruk, entwickelte sich das MG-Bataillon Ponath beiderseits der Straße zum Angriff. Rechts des Rasthauses bog die Piste südlich nach Acroma ab, eine schmale Rollbahn noch, bald aber um einige hundert Meter verbreitert. An der anderen Seite der Straße, linker Hand, den Höhenrändern zum Meere zu, lag ein Friedhof, der aus einigen Einzelgräbern bestand. Ein Engländer und vier Franzosen hatten nach den Winterkämpfen hier ihre letzte Ruhe gefunden. Am fernen Horizont erhoben sich die Umrisse des rötlichen Dschebel, der sich an die Bergketten von Barce anschloß, Steinberge ohne Vegetation, an deren Rand, rückwärts der Straße, Ain el Gazala lag.

Das MG-Bataillon kam zunächst gut vorwärts. Rechts und links der Straße standen die Fontänen der Artillerieeinschläge. Die Infanteriewaffen hämmerten in ihrem schnellen Rhythmus. Bei Kilometer 20 vor Tobruk schossen schwere Batterien Sperre. Der Angriff blieb hier liegen. Es war nicht möglich, die Feuerwand zu durchlaufen. General von Prittwitz, der die Kompanien vorwärts reißen wollte, fiel durch einen Pakvolltreffer. Er war der erste deutsche Tote von Tobruk.

Auf den Höhen, flache Tafelberge und eintönig wie dieses ganze Land, wirbelten englische Panzer in dicken Staubfahnen herum. Die Truppe spielte den neugierigen Zuschauer. Sie konnte nichts ausrichten, da die Artillerie noch nicht nachgeführt war. Die Hoffnung, hier eine schwache Stelle und einen ebenfalls weichenden Feind zu finden, erwies sich als durchaus trügerisch. Das Bataillon stieß auf tiefe Minenfelder, wurde darauf in der Nacht herausgezogen und durch Italiener abgelöst. Der Angriff sollte am nächsten Tage vom Südosten gegen Tobruk vorgetragen werden.

Rommel, auf einem Beutewagen aus Mechilli, einem geräumigen Befehlspanzerwagen stehend, war bereits zur Erkundung des Geländes vorgefahren und hatte, nur von wenigen Fahrzeugen begleitet, die englischen Stellungen abgetastet. Eine Vorausabteilung unter Oberstleutnant Knabe war an Tobruk vorbei gegen Capuzzo vorgegangen und hatte den italienischen Stützpunkt an der ägyptischen Grenze nach kurzem Kampfe besetzt, während die Aufklärungsabteilung Wechmar die Straße Bardia-Sollum gewonnen und auftragsgemäß die Via Balbia nach Osten gesperrt hatte. Langsam schloß sich damit der Ring um Tobruk, mit dessen Fall für den nächsten Tag gerechnet wurde.

Ostwärts Acroma, südlich der Hafenstadt, wurde der vorgeschobene Gefechtsstand errichtet. Die Staubwolken der im Flächenmarsch heranziehenden Truppen vermischten sich mit den Einschlägen der englischen Artillerie, die seit dem Mittag planmäßig das Gelände abstrich. Allein das verwirrende Spiel des Lichtes, welches die riesige Hochfläche seltsam verzerrt erscheinen ließ, verhinderte die Artillerie, ihre Ziele genau anzuprechen. Mit starken Bomberverbänden versuchte daher der Gegner, den Aufmarsch und die Bereitstellung zum Angriff zu stören. Die deutsche Luftwaffe, die Rommel nicht so schnell hatte folgen können, hatte ihre Absprunghäfen nach wie vor in der Syrte. Die englischen Feldflugplätze waren aber jetzt in die unmittelbare Frontnähe gerückt und die Verbände konnten in halbstündigen Wellen ihre Lasten abwerfen, eine harte Nervenprobe für die Truppe, aber auch nur eine Nervenprobe, denn die Wirkungen der glühenden Sonne verhinderten auch die Bomber am klaren Erkennen der Erdziele.

Am späten Nachmittag des 12. Aprils erfolgte der konzentrische Angriff. durch Panzer und Infanterie vorgetragen. Allein die Tarnung der Widerstandsnester war so geschickt und vorbildlich dem Gelände angepaßt, daß Tiefe und Stärke der Hindernisse nicht erkennbar waren und der Angriff im feindlichen Feuer zusammenbrach. Vor allem ein breiter Panzergraben, durch Bretter abgedeckt und mit Sand unsichtbar gemacht, wurde für die Panzer ein unüberwindliches Hindernis.

Nachdem Rommel sich am nächsten Morgen in den vordersten Linien vom Stand der Dinge überzeugt hatte, befahl er für den Abend des 13. einen Scheinangriff entlang der ganzen Front, die mittlerweile durch italienische Verbände verstärkt worden war. Der eigentliche Stoß galt wiederum dem Südosten. Hier sollte der Einbruch erzwungen und ein Brückenkopf für den Angriff am nächsten Morgen gebildet werden.

„Die Offensive", erklärte er in einer Lagebesprechung auf dem Schlachtfeld, „hat sich aus einem gewaltsamen Stoßtruppunternehmen entwickelt. Durch rasches Zupacken haben wir die Engländer aus der Cyrenaika geworfen und heute Sollum erreicht. Ich verstehe, daß die Truppen müde und abgekämpft sind. Aber wir können nicht stehenbleiben. Wir müssen weiter nach Osten, ehe der Engländer seine Truppen aus dem Nahen Osten heranziehen kann. Wir haben also nicht viel Zeit." Rommel war dabei der Überzeugung, Tobruk im ersten Ansturm überrennen und innerhalb weniger Tage bis nach Alexandrien vorstoßen zu können.

In der Tat gelang der erste Abschnitt des Unternehmens. Pioniere und das Bataillon Ponath durchbrachen Minensperren und Panzergräben und öffneten eine Einbruchstelle. Nach gründlicher Artillerievorbereitung konnte der Angriff dann am Morgen des 14. Aprils Raum gewinnen. Die Infanterie stieß tief durch die Feindstellungen, aber wieder tat sie es in Unkenntnis der Befestigungssysteme. Sie ließ die Widerstandsnester rechts und links hinter sich liegen und versäumte es dadurch, die Einbruchstelle in genügender Breite zu sichern. Die Panzer, die bis vier Kilometer südlich Tobruk vorbrachen und hier in das massierte Feuer der englischen Pak und Artillerie gelangten, drehten ab und gingen zurück, da sie meinten, sich sonst der völligen Vernichtung auszusetzen. In Wahrheit hatten sie die Tobruk beherrschende Höhe erreicht und damit den wichtigsten Teil der Festung genommen. Doch es fehlte die Unterstützung durch die Artillerie und scheinbar auch die Verbindung zum Bataillon Ponath, um diesen Erfolg ausnützen zu können. Wäre jetzt noch der Versuch gemacht worden, die Einbruchstelle in den Flanken so zu sichern, daß weitere Truppen hätten nachgezogen werden können, so wäre Tobruk aller Voraussicht nach an diesem gleichen Tag in der Hand Rommels gewesen. Aber in diesem Augenblick wichen die Panzer aus und das Bataillon Ponath blieb ohne Schutz. Es wurde zusammengeschossen und von den hinter ihm liegenden Stützpunkten aufgerieben. Große Teile des Bataillons waren verloren. Auch der tapfere Kommandeur, Oberstleutnant Ponath, starb den Soldatentod.

Es war Ostersonntag. Am Vortage hatte Rommel noch überlegt, wann er an diesem Abend nach Tobruk hineinfahren würde. Nun hatte sich ergeben, daß die Stadt eine Festung umgab, reich ausgestattet und zäh verteidigt von einer Truppe, die entschlossen zu sein schien, nicht klein beizugeben. Die vergeblichen Angriffe ließen erkennen, daß ohne schwere und schwerste Waffen kein Erfolg zu erzielen war. So wurde beschlossen, jedes größere Unternehmen so lange zu unterlassen, bis die 15. Panzerdivision und ausreichend schwere Artillerie eingetroffen waren. Mit der 5. Leichten, von der schwache Teile die Front Bardia-Sollum unter Oberst von Herff von der 15. P.D. bildeten, und mit den italienischen Divisionen mußte zunächst der Ring gehalten werden.

In den nächsten Tagen gab es wechselvolle Kämpfe, bei denen offensichtlich wurde, daß die Italiener von Grund auf umlernen und sich auf die neue Kampfesweise einstellen mußten. Grazianis Armee war trotz ihrer zahlenmäßigen Überlegenheit so gründlich geschlagen worden, daß der Soldat weder Vertrauen in seine Führung hatte, noch Vertrauen in seine eigene Kraft aufzubringen vermochte. Nachdem bei den Rückzügen fast alle schweren Waffen eingebüßt und nicht ersetzt worden waren, war die Ausrüstung völlig ungenügend. Bei der Infanterie fehlten panzerbrechende und automatische Waffen. Die Artillerie war veraltet. Sie verfügte zum Teil über Modelle, die aus dem ersten Weltkrieg stammten und nicht weitreichend genug waren. Im ganzen gesehen, war die Front um Tobruk bei der mangelnden Kampfkraft der Italiener und dem völligen Fehlen schwerer Artillerie noch keineswegs das, was man einen „eisernen Ring" nennt. Für die eingeschlossene Besatzung wäre es ein leichtes gewesen, ihn zu durchstoßen und das DAK in die bedrängteste Lage zu bringen. Aber sie verhielt sich rein defensiv und nur bei Sollum, an der ägyptischen Grenze, unternahm Wavell schwache Versuche, die deutsche Ostfront einzudrücken. So geschah, was keine der Fronten in Europa bisher erlebt und was niemand im Zeitalter der „Blitzkriege" für denkbar gehalten hatte. Es begann ein Stellungskrieg, der in seiner Härte und Unerbittlichkeit dem der Jahre 1917-18 vergleichbar wurde.

Was für eine Festung aber war dieses Tobruk, daß es sich als unbezwingbares Bollwerk dem deutschen Expeditionskorps in den Weg legte?

Als in den Ostertagen die 5. Leichte zum ersten Angriff antrat, besaß das DAK weder eine Lagekarte, noch war es überhaupt vom Festungscharakter Tobruks unterrichtet worden. Das italienische Oberkommando hatte geschwiegen und sein Verbindungsstab im Hauptquartier Rommels hatte ebenfalls geschwiegen, obwohl gerade in ihm sich Offiziere befanden, die Tobruk von früher her kannten und beim Ausbau der Festung mitgewirkt hatten. Es war also die Führung und es waren die deutsch-italienischen Truppen genötigt, erst ihre eigenen Erfahrungen zu sammeln. Leider waren es blutige Erfahrungen . . . .

Tobruk, kleiner als Derna, mit etwa 4000 Einwohnern in Friedenszeiten, europäische Siedlung inmitten toter Wüste, lag an einer Bucht von 10 bis 15 Metern Tiefe, die den Schiffen jeden Schutz gewährte. So war Tobruk der beste Hafen der Cyrenaika. In dieser Eigenschaft lag die Bedeutung der Stadt und des Platzes. Nichts war daher natürlicher, aber auch zwingender, als diese hervorragende, von der Natur gegebene Anlage zu einer Festung auszubauen. Im Schutze steil abfallender Dschebelränder ruhte die Stadt am Rande der Bucht. Graziani, in sorgsamer Vorbereitung seines Feldzuges, hatte etwa 170 Werke auf der Hochebene angelegt, die Tobruk zum Innern zu umgab. Sie hatten sämtlich eine Decke von anderthalb Metern aus Beton und gewachsenem Stein. Sie hoben sich von ihrer Umgebung nicht ab, waren vielmehr völlig dem Gelände angeglichen. Keine Granate und keine Bombe konnte die Werke durchschlagen. Die offenen Kampfstände, erst im Augenblick des Angriffs besetzt, zeigten keine Erhebung und kein Merkmal, was denn auch die Erklärung dafür abgab, daß bei den ersten Angriffen an diesen Stützpunkten vorbeigestoßen wurde und diese alsdann von hinten die deutschen Kompanien niederkämpfen konnten.

Das Gelände selbst war Karst. Zum Teil schroff abfallende Täler trennten die einzelnen Höhen, auf denen die Werke tief gestaffelt und unregelmäßig verstreut lagen, zusätzlich gesichert durch Minenfelder, Panzergräben und Drahthindernisse. Diese Anlagen waren also nicht zu überrennen. Sie konnten nur im Kampf der Infanterie gebrochen werden, Widerstandsnest um Widerstandsnest. Ein solcher Stoß bis ins Herz der Festung, zum Hafen, hätte ihr Ende herbeiführen können, genauso wie die Maginotlinie im Augenblick des Durchbruchs wertlos geworden war. Allein ein solches Unternehmen erforderte, wie der Osterangriff gezeigt hatte, starke Kräfte und sorgsame Vorbereitungen. Wavell war dieser Stoß gelungen, aber die jetzige Besatzung bestand aus Neuseeländern, Australiern und Engländern, den härtesten und besten Kämpfern, die England in Afrika besaß. Für sie galt das eiserne Gesetz des Ausharrens. Die Truppen, etwa 30 000 Mann, wurden zudem laufend über den Seeweg versorgt, ungeachtet der Bombenangriffe, welche Tag und Nacht auf Hafen, Stadt und Stellungen unternommen wurden.

Rommel befolgte in diesem Kampf seinen alten Grundsatz aus dem ersten Weltkrieg, langsam und sehr vorsichtig zu Werke zu gehen, den Gegner zunächst abzutasten, dann aber blitzschnell und überraschend zuzuschlagen. Stück um Stück sollte dabei aus der Festung herausgebrochen werden. War eine Bresche geschlagen, konnte der Gegner in der Flanke gepackt werden. Bei diesem Ringen zeigte sich gewissermaßen das zweite Gesicht dieses Soldaten. Hatte er bisher durch seine Schnelligkeit verblüfft, durch die Wendigkeit seiner Entschlüsse jede Schwäche des Gegners auszunützen, so erwies er sich jetzt als der kühle Rechner, der überlegene Planer, der die Technik des Stellungskrieges bis zur Meisterschaft beherrschte, welche Fähigkeit sich übrigens in späteren Zeiten erst recht glänzend bewähren sollte.

In diesen Wochen zeichnete sich das Nachschubproblem zum erstenmal als das zentrale dieses Kriegsschauplatzes ab. Tripolis, 1600 Kilometer von Tobruk und 1750 Kilometer von Sollum entfernt, war nach wie vor der Hauptumschlaghafen des DAK, da die Italiener sich außerstande sahen, Transporte nach Bengasi oder gar bis Derna zu sichern. So wurden bedeutende Anforderungen an die rückwärtigen Dienste gestellt, um den Bedarf der deutsch-italienischen Truppen auf der Küstenstraße nachzubringen. Sehr bald schon sollten sich hier ernste Schwierigkeiten zeigen.

Im Mai war zeitweise kein Brennstoff mehr vorhanden. Das DAK wurde völlig gelähmt, alle Bewegungen mußten unterbleiben. Für die durchschnittlichen Kampftage wurden rund 1200 Tonnen Versorgungsgut benötigt. Sie ausschließlich über Land heranzuführen, war auf die Dauer unmöglich. Nach langen Bemühungen gelang es, durchzusetzen, daß wenigstens kleine Schiffe Bengasi anliefen. Die italienischen U-Boote für Transporte einzusetzen, wurde von Rom zunächst abgelehnt, weil das Wasser des Mittelmeers angeblich zu durchsichtig war, ein Umstand, der im übrigen die Engländer nicht hinderte, von dieser Waffe kräftig Gebrauch zu machen.

Auf der anderen Seite war die Zufuhr nach Tobruk nicht zu unterbinden. Immer wieder schlüpften in den dunklen Nächten englische Schiffe mit Brennstoff, Panzern und Lebensmitteln in den Hafen. Die deutsche Luftwaffe war zu schwach und ihr fehlten vor allem Nachtbomber, um wirksam gegen diesen Nachschubverkehr vorgehen zu können.

Am 30. April wurde die erste größere Unternehmung durchgeführt. Schwere Artillerie war herangeschafft und die Masse der 15. Panzerdivision, zum Teil auf dem Luftwege, zugeführt worden. Scheinangriffe an den alten Einbruchstellen sollten den Gegner ablenken. Der Schwerpunkt lag an zwei Stellen des Ras el Medauuar, einer sanft ansteigenden Höhe, die dem Feinde Einblick in die rückwärtigen Verbindungen der deutschen Front gewährte. Gleich einem Kranz umgab den Berg ein Drahthindernis mit doppelter Minensicherung. Zwei Angriffsgruppen wurden angesetzt, die der 5. Leichten unter General von Kirchheim, die der 15. PD. unter General von Esebeck. Ein Feuerorkan wälzte sich über den Medauuar weg in die Batteriestellungen des Engländers. Brennende Panzer leuchteten durch die Nacht. Flammenwerfer zuckten auf und während Trommelfeuer und Sperrfeuer auf die Stellungen hämmerten, arbeitete sich die Infanterie vor. Schon um Mitternacht waren die ersten Stützpunkte genommen, am Morgen des 1. Mais ein Teil des Medauuar in deutscher Hand. Freilich, in die Tiefe bis zum Fort Pilastrino durchzustoßen, war an keiner Stelle gelungen. Die Neuseeländer und Australier hatten mit äußerster Entschlossenheit gekämpft und zu verhindern gewußt, daß ein Keil in das Befestigungsnetz hineingetrieben werden konnte. Immerhin war aber das schwerste Stück vollbracht worden: deutsche Truppen saßen in den Werken des Medauuar und hatten damit einen der Eckpfeiler des Befestigungssystems herausgebrochen. Der Engländer antwortete mit 36stündigem Trommelfeuer. Dann trat er zum Gegenstoß an. Aber keines der Werke konnte er wiedergewinnen.

Über den Stellungen brütete jetzt die Sommerhitze. Auf den Höhen funkelten die blauen Gewässer der Luftspiegelungen. Millionen von

Fliegen begleiteten das Leben der Soldaten und machten es zur Qual. Die Temperaturen stiegen bis zu 50 Grad Celsius. Die Verpflegung war von tötender Eintönigkeit. Büchsenfleisch und Ölsardinen wechselten einander ab. Trommelfeuer, Stoßtruppunternehmen, Artillerieüberfälle, Panzervorstöße, Tiefflieger, Bombereinsätze — niemals war Ruhe. Der Friedhof an Kilometer 31 wuchs von Woche zu Woche. Bis zum 9. Mai hatte das DAK insgesamt 167 Tote, 569 Verwundete und 213 Vermißte zu beklagen.

Zwar war die Lage von Tobruk jetzt gesichert, aber an der Ostfront von Bardia-Sollum standen nur schwache Kräfte, ein dünner Truppenschleier, und dort mußte mit einem Stoß gerechnet werden. Diese Ostfront zu halten, war indessen die Voraussetzung für alle weiteren Versuche, Tobruk aufzubrechen. Rommel forderte daher italienische Stellungsdivisionen an, um die 15. PD. aus der Front zu ziehen und als bewegliche Reserve zur Verfügung zu haben. Die Division Pavia wurde daraufhin in Aussicht gestellt, aber erst für den Spätsommer. Infolgedessen lösten zunächst einige deutsche Oasenkompanien, etwas voreilig für die Besetzung Girabubs und Siwas bestimmt und nicht motorisiert, die abgekämpften Einheiten ab.

General Rommel war in dieser Zeit nicht untätig. Tag für Tag beging er die Stellungen rings um Tobruk. Selbst in den Nächten tauchte er unvermutet in den Werken und den vorgeschobenen Feldstellungen auf. Darauf bedacht, die eigene Kampfkraft tunlichst zu schonen und den Besitz des eroberten Geländes zu sichern, ließ er mit dem Ausbau eines durchaus neuen Systems beginnen, das auf zusammenhängende Stellungen oder Verbindungsgräben verzichtete. Es sollte, ähnlich wie die Anlagen der Festung selbst, eine Tiefenzone einzelner, voneinander unabhängiger, sich aber gegenseitig ergänzender und auch sich unterstützender Werke geschaffen werden.

Diese Besichtigungen hatten noch einen anderen Erfolg. Die Verbindung mit der Truppe vorne erlaubte ihm nämlich ein exaktes Urteil über Leistungsvermögen und Standfestigkeit der Verbände, was ihn vor manchen Überraschungen bewahrte. Die folgerichtigen Schlüsse aus den gegebenen Umständen ohne den zeitraubenden Umweg über Befehlsstellen zu ziehen, sollte immer wieder seine Überlegenheit bestätigen, die ihn bei dem von Gegenüber so volkstümlich machte wie bei seinen Soldaten bewundert und geliebt. Der Krieg in diesem ihm unbekannten Lande konnte nur durch offensive Operationen zu einer Entscheidung geführt werden, weshalb auch die bisherigen wie alle späteren Operationen gewissermaßen zwangsläufig waren. Er glich in keiner Weise dem Krieg auf dem Kontinent. Hier, in der Wüste, trug er, auch äußerlich, den Charakter einer Seeschlacht, in der die schweren, mittleren und die leichten Einheiten zwar nach einem sorgsam durchdachten Plane aufmarschierten, aber nur dann eine Überlegenheit errangen und behielten, wenn sie unmittelbar in der Bewegung gelenkt, gruppiert und in die Schlacht geführt werden konnten. Denn wie das Meer so kannte auch dieses Land keine Grenzen oder Hindernisse des Geländes. Es war offen, so weit das Auge reichte. Der Stellungskrieg vor Tobruk änderte nichts an dieser Wahrheit.

In der Mitte des Monats Mai kam eine Alarmmeldung von der Ostfront. Mit 100 Panzern, darunter zahlreichen schweren Kampfwagen, machte General Wavell einen überraschenden Angriff auf Sollum und Capuzzo, warf die Gruppe Herff aus ihren Stellungen und bedrohte unmittelbar Bardia. Unverständlicherweise hatte Reuter bereits zwei Tage zuvor gemeldet, Ägypten sei feindfrei. Rommel war dadurch gewarnt worden.

Zunächst sah es bedrohlich aus. Herff sah sich gezwungen, mit seinen noch intakten Kräften auf die Linie Sidi Azeiz — Straße südlich Bardia zurückzugehen. Eine vorgeschobene italienische Sicherung am Halfayapaß war überrannt, eine andere an der Grenze eingeschlossen worden.

Konnte die Ostfront nicht gehalten werden, so war auch der Ring um Tobruk nicht zu halten. Rommel plante für diesen Fall, entlang den Höhen bei Ain el Gazala eine neue Front aufzubauen, wobei die Frage offenblieb, ob angesichts des fehlenden Brennstoffes die Belagerungstruppen sich würden rechtzeitig absetzen können. Rommel gruppierte um, zog aus der Tobrukfront einige Verbände heraus und setzte das soeben eingetroffene Panzerregiment der 15. PD., verstärkt durch eine 8,8-Batterie, über el Adem mit dem Befehl an, auf Sidi Azeiz-Capuzzo vorzustoßen und den Kampf der Gruppe Herff zu unterstützen.

Inzwischen war bereits ein englischer Panzerverband zerrupft und aus Capuzzo wieder hinausgeworfen worden. Mit frischen, in Marsa Matruch ausgeladenen Kräften gelang es Wavell indessen, Capuzzo erneut zu nehmen und sich in Azeiz zu verstärken. Aus abgehörten Meldungen ging aber hervor, daß diese neuen Erfolge mit schweren Verlusten bezahlt worden waren und daß die Truppen unter Versorgungsschwierigkeiten litten.

Ohne Verbindung mit Herff durchstieß das Panzerregiment 8 Azeiz und endlich auch Capuzzo. Der Kommandeur der 15. PD., General Frhr. von Esebeck, der mit einer zweiten Gruppe folgen und die Führung der Ostfront übernehmen sollte, wurde, noch ehe er dem Befehl nachkommen konnte, vor Tobruk verwundet. Es bedurfte aber seiner Verstärkungen nicht mehr, denn die Lage war inzwischen durch Oberst von Herff wieder hergestellt, in einem energischen Gegenangriff Obersollum zurückerobert und der Gegner überall geworfen worden. Zu

Minenlöcher werden beseitigt

Unsere Artillerie erwartet den englischen Angriff

Mit MG-8-Komp. Frank nach Agedabia hinein

Die ersten Gräber

Die Panzer sichern ostwärts

Einzug in Benghasi mit der A.A.3 (2./3. April 1941)

Einzug in Benghasi mit der A.A.3 (2./3. April 1941

einer neuen Schlacht kam es nicht mehr. Der Versuch, Tobruk zu entsetzen, war gescheitert.

An der Ostfront, an der sich übrigens die italienischen Abteilungen Monte Muros und die Frongia besonders ausgezeichnet und schwere Verluste erlitten hatten, verbot der Betriebsstoffmangel jede Verfolgung. Erst zehn Tage später konnte der Halfayapaß, jenseits der Bucht von Sollum gelegen und entscheidend für die Beherrschung der Küstenebene, zurückerobert werden. Sogleich wurde ein Stützpunktsystem ausgebaut, um sich vor ähnlichen unliebsamen Überraschungen hinfort zu sichern.   .

An der Tobrukfront aber gingen die täglichen Infanteriekämpfe weiter. Einmal holte sich der Engländer bei der Ariete blutige Köpfe, ein anderes Mal wies die Trento australische Stoßtrupps ab und schoß auf 150 Meter mehrere Panzer in Brand. Dann wieder wurden deutsche Stoßtrupps abgewiesen. Ein englischer Kommandotrupp, der in Bardia an Land zu gehen versuchte, wurde vernichtet und gefangengenommen. Es war ein Stoßtrupp der Longe Range Desert Group, ausgesuchte Soldaten, für ihre Sabotagearbeiten vorzüglich ausgerüstet.

Ende Mai aber zog eine ernste Drohung über Tobruk und den ganzen mittleren Osten herauf. Kreta geriet in deutsche Hand. Es lag näher an Tobruk als Bengasi. 360 Kilometer betrug die Luftlinie. Das hätte für das deutsche Afrikakorps eine entscheidende Wendung herbeiführen können und in der Tat wurde sie auch erwartet. Denn nach wie vor mußte der Nachschub auf einer Strecke von insgesamt 1750 Kilometern von Tripolis herangeführt werden. Aber unverständlicherweise sollte die Eroberung Kretas keinerlei Folgen zeitigen. Sie erwies sich in der Folge ohne Einfluß auf den weiteren Verlauf des Krieges und stellte sich damit als eine Inselspringerei heraus, die zwar hohe Blutopfer gekostet hatte, aber keinen Gewinn eintrug.

DIE PANZERSCHLACHT BEI SOLLUM

Hält der Halfayapaß?

Ridotto Capuzzo, die letzte italienische Siedlung auf libyschem Boden, war eine Wüstenbefestigung. Als Grenzgarnison von den Italienern mäßig ausgebaut, ein großes Viereck mit Truppenunterkünften, Offizierswohnungen, Kasino, Verwaltung und Lagerräumen, bestand es im Sommer 1941 aus Trümmern, geborstenen Mauern, zerschossenen Fenstern und ausgehöhlten Dächern. Obersollum, der nächste Ort, bereits auf ägyptischem Hoheitsgebiet, sah nicht viel anders aus, nur daß die Kasernen der englischen Grenzregimenter weitläufiger und größer angelegt worden waren. Gleich am Ausgang des Ortes fiel die Hochebene in jähem Sturz zum Meer herab und von dieser Höhe bot sich ein eigenartiges Bild. Zu Füßen des Dschebel lagen die arabischen Häuschen von Niedersollum und, weit ausschwingend, die Bucht von Sollum, bespült vom unglaubhaften Blau eines Meeres, das in Myriaden Kristallen funkelte. Der schneeweiße Sand des schmalen Küstenstreifens verlor sich im Dunst der Ferne. Entlang der Küste aber stieg der Dschebel wieder an, steil und zerfurcht, von tiefen Wadis durchschnitten, eine bizarre, urtümliche Landschaft. Eine vorbildlich gebaute Steilstraße mit zahlreichen Haarnadelkurven verband Obersollum mit Untersollum. Sie führte am Hafen vorbei und zweigte an der Küste zum Hochplateau ab, das man über den Halfayapaß erreichte. Hier, auf der Hochfläche, herrschte das Garnichts. Sie war tote Wüste und die Hitze stieg schon am Morgen auf 50 bis 60 Grad.
Bemerkenswert an dieser Gegend war auch die Grenze selbst. Sie war sichtbar durch einen Drahtzaun dargestellt, eine erstaunliche, ja verblüffende Angelegenheit für den Soldaten einer europäischen Armee. Aber als der damalige General Graziani ihn 1931 in sechs Monaten anlegte, beginnend bei dem Brunnen von Ramla am Golf von Sollum und nach 270 Kilometern hinter der Oase Girabub endigend, erfüllte diese Sperre durchaus einen Sinn. Sie hielt die auf ägyptischen Boden geflüchteten Senussi von Libyen fern und war damit ein Mittel zur Befriedung der Cyrenaika. Ihr aktueller und gegenwartsnaher Wert bestand jetzt allein in der Tatsache, daß Engländer sowohl wie Deutsche

erkennen konnten, wo Libyen aufhörte und wo Ägypten begann. Inzwischen war der Zaun an vielen Stellen zerrissen, zerschnitten oder zugeweht worden und seine Stacheln waren mit dem Plunder geschmückt, den der Krieg hier zusammengetragen hatte.

Diesen Drahtzaun passierten täglich die Panzerspähwagen, welche im ägyptischen Vorfeld, vor Sidi Suleiman, der Höhe 206 und Sidi Omar die vorderste Sicherung der deutschen Ostfront bildeten. In der Nacht zum 15. Juni meldeten sie starke motorisierte Verbände, die sowohl in Richtung der Küstenstraße wie auch tief im Süden durch die Wüste im Anmarsch waren.

General Wavell hatte in aller Stille sein Unternehmen vorbereitet. Die 7. Panzer-Division, eine bewährte, hervorragende Truppe, dazu motorisierte Infanteriedivisionen und starke Artillerieverbände waren bereitgestellt. Drei Voraussetzungen glaubte er gegeben, um den Erfolg der Operation zu sichern.

Zunächst sollten die deutsch-italienischen Truppen der Ostfront überrascht werden, wobei mit einem sofortigen Zusammenbruch der italienischen Frontabschnitte gerechnet wurde. Zum anderen trat Wavell in dem Augenblick der deutschen Divison im Sollumabschnitt entgegen, in dem sie ernste Nachschubschwierigkeiten hatte und daher nur beschränkt bewegungsfähig war, was natürlich kein Geheimnis hatte bleiben können. Überdies stand diese Division seit dem ersten Tage ihres Eintreffens am Feind und war stark abgekämpft. Zum dritten endlich wurden Englands neue Panzer vom schweren Typ Mark II zum ersten Mal in Massen eingesetzt. Sie waren im Februar und März in den Fabriken des Mutterlandes fertiggestellt worden und sollten nun, was sich ihnen entgegenstellte, erbarmungslos niederwalzen.

Der rechte englische Flügel zielte entlang der Küstenstraße auf den Halfayapaß. Er mußte weggenommen werden, um die Küstenstraße freizumachen und hier ungehindert auf dem kurzen Wege Nachschub und Reserven über Sollum heranführen zu können.

Die zweite Stoßgruppe, vornehmlich Panzerverbände, hatte Befehl, die Halfayastellungen zu umgehen, Capuzzo zu nehmen und nach Sollum durchzustoßen, um notfalls den Halfayapaß von hinten aufzubrechen.

Eine dritte, die linke Kampfgruppe, marschierte weitausholend quer durch die Wüste, um mit starken Panzerkräften die deutsche Front umfassend zu packen, abzuschnüren und zu vernichten, was sich noch im Raume Capuzzo und südlich Bardia finden würde. Denn fiel Bardia und, der Weg nach Tobruk frei, die Festung konnte entsetzt und dem deutschen Expeditionskorps das Rückgrat gebrochen werden. Sammelstellen für Gefangene, für Beute und Verbandsplätze – alles war sorgsam vorbereitet worden.

Allein schon die erste Voraussetzung des Planes traf nicht zu. Rommel war und wurde nicht überrascht. Bereits am 11. Juni hatte die Luftwaffe eine Verstärkung der Feindkräfte und zunehmende Bewegungen im rückwärtigen Feindgebiet festgestellt. Höchste Wachsamkeit war daher befohlen worden. Die 5. leichte Division war zudem mit großen Teilen aus der Tobrukfront herausgezogen worden, um sich am Bau einer Umgehungsstraße um Tobruk zu beteiligen, da nämlich die steigenden Nachschubschwierigkeiten die Fertigstellung einer festen Straße immer dringender werden ließen. So stand also die 5. Leichte als bewegliche Reserve eingreifbereit.

Als daher am Morgen des 15. Junis die erste zusammenfassende Meldung der 15. PD. Umfang und Planung des Angriffs erkennen ließ, erhielt die südlich Gambut versammelte Division General Streichs Befehl, sich zum Gegenstoß fertig zu machen. Auch die Panzerdivision Ariete wurde alarmiert, wobei sich herausstellte, daß die Abteilung Santa Maria ohne Betriebsstoff und ohne Verpflegung nicht marschfähig war.

Der Befehl an die 15. PD., der gleichzeitig herausging, war eindeutig: „Halfayapaß wird gehalten, Feind geschlagen." Die Division sollte vorerst den Abwehrkampf allein führen. Noch war die Frage ungeklärt, ob an der Tobrukfront gleichzeitig ein Angriff losbrechen würde. Rommel sah sich dabei zum erstenmal in diesem Feldzug genötigt, auf seinem Gefechtsstand westlich Tobruk zu bleiben. Um zehn Uhr vormittags ergaben die Meldungen, daß Tobruks Entsatz Wavells Ziel war. Der 5. Leichten wurde daher eine schwere Artillerieabteilung mit dem Befehl zugeführt, zunächst als Reserve die Entwicklung weiter abzuwarten.

Inzwischen war bei Capuzzo die Schlacht entbrannt und englische Panzer hatten das Fort, zugleich auch den Stützpunkt 206 westlich Capuzzo genommen. In Sidi Omar standen deutsche Kräfte in schweren Abwehrkämpfen. Am Halfayapaß waren alle Angriffe blutig abgewiesen worden.

Die Luft war auch an diesem Sonntag eine brodelnde, graue Masse. Auf der Wüste lagen glitzernde Wasserspiegel und über ihnen wogten, bald sich zusammenziehend, bald auseinanderfließend, die Ruinen Capuzzos als braune Wellenberge. Kaum hundert Meter weit war die Sicht klar. Im Grenzraum dröhnte die Erde vom Bersten der Granaten. Dumpf knallten die Pakgeschosse. Pulverdampf, Mörtelstaub und Sandfontänen zogen über das Fort und in breiten Schwaden über die Steine Amseats, aus denen die Holzkreuze britischer und deutscher Soldatengräber herausragten. Bei der Höhe 208 entwickelte sich ein Gefecht mit Mark II. Es waren die 11. Husaren,

alte Bekannte des DAK aus der Cyrenaika, mit denen die Aufklärungsabteilung Wechmar häufig die Klingen gekreuzt hatte. Aber
der Kampf führte zu keinem Ergebnis, da schwere Waffen fehlten,
und so kurvten Engländer und Deutsche umeinander herum und
wirbelten Staub auf, bis eine Panzerabteilung der 15. PD. eintraf und
die Husaren zum Abdrehen zwang.
Zweimal hatte Capuzzo inzwischen den Besitzer gewechselt. Als
englische Panzer und Infanterie den Ruinenhaufen endgültig in
Besitz nahmen, schoß ein versprengter Leutnant mit einer einzigen
Pak noch acht Mark II aus naher Entfernung in Brand. Es war
höchst kennzeichnend für die besonderen Spielregeln des afrikanischen Krieges, was sich hier und überall abspielte. Weder Wavells
noch Rommels Truppen wußten, wo der Feind stand, wo er auftauchen würde und wer eigentlich Freund, wer Feind war. In den
unmeßbaren Räumen, die zum Schauplatz einer Entscheidung werden sollten, stießen sie nur zu oft aneinander vorbei. Dazu kam,
daß beide Teile englische Fahrzeuge benutzten, beide Soldaten
Hemd und kurze Hose trugen und der flache Tommyhelm dem
deutschen Tropenhelm glich. Alle Regeln, die der Soldat einst lernte,
waren hier aufgehoben. Und dabei wurde eine Erscheinung immer
deutlicher und ausgeprägter: es war die eigenartige Kameradschaft, welche sich die Soldaten beider Fronten erwiesen.
Nordafrika hatte keine Zivilbevölkerung. Es gab keine Frauen,
keine Kinder, keine friedlichen Dörfer und keine Städte, die in das
Chaos von Zerstörung und Untergang hineingerissen wurden. Die
wenigen Siedlungen, die berührt und ins Frontgebiet einbezogen
wurden, waren menschenleer, von den Arabern gründlichst ausgeräumt und zum Teil schon zerstört, ehe deutsche Truppen nach
Afrika kamen.
So waren die einzigen Bewohner dieser Erde die Soldaten, deren
Leben hüben wie drüben den gleichen Gesetzen der Wüste unterworfen war. Dazu kam, daß nicht um den Besitz irgendwelcher
Streifen Landes gekämpft wurde, die für beide Teile gleich wertlos waren, sondern in der beweglichen, hin und her wogenden
Schlacht wurde um die Entscheidung der Waffen gerungen. So
fehlte ein gut Teil jener Erbitterung, welche ein blutiger und verbissener Infanteriekampf mit sich bringt und die vor Tobruk dann
und wann auf beiden Seiten spürbar geworden war. Hier, in der
freien Wüste, herrschte eine Atmosphäre gegenseitiger Achtung,
die klare Luft gesitteter Kampfregeln nach einem stillschweigen-
den Übereinkommen. Wer selbst tapfer war, hatte keinen Grund,
einen tapferen Gegner zu verachten. Er bewunderte ihn, und sein
Stolz war auch der Stolz des andern.

Auch an diesem Nachmittag des 15. Junis gaben sich beide Gegner an Härte nichts nach. Bis auf 500 Meter rollten sie aufeinander zu und dabei erwies sich zum ersten Male die 8,8-Flak als eine furchtbare, ja die entscheidende Waffe. Drei Geschütze, vor dem Panzerregiment 8 herfahrend, vernichteten bei einem Gegenstoß auf Capuzzo 18 Mark II. Bei diesen Kämpfen wurden der Kommandeur der Flakabteilung, Fromm, und der Kommandeur des Kradschützenbataillons, Knabe, befreit, die beide überrollt worden waren und sich mit ihrem Stabe in einer Unterführung der Via Balbia verborgen hatten, während 20 Schritte entfernt englische Infanterie ihren Gefechtsstand ausräumte.

Die Meldungen, die am Abend und in der Nacht beim DAK einliefen, waren widerspruchsvoll. Sie verrieten, wie unübersichtlich der Kampfplatz mit seinen weit auseinandergezogenen Stützpunkten und mit den hin und her geworfenen Kampfgruppen war. Die 15. PD. unter Oberst Neumann-Silkow hatte am Abend die Wiedereinnahme Capuzzos gemeldet, Feind beiderseits des Forts mit starken Panzerkräften weiter angreifend. Zwei Stunden später wurde die Meldung berichtigt, daß nämlich noch eigene Kräfte in Capuzzo lagen, sie aber eingeschlossen waren. Auch beim Engländer schien weitgehende Unklarheit über den Verlauf der Schlacht zu herrschen. Seine Flieger bombten in der Nacht das Ruinenfeld, das englische Panzer längst beherrschten.

Auf der Straße nach Bardia war der Feind inzwischen nach Norden gedrungen, hatte aber den Angriff auf die Stadt selber ohne erkennbaren Grund nicht weiter vorgetragen. Die deutschen Verluste waren anscheinend schwer. Einige Batterien wurden, was besonders empfindlich war, überrannt und weggenommen. Die Ausfälle an Kampfwagen standen noch nicht fest. Dagegen waren 60 Feindpanzer, überwiegend Mark II, mit Sicherheit abgeschossen worden. Wavell schien sein erstes Angriffsziel nicht erreicht zu haben, denn er war im wesentlichen über die Linie Capuzzo – 206 nicht hinausgekommen.

Am Morgen des 16. Junis traten die Panzer der 15. PD. erneut auf Capuzzo an. Aus dem Fort aber brach alsbald die Hölle los. Mark II und Pak waren in Massen in den Ruinenfeldern zusammengezogen worden und schossen aus guten Deckungen mit allen Rohren. Als die Kampfwagen der 7. Panzer-Division zum Gegenangriff vorbrachen, mußten die deutschen Panzer zurück. Die Zugmaschinen und sämtliche 8,8-Geschütze hatten Treffer. Nur 35 Panzer waren noch gefechtsklar.

Nachdem an der Tobrukfront weiterhin Ruhe herrschte, war auch die 5. Leichte aufgebrochen und nordwestlich Sidi Omar auf den

Feind geprallt. Das Ziel ihrer eilig anmarschierenden Masse war die Höhe 208, um von hier in die Flanke des Gegners zu stoßen. Rommels Plan war höchst einfach. Wenn der Gegner ihn umfassen und schlagen wollte, so mußte er noch weiter ausholen, um seinerseits in die Flanke Wavells zu gelangen und die englischen Angriffsdivisionen aufzurollen. Freilich, noch stand alles auf des Messers Schneide, denn die Unbekannte dieser Schlacht war und blieb der Halfayapaß. Nur wenn er hielt, konnte der Gegenangriff gelingen. Geriet der Paß dagegen in die Hand Wavells und konnten frische Truppen entlang der Küstenstraße frontal auf Bardia und die Tobrukfront vorgehen, dann mußte die Schlacht bei Sollum, aber auch um Tobruk verloren sein.

Der Halfayapaß aber hielt. Abschnittskommandant war der Hauptmann der Reserve Bach, ein mittelgroßer Mann, von eher schüchternem als militantem Wesen. Er war im ersten Kriege in englische Gefangenschaft geraten, wurde nach den zwanziger Jahren Pfarrer in der Rheinpfalz und befahl jetzt mit Ruhe und Umsicht ein Bataillon, das durch einige 8,8-Flak und die italienische Batterie Pardi verstärkt worden war. Am Meer, unterhalb des Passes, begannen die Stellungen. Sie liefen vorwärts der Paßhöhe und endigten auf der Hochfläche. Es war keine durchlaufende Befestigung, die das Bataillon besetzt hielt, sondern ein System kleiner Festungen, zur Rundumverteidigung eingerichtet. Seit der Wegnahme des Passes Ende Mai waren die Stützpunkte ausgebaut und auf Befehl Rommels immer wieder verbessert worden. Jetzt sollte sich diese mühevolle Kleinarbeit belohnen.

Alle englischen Angriffe waren vor den Stellungen zusammengebrochen. Brennende Panzer, Spähwagen und Transportwagen lagen in den Minenfeldern und vor der Front und zwischen ihnen Tote, sehr viele Tote, denn beim ersten Angriff ging die Infanterie in Doppelreihen dicht aufgeschlossen hinter den Kampfwagen, als könnte es sich nur um einen Spaziergang handeln. 18 Mark II kostete dieser Versuch, sich in den Besitz des Passes zu setzen. Hauptmann Bach unternahm sofort einen Gegenstoß, brachte Gefangene ein und erbeutete Befehle, die ihn über die Absichten des Gegners aufklärten. Er wußte damit, woran er war und konnte, abgeschnitten von seinen rückwärtigen Verbindungen, zur rechten Zeit Munition sparen, aber auch das Wasser rationieren, das so wichtig wie Granaten war. Am Nachmittag, durch schwere Artillerie vorbereitet, erfolgte der zweite Angriff. Bis auf 400 Meter arbeitete sich englische und indische Infanterie an die Stellungen heran. Dann wurde sie zusammengeschlagen. Und während immer wieder durch den Äther Befehl auf Befehl an Hauptmann Bach erging

„Halfaya halten . . . Gegenangriff im Gange" – „hartnäckig verteidigen . . . Gegenmaßnahme angelaufen", sah man vom Paß aus in Musaid und endlich in Obersollum Kämpfe entbrennen und wußte nun den Engländer unmittelbar im eigenen Rücken. Aber Angriff um Angriff wurde abgewiesen und auch der Versuch, die Besatzungen aus ihren Stützpunkten herauszubomben, blieb wirkungslos. Immer wieder berannten die englischen und indischen Bataillone die Stellungen. Stunden um Stunden trommelte die Artillerie und die Einschläge hallten in den engen Wadis wie Paukenschläge wider. Bach unternahm erneut Gegenstöße, unterstützt sogar durch einen erbeuteten Mark II.

Erst am zweiten Kampfabend wurde die Lage kritisch, da die Munition auszugehen drohte. Eine 12-cm-Batterie hatte zwei Stunden auf die Stellungen eingehämmert und ein Angriff war abermals im Sperrfeuer zusammengebrochen. Die Artillerie besaß jetzt nur noch 600 Schuß. Wasser und Verpflegung gingen langsam zu Ende. Major Pardi beschloß, durch einen Spähtrupp alle Wadis nach Munition absuchen zu lassen, die aus den Winterkämpfen dort noch liegen konnte. Zugleich wollte er einen alten Segler flottmachen, um gegebenenfalls in der Nacht Bardia anzusteuern und von dort Nachschub zu holen.

Inzwischen hatte sich die Kampfgruppe der 15. PD. von Capuzzo abgesetzt, um nach den vergeblichen Versuchen, das Fort wiederzugewinnen, am nächsten Tage mit der 5. Leichten gemeinsam in Flanke und Rücken des Feindes zu stoßen. Im Süden, im äußersten rechten Bogen der deutschen Front, hatte die 5. Leichte Sidi Suleiman erreichen und dabei Sidi Omar überrollen sollen. Aber die wechselnden Kämpfe erlaubten General Streich erst am Abend des 16. Junis anzutreten und nur mit Teilen erreichte er im Kampf gegen starke Panzerkräfte, Pak und Artillerie den Raum ostwärts Sidi Omar. Die Masse seiner Division war im Artilleriefeuer am Drahtzaun liegengeblieben. Die 15. PD., zeitweise ohne Feindberührung, konnte in dieser Zeit nichts unternehmen, denn sie mußte den Umfassungsversuch der Flügeldivision abwarten.

Gegen Mitternacht erging daher an beide Divisionen neuer Befehl, am 17. Juni morgens mit dem Ziel Halfayapaß wieder anzutreten und rücksichtslos den Angriff durchzuziehen.

Rommel hoffte, durch diesen Stoß die Entscheidung schneller herbeizuführen. Hielt der Halfayapaß noch diesen dritten Tag, so mußte die Katastrophe über Wavell hereinbrechen. Nur noch eine Möglichkeit gab es für ihn: mit frischen Kräften unverweilends anzugreifen und die Umfassung seiner im Raume Capuzzo-Sollum stehenden Kräfte abzuwenden. Allein er hatte diese Kräfte nicht.

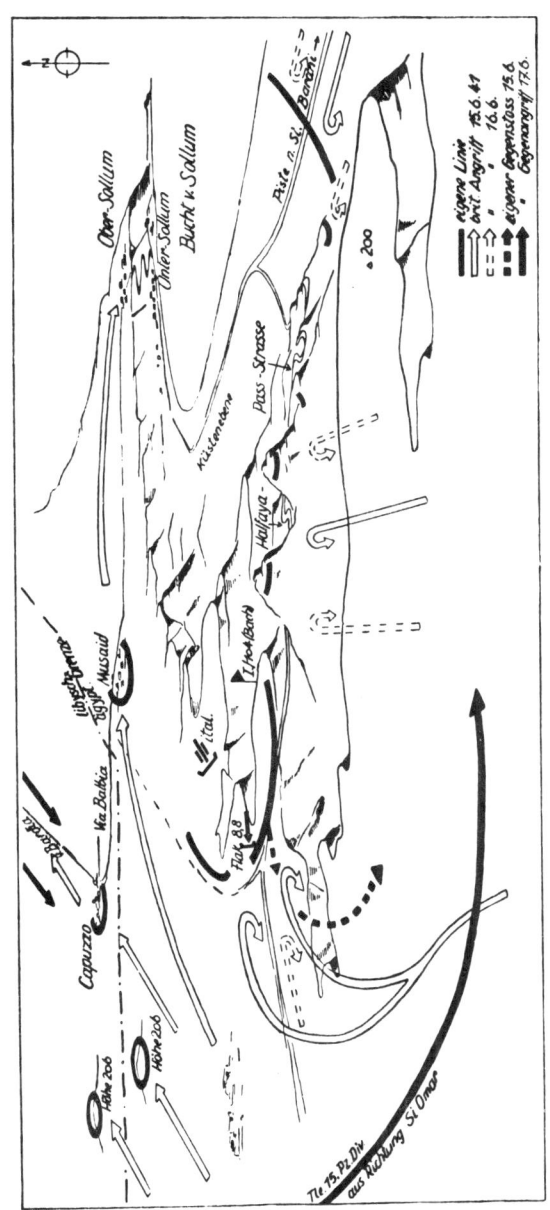

Die Panzerschlacht von Sollum im Juni 1941

Sie warteten darauf, die Küstenstraße freizubekommen. Sie auf dem zeitraubenden Umweg durch die Wüste am Halfayapaß vorbeizuführen, war jetzt zu spät. Rommel aber, der nicht wissen konnte, in welcher Misere sich Wavell befand und welch glänzenden Erfolg ihm der Hauptmann der Reserve Bach ermöglichte, stellte voll Sorge fest, daß die Front mit den abgekämpften Verbänden schon aus Versorgungsgründen nicht mehr zu halten war, wenn frische Divisionen in die Schlacht eingreifen oder nach einer kurzen Pause abermals zum Angriff antreten sollten. Er forderte deshalb noch während der Schlacht eine weitere Stellungsdivision für die Sollumfront und eine andere für die Besetzung Bardias beim italienischen Oberkommando in Libyen an. In die Gegend von Sidi Azeiz wollte er sogar eine dritte Division in Stellung gebracht haben, die deutschen Divisionen unmittelbar nach der Schlacht als operative Reserven herausziehen und endlich zur Sicherstellung der Versorgung schnellstens die Umgehungsstraße um Tobruk beendet wissen, für die 8000 Arbeitssoldaten benötigt wurden. Sollum war und blieb eben das Sprungbrett für alle kommenden Operationen. Es aufzugeben, hieß den besten Chancen für die Zukunft zu entsagen.

Das libysche Oberkommando setzte sofort die Division Pavia in Marsch. Zur gleichen Stunde, am Vormittag dieses dritten Schlachttages, erhielt Wavell die Meldung der 7. Panzer-Division, daß sie über 100 Panzer verloren und empfindlichen Mangel an Munition und Brennstoff hatte. Diese Nachricht, vom DAK aufgefangen, zeigte, daß die Sperre des Halfayapasses zu wirken begann. Den englischen Truppen ging langsam aber stetig der Atem aus. Sie waren ohne Nachschub.

So brachen 15. PD. und 5. Leichte mit neuer Wucht in den Feind. An der Grenze entwickelten sich schwere Kämpfe mit der 15. PD., bei denen die 8,8-Flak wieder vor den Panzern marschierte und in direktem Beschuß Mark II um Mark II vernichtete, langsam aber unaufhaltbar den Feind zurückdrückend. 14 Panzer, Gefechtsfahrzeuge und gepanzerte Beobachtungsfahrzeuge wurden im ersten Ansturm zerschlagen. Die Panzer der 5. Leichten nahmen gegen heftigen Widerstand inzwischen Sidi Suleiman und forderten Luftwaffenunterstützung an. Das MG-Bataillon, aus dem Süden angegriffen, mußte auf Sidi Omar ausweichen. Um elf Uhr verriet eine Feindmeldung, daß die englischen Panzerverbände keine Munition mehr hatten, die Besatzungen von Obersollum und Musaid sich absetzen und über Capuzzo sammeln sollten. In dem Fort selbst wurden Vorräte gesprengt, Fahrzeuge und unbewegliche Panzer vernichtet.

Am Nachmittag bekamen beide deutsche Divisionen, die sich über Sidi Omar nach Osten vorgekämpft hatten, miteinander Fühlung, und kurz darauf rollte Oberst Neumann-Silkow an der Spitze seiner Panzer auf den Halfayapaß zu. Seine Besatzung hatte an diesem Morgen Munition auf dem Luftwege erhalten und zudem die Abteilung Pardi in der Tat in einem Tal 600 Granaten gefunden und in die Stellungen geschafft. Erneut waren alle Angriffe abgewiesen und dem Feind abermals schwere blutige Verluste zugefügt worden. Es war ein furchtbares, vergebliches Anstürmen tapferer Regimenter, die ohne Zögern in den Tod gingen. Panzer, in Brand geschossen, wurden von den Besatzungen im Artilleriefeuer gelöscht und sofort wieder in den Kampf geworfen. Hüben und drüben war das Äußerste geleistet worden.

Mit den Panzern der 15. PD. trat Hauptmann Bach am Abend des 17. Junis zum letzten Gegenstoß an. Die um den Halfayapaß liegenden Wadis wurden vom Feind gesäubert. Lastwagenkolonnen mit Infanterie und einzelne Panzerrudel der 7. britischen PD. versuchten, sich durch die Front der 5. Leichten durchzuschlagen. In der Weite des Raumes entkam die Masse der geschlagenen Verbände, die sich ohne Munition auch gar nicht auf einen Kampf einlassen konnten. Sollum, Capuzzo, der Raum um Sidi Omar, Sidi Suleiman und Bardia wurden am nächsten Tage durchkämmt.

Ein glänzender Sieg war erkämpft worden.

Rommels Plan für Tobruk

Die dreitägige Panzerschlacht von Sollum, die größte Panzerschlacht im bisherigen Verlauf des Krieges, war ein voller Erfolg der deutschen Truppen und ihrer Führung. Das Ziel der Engländer, Tobruk zu entsetzen und die im Raume ostwärts der Festung stehenden Deutschen zu vernichten, war mißlungen. Wavell hatte kostbares Blut und die Masse seiner Panzer verloren. In den Wadis vor dem Halfayapaß und auf dem Hochplateau lagen Hunderte von Toten. Auf dem Schlachtfeld waren 240 Panzer zurückgelassen worden. Die 7. englische Division kehrte mit nur 24 einsatzfähigen Kampfwagen aus der Schlacht zurück. Demgegenüber fielen, wie sich überraschenderweise ergab, die deutschen Verluste kaum ins Gewicht. Die 15. Panzerdivision zählte 300 Mann Totalausfall durch Tod, Verwundung oder Gefangenschaft und hatte 15 Panzer eingebüßt. Die 5. Leichte meldete 30 Tote, 40 Verwundete und zehn

43

Vermißte. Fünfzehn Tote waren durch den Angriff eigener Bomber verursacht worden. Zehn Panzer waren vernichtet, 40 beschädigt und alsbald instand gesetzt. Am 20. Juni waren beim Korps wieder 136 Panzer und 12 Mark II einsatzfähig.

Besonders gering waren die Verluste des Bataillons Bach. Es zählte nur acht Tote und 30 Verwundete, die italienische Abteilung Pardi sogar nur einen Toten und zwei Verwundete.*) Eindeutig war damit erwiesen, daß die sorgsame und neuartige Anlage der Stützpunkte Blut gespart und sich für den Gegner höchst verhängnisvoll ausgewirkt hatte.

Dieser Erfolg zeigte allerdings auch die Schwäche der deutschen Position. Rommels Auftrag für Afrika hatte ursprünglich ein beschränktes Ziel. Es sollte die drohende Niederlage der Italiener mit allen ihren politischen und militärischen Folgen verhindert, die Front dazu an die Grenze der Cyrenaika vorverlegt und defensiv gehalten werden. Aus der Korrektur und Verbesserung der Front war eine Offensive geworden, die den Feind nach Ägypten zurückgedrängt hatte und zur Einschließung Tobruks führte.

Auch in Afrika erwies sich, daß der Krieg seine eigenen Gesetze hatte, und, hier wie überall, mit wenigem nicht zu führen war, ganz abgesehen davon, daß Rommels Aufgabe niemals in der Defensive gelöst werden konnte. Die einzige wirklich verläßliche Truppe war die deutsche. Das DAK hatte auch die alleinige Last der Panzerschlacht tragen müssen, denn die italienischen Verbände, zur Verstärkung in Marsch gesetzt, waren entweder gar nicht angekommen oder doch so spät, daß sie nicht mehr einzugreifen brauchten. Nach allen Erfahrungen war deutlich geworden, daß in Zukunft neben einer starken Besatzung der Stützpunkte Rommel einer ebenso starken wie schlagkräftigen, beweglichen Reserve nicht würde entbehren können. Sie aber mußte das DAK stellen. Aus diesem Grunde auch hatte er noch während der Schlacht neue Stellungsdivisionen für die Ostfront angefordert. Eine erste Linie sollte in Zukunft von Punkt 208 über 207 zum Halfayapaß gehen, eine zweite den Raum Capuzzo–Musaid–Sollum umfassen und die dritte den Bereich der Festung Bardia einschließen. Italienische Divisionen, unterstützt durch deutsche Stellungstruppen, sollten diese Front besetzen und die beiden deutschen motorisierten Divi-

---

*) Vom 15. bis zum 20. Juni waren einschließlich der Tobrukfront beim DAK folgende Verluste entstanden: 95 Tote, 355 Verwundete und 235 Vermißte; bei den Italienern 43 Tote, 7 Verwundete und 300 Vermißte. Seit Beginn des Feldzuges bis zum 5. Juni hatte das DAK 513 Tote, 1689 Verwundete und 1015 Vermißte. Desmond Young gibt die englischen Verluste der Schlacht mit 100 Kampfwagen an, welche Zahl offensichtlich ein Irrtum ist; unzutreffend ist auch die Zahl der deutschen Panzer, die er auf 220 mittlere und 70 leichte schätzt.

sionen eine bewegliche Reserve sowohl für eine offensive Abwehr gegen jede Wiederholung eines englischen Vorstoßes aus dem ägyptischen Raum als auch für einen späteren Angriff auf Tobruk bilden.

Die intakte Front von Sollum war Voraussetzung für die Fortführung des Kampfes um Tobruk. Vom Gegner konnte diese Festung nur durch einen Angriff von außen her entsetzt werden, welcher die Sollumfront durchbrach. Es mußte daher die Verteidigung in der ägyptischen Wüste entsprechend verstärkt werden, denn ein neuerlicher Versuch würde unzweifelhaft mit weit massiveren Kräften unternommen werden, als sie England soeben eingesetzt hatte. Zog die Führung aber deutsche Stellungstruppen aus der Tobrukfront heraus – und eine andere Möglichkeit gab es solange nicht, als keine neuen Stellungsdivisionen eingetroffen waren –, so schwächte sie den Ring um die Festung, und das bedeutete, sich unter Umständen ernsten Krisen auszusetzen. Die mäßige Bewaffnung der Italiener, ihr schlecht ausgebildetes Offiziers- und Unteroffizierskorps, endlich ihr labiler Kampfgeist hatten zur Genüge gezeigt, daß es unmöglich war, mit italienischen Truppen allein einen Gegner wie den Engländer anzugreifen oder nachdrücklichen Angriffen standzuhalten. Es mußte also die bewegliche Reserve auch für die Tobrukfront ständig zur Verfügung stehen.

Damit war abzusehen, daß auf die Dauer mit zwei deutschen Divisionen auf dem afrikanischen Kriegsschauplatz nicht auszukommen war, wollten sich Berlin und Rom die Möglichkeit vorbehalten, dem Gegner eines Tages wieder das Gesetz des Handels diktieren zu können. Das zu tun, lag zwar im Plane des Oberbefehlshabers des deutschen Heeres, der schon Mitte Juni Anordnungen für eine weitgehende Bevorratung auch für größere Verbände gegeben hatte und im Juli Vorschläge für die Wegnahme Tobruks anforderte, allein unlösbar erschien immer mehr die Frage des Nachschubs. Er war die entscheidende. Er war der Lebensodem für die Front. Vom General bis zum letzten Panzerschützen hing jeder Soldat von ihm ab.

Nicht nur hier, auf diesem Kriegstheater, war die Planung des deutschen Oberkommandos großzügig. Und nicht nur hier stand sie endlich im krassen Mißverhältnis zu den Mitteln, welche man dann zur Durchführung tatsächlich aufwandte und der Truppe gab. Ein kleines an Mehr hätte vielleicht schon genügt. Allein es scheint, in diesem für Deutschland so merkwürdigen Zeitalter überließ man zu viel der Einbildung und dem mythischen Glauben, daß „der Geist" einer Truppe ausgleichen könne, was ihr an Brennstoff oder Geschützen fehlte.

Wo der deutsche Infanterist steht, weicht er nicht ... hatte Hitler einmal als oberster Befehlshaber gesagt. Dieses Wort traf zu, wenn es den hohen Kampfgeist der Truppe kennzeichnen wollte. In dem Munde eines Staatsoberhauptes verriet es aber eine höchst wirklichkeitsfremde Mißachtung jeglicher kriegsgeschichtlichen Erfahrungen, ja eine eklatante Unkenntnis der Imponderabilien jedes Krieges. In Wahrheit, dieses System hatte völlige Blindheit befallen. Man gab sich der mystischen Anbetung eines Geistes hin, den zu mißachten man sich sonst keineswegs scheute. Was aber nutzte aller Heroismus und alle Bereitschaft des Soldaten, wenn man ihm die lebensnotwendigen Kampfmittel vorenthielt?

Schon im Mai und dann im Frühsommer hatte das Afrikakorps Tage erlebt, in denen aus Mangel an Brennstoff sogar der Stab des Korps sich nicht in der Lage sah, notwendige Frontfahrten zu unternehmen. Wichtiges Nachschubgut lag seit Wochen in Neapel und in Tripolis und konnte aus Mangel an Transportraum und aus Mangel an Benzin nicht nachgeführt werden. Die Oasenkompanien waren überhaupt nicht motorisiert, verfügten nicht einmal über Feldküchen, genauso wie die Stellungsbataillone, die auf dem Luftwege herangebracht worden waren. Da zudem auch einige italienische Divisionen gar nicht oder mangelhaft mit Kolonnenraum ausgestattet worden waren, so mußten die überbeanspruchten deutschen Kolonnen auch noch für italienische Transporte herhalten. Die deutsche schwere Artillerie, für Tobruk unerläßlich, stand immer noch in Neapel und wurde dort gebombt. In Berlin aber plante man die Errichtung von Kamelreiterkorps, ohne zu ahnen, daß schon die Geschoßgarbe einer einzigen Hurricane genügt hätte, um ein ganzes Regiment von Kamelen mitsamt seiner Romantik sich in wildem Chaos in der Wüste auflösen zu lassen. Niemand hatte auch darüber nachgedacht, daß mit 2000 Kamelen nur drei Tonnen Nutzlast am Tage zur Front hätten befördert werden können. Rund tausend Tonnen war der Bedarf. Und mit solch kindischen Plänen befaßten sich ernsthafte Leute in ernsthaften Stellungen.

Die italienische Marine, in diesem Spiel auf Leben und Tod wichtigste Karte für den reibungslosen Ablauf der Seetransporte, vergrößerte die allgemeinen Schwierigkeiten. So sah sich die Führung des DAK genötigt, zwei Forderungen zu stellen, die dann beide nicht erfüllt wurden. Einmal sollte der Nachschub auf dem kurzen Wege über Griechenland herangeführt und zum anderen die Schiffsraumfrage auf der Neapeler Linie dadurch gelöst werden, daß deutsche Schiffe unter deutschen Befehl gestellt wurden. Häfen wie Bengasi, Derna oder gar Bardia zu benutzen, sah sich selbst jetzt noch die italienische Marine nicht imstande. Mit diesen Häfen aber wäre der endlose Landweg überflüssig geworden. Die Engländer fuhren unentwegt und ohne Rücksicht auf Verluste nach Tobruk hinein. Den Italienern aber war das Risiko zu groß. Erst nach wochenlangen Verhandlungen gelang es Rommel, italienische U-Boote für Transporte freizubekommen. Mitte August lief das erste Bardia an, im September erschien sogar ein kleiner Dampfer. Aber was über diesen frontnahen Hafen kam, bedeutete nur einen Tropfen in der allgemeinen Dürre. Das 1750 Kilometer entfernte Tripolis blieb der Hauptausladehafen.

Das Groteske dieses Bildes wird noch durch den Umstand verstärkt, daß der deutsche Fliegerführer in Afrika zeitweise über dreimal mehr Kolonnenraum verfügte als das gesamte DAK, ein Bild, das sich auch auf anderen Kriegsschauplätzen ergab. Nicht in der Luft, auf dem Boden vermehrte sich die Luftwaffe.

Schließlich erwies sich bei aller reibungslosen und kameradschaftlichen Zusammenarbeit zwischen dem italienischen Oberkommando und der deutschen Korpsführung immer wieder als ein starkes Hemmnis, daß nicht alles Gold war, was bei den Italienern zu glänzen vorgab. In den Tobrukstellungen wurden schlafende Besatzungen angetroffen. Die ins einzelne gehenden Pläne für den Stellungsbau wurden zwar als durchgeführt gemeldet, in der Praxis aber vielfach der Bequemlichkeit der Vorrang gegeben, wobei die Überlegung eine Rolle zu spielen schien, daß bei einem englischen Angriff nur ein Ausweichen in Frage kommen würde. Auch die Erfassung des Beutegutes spielte eine bezeichnende Rolle.

Vor allem im Raum von Bardia hatten die deutschen Truppen Hunderte von italienischen Geschützen eingebracht, die in der Winterschlacht stehengelassen worden und dem Engländer in die Hände gefallen waren. Zum Teil wurden die Batterien völlig unbeschädigt in ihren alten Stellungen vorgefunden. Beim libyschen Oberkommando wurde man auf dieses wichtige Material erst aufmerksam, als auf Befehl Rommels Bergungstrupps eingesetzt und Reparaturwerkstätten eingerichtet worden waren und die ersten dieser Geschütze die Stützpunkte an der Solumfront verstärkten. Mitte Juli verlangte plötzlich das Oberkommando, die Geschütze nur mit seiner Genehmigung zu verwenden. Damit drohte, daß diese Beute des DAK, die seit dem Dezember ohne jegliche Pflege im Freien gestanden und um die sich kein Italiener bislang gekümmert hatte, vom italienischen Oberkommando abtransportiert werden würde, um der rückwärtigen italienischen Armee im Raume Mechilli-Bengasi zugeführt zu werden. Wurde die Frage auch zur allgemeinen Zufriedenheit geklärt, so war es bezeichnend, daß sie überhaupt zu einer solchen erhoben werden konnte. Gewiß ist, daß sich General Gariboldi stets bestrebt zeigte, in loyaler und kluger Zusammenarbeit die deutsche Initiative an der Front zu stützen. Aber auch er fand Widerstände und gab sie offen zu. Als Rommel bei einer Besprechung die vom deutschen Hauptquartier angeforderten Vorschläge zum Angriff auf Tobruk entwickelte und als Voraussetzung die Heranführung von 20 Batterien schwerer Artillerie und der noch immer fehlenden Kampfverbände bezeichnete, befürchtete Gariboldi, daß die zugesagten Verstärkungen und die notwendigen Nachschubgüter zeitlich nicht herankommen würden, denn der Angriff sollte bereits Mitte August stattfinden. „Ich bin schon oft", sagte er, „und immer mit größtem Nachdruck in Rom wegen unserer Versorgungs- und Nachschublage vorstellig geworden. Immer wurde mir jede mögliche Hilfe zugesagt. Wenn wir aber keine Zeit zur Vorbereitung und nicht die entsprechende Unterstützung haben, dann überlasse ich das Oberkommando gerne einem anderen."

General Gariboldis Bedingungen waren weitgehend, fast optimistisch in ihrer Erwartung. Während Rommel eine deutsche Panzerdivision, verstärkt durch acht Infanteriebataillone und zwei italienische Divisionen für den Angriff als ausreichend erachtete, stellte Gariboldi vier Bedingungen: die absolute Artillerieüberlegenheit, die Luftüberlegenheit durch Infanterieflieger und Sturzbomber, endlich den Einsatz von zwei Panzerdivisionen, vier frisch heranzuführenden Infanteriedivisionen und zwei motorisierten Divisionen und viertens das Eingreifen der Flotte, um die englische im Falle ihres Auftauchens abwehren zu können.

Gariboldis Skepsis ließ Rommel davon absehen, einen zweiten Plan für eine Offensive an der Ostfront auszuarbeiten. Sie wäre „ein schöner Sommernachtstraum", wie Gariboldi sich ausdrückte, der kurz darauf überraschend abgelöst und durch einen „neuen Mann" ersetzt wurde.

General Bastico, besonderer Favorit Mussolinis, Spanienkämpfer und zuletzt in Kreta, schien berufen zu sein, die italienische Führung stärker zu betonen. In diesem Zusammenhang kam es zur Errichtung eines italienischen Korpsstabes für die Tobrukfront. Gleichzeitig wurde die „Panzergruppe Rommel" gebildet. Sie setzte sich aus dem alten Afrikakorps zusammen, nämlich der 15. PD., der 5. Leichten und einer Afrikadivision, geschaffen aus den Stellungsbataillonen und den Oasenkompanien, und aus einem italienischen Korps, dem die Division Savona und eine Panzerdivision angehörten. Von der Heeresreserve, deren Masse im Raume von Mechilli geringen praktischen Wert hatte, wurde zunächst die Division Bologna in die Gegend von Gazala und el Adem verlegt. Der Angriff

Weiter geht es nach Osten

4000 Gefangene

Im Storch über Acrona

Rommel verleiht das Ritterkreuz an General v. Kirchbach

Die Straße nach Derna führt vom Dschebel in steilen Kurven hinab zur Küstenebene

Rommel bei einer Besprechung mit dem Kommandeur einer italienischen Einheit

Gut getarnt liegen unsere Zelte im Schutz der Felsen

Spezialität des Tages: Gazellenbraten

auf Tobruk wurde gleichzeitig und zwar auf Vorschlag des libyschen Oberkommandos auf unbestimmte Zeit verschoben.

Die Erwägung, anscheinend Basticos Idee, die Sollumfront und den Abschnitt Tobruk zu trennen und diese unter italienischer Führung selbständig zu machen, blieb freilich graue Theorie. Mussolini lehnte diesen Plan selber ab, da beide Fronten untrennbar waren und ein späterer Angriff auf Tobruk vor allem mit den noch immer an der Ostfront gebundenen deutschen Truppen durchzuführen war.

Die noch kaum sichtbaren Gegensätze trugen aber bereits den Keim für die späteren unseligen Ereignisse in sich. Rommel wußte sehr gut, worum es sich handelte. Nicht die Vorsicht durfte den Ausschlag geben, nicht die absolute Sicherheit, welche das italienische Oberkommando voraussetzte und welche doch niemals gewährt werden konnte. Die Initiative mußte bei den Achsentruppen bleiben. Ließen sie dem Gegner die Zeit und den Spielraum, neue Truppen heranzuziehen und sich erst wirklich stark zu machen, dann mußte es zweifelhaft werden, ob man einem solchen Ansturm würde die Stirne bieten können.

Da aber nicht nur das deutsche OKH, sondern auch Rom Taten forderten, so wurde endlich der Angriffsplan für Tobruk fertiggestellt und von Bastico der November für den entscheidenden Schlag vorgesehen, freilich auch jetzt noch unter der Voraussetzung, daß die Versorgungsfrage bis dahin gelöst werden würde. Rommel aber war wieder der Motor, der alles vorantrieb. Tag für Tag war er bei den Truppen des Korps Navarrini vor Tobruk, um jede einzelne Stellung, jedes noch so kleine Werk zu besichtigen und festzustellen, wo Verbesserungen möglich waren.

Am 14. September wurde ein örtliches Unternehmen durchgeführt, in erster Linie dazu bestimmt, die Lage beim Feinde zu klären. Dabei ergab sich, daß der Gegner im Augenblick keine offensiven Vorbereitungen traf. Über den Ras el Medauuar und das Fort Pilastrino den Stoß zur Hafenstadt zu führen, hatte Rommel übrigens aufgegeben. Sein Plan sah vor, vom Südosten anzugreifen, dem bisher ruhigsten Frontabschnitt, während im Westen und Südwesten nur Scheinangriffe stattfinden sollten. 200 schwere Geschütze sollten bis Anfang November zu seiner Verfügung stehen. Neben zwei italienischen Divisionen war die 15. PD. und die Afrikadivision des DAK bestimmt worden, die Hauptlast des Kampfes zu übernehmen. Am ersten Tage sollte bis zum Hafen durchgestoßen werden, so daß die Küste in deutsche Hand fiel. Die von jeder Versorgung abgeschnittenen Werke der Festung würden dadurch gezwungen sein, sehr bald jeden Widerstand aufzugeben.*) Ein solcher Handstreich war – trotz der Stärke der Festung – durchaus möglich. Die Besatzung war nicht so stark, daß ihr Verteidigungssystem keine schwachen Punkte gehabt hätte. Der Angriff mußte nur überraschend kommen, zeitlich und örtlich unerwartet. Nachdem sich ein Teil des Ras Medauuar in deutscher Hand befand, konnte der Gegner mit einem Angriff aus dem Südosten nicht rechnen. Zudem hatten die Befestigungen insofern an Wert verloren, als man sie inzwischen kannte und sich in seinen Kampferfahrungen ihren Bedingungen hatte anpassen können. Freilich, der Angriff mußte auf nahe Entfernung beginnen. Schon bald nach Sonnenaufgang begann die Luft zu flimmern und weder die Artillerie konnte dann noch ein Ziel erkennen, noch die Infanterie sich orientieren, wo die einzelnen Werke lagen. Es sollten daher Offizierspähtrupps sich an die Ziele heranschieben, ihre genaue Lage feststellen und nachts die Infanterie lautlos nachgezogen werden, um zunächst ohne Artillerievorbereitung im ersten Licht anzutreten. Zur Vorbereitung des Unternehmens sollte die Front zunächst vorverlegt werden und zwar auf eine Art, die echt Rommelsche Züge trug.

Seine Theorie der Kampftechnik war in diesen Tagen vom Gegner schlagend bestätigt worden. Bei einem Unternehmen gegen die Höhe 146 vor Tobruk brachten es sieben Australier fertig, sich mehrere Stunden gegen eine starke Kampfgruppe in einem Werk zu halten, das vorbildlich angelegt war. Sie selbst verloren zwei Tote und zwei Verwundete, ehe sie die Waffen streckten. Das deutsche Unternehmen, schlecht geführt und falsch angesetzt, kostete 90 Tote und Verwundete. Rommel erfuhr von der Leistung der Australier und war für sie voll Bewunderung. Er glaubte dabei erkennen zu müssen, was er zum Prinzip seiner Stellungsplanungen gemacht hatte, daß nämlich die Höhe 146 nicht hätte genommen werden können, wenn ähnliche Kampfstände auch rückwärts und in der Tiefe und Breite angelegt worden wären, mit nur wenigen Soldaten besetzt, aber gut bewaffnet und mit gutem Schußfeld.

Freilich, den Italienern lag diese Kampfart nicht. Noch immer liebten sie es, sich in Massen zusammenzuballen. Sie hatten nach wie vor kein Verständnis für die Frage der Selbstverantwortung des Unterführers, die im deutschen Heere längst Grundsatz jeder Ausbildung geworden war. Der Befehlshaber ließ deshalb kurz entschlossen Gruppen von 10 bis 15 Mann trainieren. Sie wurden darauf geschult, innerhalb von zwei Stunden mit Sandsäcken und

---

*) Nach diesem Plan wurde Tobruk ein Jahr später genommen.

Stacheldraht befestigte Stützpunkte anzulegen und führten größere Mengen an Draht aufgereihten Kameldornes mit, um jede ihrer Bewegungen tarnen zu können. So wollte er, ohne des Gegners Aufmerksamkeit zu erregen, die Stellungen schlagartig vorverlegen. Auf jede Art von Verbindungsgräben wurde hinfort verzichtet, dafür neben den Feuerstellungen Unterschlupfe zum Aufenthalt in den italienischen Abschnitten ausgehoben. Aus Sicherheitsgründen wurden fernerhin etwa 60 Beobachtungstürme errichtet, auf die der Engländer sein Feuer sofort konzentrierte.

Das war Rommels Wunsch gewesen, denn vorsorglich waren auf die Türme Puppen gesetzt worden. Auf die leeren Türme aber schoß die englische Artillerie nicht, obwohl gerade sie der Beobachtung dienten. Die Türme bewährten sich also vortrefflich.

Es dauerte nicht lange, so zeigten sich die ersten Schwierigkeiten. Sie erschienen unüberwindlich. Ohne eine starke, ja überlegene Luftwaffe war die Wegnahme Tobruks nicht durchführbar. Sie mußte dafür sorgen, daß die Geleitzüge unbeschädigt Afrikas Boden erreichten und sie mußte zum anderen für die Schlacht selbst zur Verfügung stehen, um dabei eine unterstützende, aber auch mitentscheidende Aufgabe zu übernehmen.

Auf Befehl Hitlers war dem X. Fliegerkorps im September der Geleitschutz übertragen worden. Schwere Artillerie, Munition und Brennstoff, nicht zuletzt auch Truppen sollten beschleunigt verladen und herübergebracht werden. Bei einer Division des DAK fehlten noch immer 4000 Mann und das Korps Navarrini zählte sogar 5300 Fehlstellen. Da aber erklärte General Geisler, Komm. General des X. Fliegerkorps, die Transporte mit den vorhandenen Mitteln nur zu 50 Prozent sichern zu können.

Das Fliegerkorps hatte nur drei Gruppen von je zehn Maschinen zur Verfügung, wobei der Mangel an Jägern am schwersten wog. In Sizilien befanden sich überhaupt keine Jäger mehr. Zwei Gruppen standen in Afrika am Feinde, und die dritte, zur Ablösung bestimmt, war vor zwei Monaten nicht zu erwarten. Mit diesen Kräften konnte weder Malta niedergehalten, noch eine Luftüberlegenheit erreicht werden. Die großzügige Mitteilung des Führerhauptquartiers, es würden 2,5-Tonnen-Bomben für den Angriff auf Tobruk bereitgestellt, war dabei nur ein schwacher Trost. Denn für den Abwurf von 2500-Kilo-Bomben besaß das X. Korps keine geeigneten Maschinen.

Die gröbliche Vernachlässigung unserer Jägerwaffe*), die hier zutage trat und die nicht zuletzt die Folge leichtfertiger Füh-

---

*) 1941 war der deutsche Düsenjäger bereits fertig, der erst ab 1943 gebaut wurde.

rungsfehler war oder, besser gesagt, des Fehlens einer einheitlichen Führung, hatte aber auch noch andere Wirkungen. War schon im Raume Tobruk keine Luftüberlegenheit zu erzielen, was sollte geschehen, wenn es zu einer Doppelschlacht kam und der Gegner zu einem Entlastungsangriff aus dem ägyptischen Raum heraus antrat?

Ein unüberbrückbarer Gegensatz klaffte zwischen Theorie und Wirklichkeit, zwischen Befehlen und Durchführung. Hitler hatte starke Luftwaffenunterstützung zugesagt. Der Kommandierende General des Fliegerkorps aber mußte feststellen, daß seine Kräfte bereits durch die Sicherungsaufgaben für die Geleitzüge erschöpft waren. Die völlig überbeanspruchte Luftwaffe sah sich daher auch nicht imstande, bereits vorher den Hafen von Tobruk wirksam zu sperren. Zwar wurden vor wie nach Angriffe geflogen und fast täglich Bomben über dem Raum von Tobruk abgeladen, aber die Versorgung war keineswegs unterbunden. Der Gegner hatte sich mittlerweile ein gutes System erdacht; er erschien mit seinen Küstenschiffen zu einer Zeit, in der die deutschen Verbände nicht mehr aufsteigen konnten, weil sie sonst bei Dunkelheit hätten im Verband landen müssen. Auch der Einsatz einer Transportgruppe für Mannschaftstransporte, den der Befehlshaber der Panzergruppe wünschte, konnte aus Mangel an Maschinen nicht erfolgen. Nachtjäger standen nicht zur Verfügung; es fehlten die entsprechenden Geräte.

Die Versenkungsziffern stiegen bei diesen Verhältnissen erheblich an. Auf dem Seewege waren dem DAK im Oktober 15884 Tonnen, 55 Geschütze und 942 Kraftfahrzeuge zugeführt, aber 7536 Tonnen, 503 Fahrzeuge und 18 Geschütze versenkt worden. Das war eine Verschlechterung gegenüber dem September um 50 Prozent des Nachschubgutes, um 50 Prozent der Geschütze und um 75 Prozent der Fahrzeuge. Auf dem Luftwege waren nur 2640 Mann und auf Schiffen 5180 Mann zur Front befördert worden. Die Fehlstellen, die im August noch 11 158 Unteroffiziere und Mannschaften ausgemacht hatten, waren damit bei weitem nicht aufgefüllt. (Im einzelnen fehlten bei der Infanterie 7670, bei der Artillerie 2305 und bei den Panzerregimentern 911 Mann.) Eine sorgenschwere Zeit. Die Termine für Tobruk standen fest. Sie waren sogar zum Gegenstand einer Vereinbarung zwischen Mussolini und Hitler geworden. Würden sie eingehalten werden können?

Die zweite Novemberhälfte war der späteste Zeitpunkt für den Angriff. Immer wieder war er verschoben worden, und jetzt machte Gambarra, kommandierender General des bei Mechilli stehenden Reservekorps, wieder neue Bedenken geltend. „Die Termine", er-

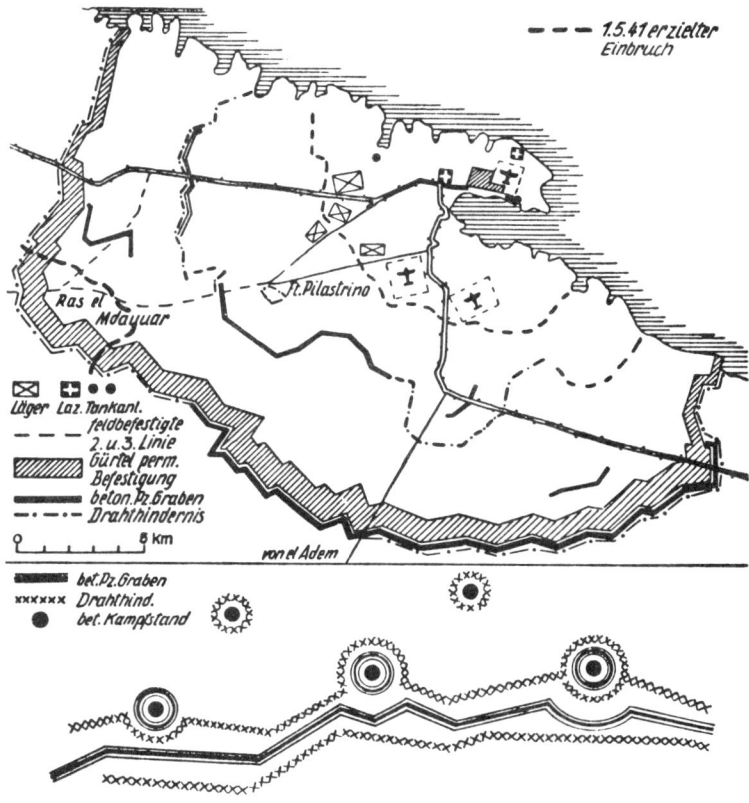

Die Befestigungsanlagen von Tobruk

klärte er in Vertretung General Basticos, „sind abhängig von den Transportmöglichkeiten. Leider können sie nicht, wie gewünscht oder wie vorgesehen, eingehalten werden. Besonders in letzter Zeit sind hohe Verluste durch Schiffsversenkungen entstanden." Von deutscher Seite, setzte er mit spitzem Lächeln hinzu, sei ja freilich Fliegerschutz ab Sizilien versprochen worden. Nun ja ... aber da fehlte noch die gesamte Division Littorea und weiter der Ersatz für die Panzerdivisionen Trento und Trieste. Man werde also leider einsehen müssen, daß zu dem gegebenen Zeitpunkte das italienische mot. Korps nicht einsatzfähig sei.

„Der Selbsterhaltungstrieb", entgegnete Rommel, „zwingt uns zum Angriff auch mit unvollständigen Kräften. Je weiter die Zeit vorschreitet, desto mehr verschlechtert sich die Lage für uns. Zwei deutsche Divisionen stehen mit ihrer Artillerie bereit." Rommel kam es darauf an, endlich diese Politik des Zögerns zu beenden. Er erklärte, auf die italienische schwere Artillerie verzichten zu wollen, wenn nur die Trento und die Trieste zur Verfügung stünden, sei es auch in ihrem jetzigen Zustand, den er für vollauf befriedigend hielt.

„Und wenn schwere Verluste eintreten?"

Auch diese Bedenken waren nicht stichhaltig. Tobruk sollte ja im Handstreich genommen werden. Ein bis höchstens drei Tage beanspruchte das Unternehmen. War der Hafen, wie vorgesehen, am ersten Abend erreicht, so blieben praktisch nur noch Aufräumungsarbeiten. An der Sollumfront war bei dieser Lage mit keiner Gegenaktion zu rechnen. Allein für den ersten Aufmarsch und seine Bevorratung hätte der Engländer mindestens drei bis vier Tage bedurft und in dieser Zeit war Tobruk bereits liquidiert.

Aber wieder sagte Gambarra „Nein". Er könnte die Trento und die Trieste bei ihrer Unvollständigkeit unmöglich einsetzen.

Mussolini hatte inzwischen befohlen, 500 Mann täglich auf dem Luftwege zu überfliegen. Der Ersatz für die beiden Divisionen konnte also sehr schnell eintreffen.

Gambarra zuckte die Achseln. „Zwischen Befehlen und der Ausführung ist ein großer Unterschied."

„Der geplante Zeitpunkt", drängte Rommel noch einmal, „muß um jeden Preis eingehalten werden, da dem Feind sonst Gelegenheit gegeben wird, sich zu verstärken und bis zum Winter etwa 15 Divisionen nach Ägypten zu ziehen. Dann wird ein Halten unserer Stellungen unmöglich sein. Im übrigen fällt für den Feind jeder operative Sinn eines Entlastungsangriffes an der Sollumfront fort, wenn Tobruk handstreichartig genommen wird."

Aber Gambarras Bedenken waren nicht zu erschüttern. „Gewiß", räumte er ein, „der Angriff auf Tobruk ist befohlen. Aber er kann nur nach der Ankunft der Division Littorea und des Ersatzes für die Trento und Trieste stattfinden."

Das konnte noch drei Monate dauern. Es bedeutete, auf den Angriff zu verzichten und dem Feinde den Aufmarsch von 1500 Panzern zu ermöglichen. Tobruk mußte unter allen Umständen aus dem Wege geräumt sein. Nur dann war die Abwehr einer britischen Offensive kein Problem für die Panzergruppe. Es zu meistern, hätte sich Rommel durchaus in der Lage gefühlt. Er machte daher als letzten Versuch den Vorschlag, wenigstens die Division Trento für das Tobrukunternehmen sofort freizugeben. Mit der von ihr abzulösenden Division werde die Panzergruppe dann den Angriff im November durchführen, während das Korps Gambarra nur bei einem Scheinangriff im Sollumabschnitt aktiv werden sollte, für welchen Fall diese Reserven allerdings in den Raum südlich Tobruk verlegt werden müßten. Gambarra gab endlich nach, sagte die Trento zu und versprach, sein Korps Anfang November von Mechilli in den Raum Bir Hacheim vorzuziehen.

In der folgenden Nacht schon rollte das Unternehmen „Michael" ab. Schlagartig wurde unter Panzerschutz und mit lautem Motorenlärm die gesamte Front vor Tobruk vorgeschoben. Der Feind leistete nur geringen Widerstand. Ein Gegenstoß wurde abgewiesen. Verluste traten nicht ein. Die neuen Stellungen wurden durch mitgeführte Masken getarnt und diese Masken in jeder weiteren Nacht verändert, so daß immer wieder ein anderes Bild der deutschen Linien hervorgerufen wurde.

So schien der Weg frei zu sein. Eine wesentliche Voraussetzung für den Angriff auf Tobruk war erfüllt und General Cruewell, kommandierender General des DAK, sowie General Navarrini, kommandierender General des XXI. Korps, konnten in den Angriffsplan eingewiesen werden. Was irgend in der Front entbehrlich war, wurde herausgezogen, nach hinten verlegt und auf das Unternehmen trainiert, wobei der Schwerpunkt auf die Zusammenarbeit der aufgelöst vorgehenden Infanterie mit der sie begleitenden Artillerie gelegt wurde. (Wie erinnerlich, war es das Fehlen dieser Begleitartillerie, das in den Ostertagen den Angriff auf Tobruk trotz guter Anfangserfolge zusammenbrechen ließ.) Sie sollte im direkten Schuß mitwirken. Von Gambarra erging Meldung, daß er ein Landungsbataillon während des Angriffs in den Rücken der Engländer dicht bei Tobruk abzusetzen beabsichtige. Insgesamt 461 Geschütze standen Mitte November vor Tobruk bereit, 48 leichte, 89 schwere der deutschen, 156 leichte und 168 schwere der italienischen Artillerie. Rechts sollten die Italiener, links die Deutschen angreifen, in der ersten Nacht die am Wege liegenden Werke niederkämpfen, Navarrini den rechten Sektor abschneiden und bis zur Küste vorstoßen, indessen Cruewell die linke Flanke lahmzulegen unternahm. Beide Korps schwenkten in der Küstenebene dann auf Tobruk ein.

Die dunklen Wolken, die in diesen Novembertagen über der Wüste lagen, eisigen Wind, Regenströme und Sandlawinen vor sich hertrieben, ließen es noch undeutlich erscheinen, wessen Himmel sie verdunkelten. In einer der dramatischsten Schlachten des zweiten Weltkrieges sollte das Ringen um Nordafrika seinem Höhepunkt zutreiben. Denn als Rommel in letzter Ungeduld den Termin für die Wegnahme Tobruks endgültig festlegte, da brach überraschend der englische Großangriff über die libysche Grenze. Was der General befürchtet hatte, wurde Wirklichkeit. Der Gegner kam ihm zuvor.

„Das Ziel der Offensive", teilte Churchill dem Unterhaus mit, „ist die Vernichtung der bewaffneten und besonders der gepanzerten Streitkräfte des Feindes." Und General Auchinleck, der neue Oberbefehlshaber im Mittleren Osten, rief am Vorabend des Angriffes in seinem Tagesbefehl vom 17. November seinen Truppen zu:
„Die Stunde hat geschlagen, für die Heimat und für die Freiheit den härtesten Streich zur Erringung des Endsieges zu führen. Die Armee der Wüste kann den geschichtlichen Annalen eine glorreiche Seite hinzufügen, welche den Blättern ebenbürtig ist, auf denen Blenheim und Waterloo geschrieben stehen."
Rommel, obwohl durch die steigende Wucht der täglichen Bombenangriffe gegen die Nachschubbasen der Achsentruppen auf die gegnerische Offensive gefaßt, wurde dennoch am Morgen des 18. Novembers durch die Meldung überrascht, daß sich über der östlichen Wüste die Staubwand einer aufgebrochenen Armee erhoben hatte.

„DIE STUNDE HAT GESCHLAGEN"

An einem seidenen Faden...

Rommel hatte die Ruhe nach der Panzerschlacht von Sollum benutzt, um seinen Schlag gegen Tobruk allen Widerständen zum Trotz auf das Sorgsamste vorzubereiten. In dieser Zeit war auch sein Gegner nicht untätig geblieben. General Wavell, den das Glück verlassen hatte, mußte General Auchinleck weichen. Die achte Armee wurde gebildet und Sir Allan Cunningham unterstellt. Schiff um Schiff sandte England um das Kap der guten Hoffnung an den Nil. Truppen, Panzer, Fahrzeuge, Kanonen, Benzin, Winterausrüstung, Ersatzteile – wie eine Flut ergossen sich neue Divisionen, Waffen und Material in die östliche Wüste. Im Hauptquartier in Kairo herrschte Hochbetrieb und, wie die englische Presse etwas zu auffallend versicherte, Hochstimmung. So war es keine Zauberei, wenn Rommel wußte, daß man sich auf der anderen Seite rüstete und eine erdrückende Übermacht bereitstellte, um ihm den Garaus zu machen. Eine Armada von 1000 Panzern würde eines Tages seinen knarrenden, quietschenden, ausgeleierten Kampfwagen entgegentreten und nicht weniger Flugzeuge würden sich auf die Marmarica stürzen, um ihn und die Handvoll deutscher Fliegerstaffeln in alle Winde zu zerstreuen.

Der Befehlshaber hatte erkannt, daß es um jede Stunde in diesem Rennen ging. Tobruk mußte liquidiert sein, noch ehe Auchinleck zum Zuge kommen konnte. Nur wenn sich alle Kräfte geschlossen auf die Ostfront konzentrierten, war Aussicht, der 8. Armee mit Erfolg entgegentreten zu können. Ungeduldig wartete er daher von Woche zu Woche auf die Erfüllung der Zusagen Berlins und Roms. Um jede Tonne Nachschubgut mußte er kämpfen. Er erlitt deshalb seine erste Niederlage nicht auf dem Schlachtfeld im Kampfe mit Cunninghams Divisionen, sondern bereits vorher im Kampfe um die Zeit. Die militärische Bürokratie siegte und besiegte ihn, die geheimen Kräfte eines zähen Widerstandes, geboren aus Trägheit und dem Unvermögen, sich über Kompetenzen hinwegzusetzen und die Diskrepanz zwischen Befehl und Ausführung zu beseitigen. Der

Nachschub kam zwar zur Front, gewiß, aber er sickerte nur und floß nicht, wie es hätte sein müssen. Damit wuchs auch die Skepsis der Italiener und ihre Abneigung, sich auf ein Unternehmen einzulassen, für das sie sich nicht stark genug glaubten.

Von Cunningham und dem Oberbefehlshaber des Mittleren Ostens, Auchinleck, wußte man nicht viel, nur daß sie in dem Rufe tüchtiger, verläßlicher Soldaten standen, die zu unterschätzen ein Fehler gewesen wäre. Daß diese Gegner aus hartem Holze waren und die Empiretruppen insgesamt über die Zähigkeit der englischen Rasse verfügten, hatte das DAK oft genug erfahren. Die Truppen in Tobruk unter ihrem General Morshead bewiesen es täglich. Daß sie Tod und Teufel nicht fürchteten, hatte zuletzt noch die Schlacht bei Sollum bestätigt. Allein sicher war eins: in diesem Kriege, in dem der Kampf nicht so sehr um das Töten von Menschen ging, eine Tätigkeit, auf die weder Freund noch Feind großen Wert legten, weshalb Verwundete und Gefangene auf beiden Seiten behandelt wurden, wie es unter ehrenhaften Soldaten üblich ist, in diesem Kriege blieb die Vernichtung der technischen Kriegsmittel das wichtige und entscheidende Moment. Der Soldat ohne Wasser und ohne Fahrzeug, der Panzer ohne Brennstoff und ohne Munition war kein Gegner und keine Waffe und kein Feind mehr. Er war ein Mensch, der fremden und feindseligen Wüste preisgegeben und der Hilfe jedes anderen weißen Mannes gewiß.

Kam es mithin vor allem anderen auf den richtigen taktischen Einsatz der Truppe an, einen Einsatz unter größtmöglicher Schonung des Materials und aller technischen Mittel, so war, wie auf keinem anderen Kriegsschauplatz, auch die Führung entscheidend. Sie war nur dort zu meistern, wo der Schwerpunkt sich bildete, wo durch blitzschnelles Handeln und wagemutiges Entschließen in der von tausend Zufällen abhängigen Seeschlacht der Wüste unerwartet eine Entscheidung herbeigeführt werden konnte. Und in diesem Spiel war Rommel Meister. Wavell, klug, zuverlässig, tüchtig, hatte begonnen, von ihm zu lernen. Würde Cunningham sich der Erfahrungen seines Vorgängers bedienen und sie sich zu Nutzen machen? Im allgemeinen hatte der Engländer wenig taktische Wendigkeit gezeigt. Nur ungern änderte er seine Pläne, wenn der Kampf anders verlief, als es berechnet worden war. Die bewegliche Führung größerer Panzerverbände beherrschte er nicht. Dadurch wurde sein Angriffsverfahren oft schwerfällig und die sofort einsetzenden deutschen Gegenstöße waren fast immer erfolgreich.

Freilich, es hatte an klugen Köpfen nicht gefehlt, die Rommels Führung und taktische Prinzipien kritisierten. Ein General, so sagten jene Kreise, gehöre in der Schlacht nicht in die Phalanx aufeinanderprallender Heere. Er sei kein Husar und deshalb sei der Platz eines Heerführers dort, wo die Fäden des dramatischen Spieles zusammenliefen und wo allein eine Gesamtübersicht möglich sei, nämlich im Befehlsstand des Führungsstabes. Was aber wußten die weisen Männer im fernen Europa trotz ihrer sorgsamen Generalstabsausbildung vom Kriege in Afrika? Wo blieben die Fäden? die Verbindungslinien? der reibungslos laufende Nachrichtendienst? die Lebensstränge, welche eine Gesamtführung erlaubt hätten? Der Admiral, der vom Hafen aus eine Seeschlacht zu leiten unternehmen wollte, müßte erst geboren oder erfunden werden. Zudem hatte sich erwiesen und sollte sich bald in weit gewichtigerem Maße erweisen, daß die deutsche Überlegenheit nur dank dieser Führung immer wieder hergestellt werden konnte. Denn in Truppen oder Material bestand sie nicht. Zu keiner Zeit dieses Krieges verfügte Rommel über mehr als vier deutsche Divisionen. Während daher Auchinleck in Kairo Beschlüsse faßte und Cunningham in seinem Gefechtsstand Befehle erteilte, handelte Rommel vorne an der Front und hatte seine Entschlüsse gefaßt, noch ehe der Engländer ein klares Bild der allgemeinen Entwicklung hatte gewinnen können.

Cunningham hatte seine beiden Korps bis in den Raum von Girabub und Siwa verteilt, sie also gewissermaßen in den unendlichen Raum der Wüste ausgestreut, so daß selbst diese Massen sich in ihr verloren und für die Achsentruppen getarnt blieben. Er zählte etwa 100 000 Mann vorderster Linie, nach einem amerikanischen Bericht jener Tage insgesamt 750 000 Soldaten, in welcher Zahl die rückwärtigen Dienste, Luftwaffe und Marine eingerechnet sein dürften. Das XIII. Korps unter General Godwin-Austen faßte die neuseeländische und die 4. indische Division sowie die 1. Panzer-Brigade zusammen. Das XXX. Korps unter General Norrie zählte die 7. Panzer-Division, die 4. Panzer-Brigade, die 22. Garde mot. Brigade und die 1. südafrikanische Division in ihren Reihen. Die 2. südafrikanische Division stand in Reserve. Dazu kamen eine Oasengruppe zum Stoß Richtung Gialo und die Garnison von Tobruk, bestehend aus der 70. Division, der 32. Panzer-Brigade und einer polnischen Infanteriebrigade. Cunninghams 455 Panzer erster Linie verfügten zumeist nur über eine 2,5-cm-Kanone, deren Reichweite der deutschen unterlegen war.

Rommels Erwartung, daß ihm 15 Divisionen entgegentreten würden, erfüllte sich zwar nicht. Sie war aber einigermaßen berechtigt. Denn insgesamt war ihm die 8. Armee weit überlegen. Die deutsche Panzergruppe verfügte nur noch über rund 249 Panzer, aber sie waren ebensowenig neuwertig wie etwa seine drei Divisionen, die

15. PD., die 21. PD., welche Bezeichnung inzwischen die alte 5. Leichte nach ihrer Umgliederung zum Panzerverband erhalten hatte, und die 90. Leichte Division, die alte Afrikadivision. Diese Truppen standen, von wenigen kurzen Pausen abgesehen, seit dem März, beziehungsweise seit dem Tage ihres Eintreffens am Feinde. Sie hatten alle Qualen und alle Höllen eines mörderischen Wüstensommers durchgemacht. Sie hatten von Konserven gelebt, ihre ständig streikenden Fahrzeuge mit allerlei Kunstkniffen repariert, hatten gehungert, Durst gelitten, waren krank gewesen. Sie waren müde und abgekämpft, aber wie alte Kavalleriepferde stets der Fanfare gewärtig, die sie zum Angriff rufen würde. Nur zum Teil waren diese Divisionen motorisiert und wo sie es waren, befand sich nur die Hälfte des Fahrzeugbestandes in brauchbarem Zustand und auch diese Hälfte konnte eigentlich nur mit sehr viel Gottvertrauen benutzt werden.

Rechnet man die italienischen Divisionen hinzu, so mag die Panzergruppe, einschließlich der Heeresreserven unter Gambarra, dem Aufgebot Cunninghams erster Linie rein zahlenmäßig gleich gekommen sein. Allein der Gegner wußte so gut wie die deutsche Führung, daß man die Soldaten nicht zählen, sondern wägen mußte. Die italienischen Verbände blieben ein unsicherer Faktor, der in die Operation taktisch zuverlässig nicht eingegliedert werden konnte.

Auch der deutsche Soldat wußte das und war nicht immer gerecht in seinem Urteil über einen Bundesgenossen, der ihm neidlos die schwierigen Aufgaben überließ und der alle guten Eigenschaften besaß, nur nicht die eines pommerschen Grenadiers oder eines schwäbischen Unteroffiziers. Der deutsche Soldat sah Regimentsgefechtsstände, die für eine Sommerfrische hergerichtet zu sein schienen, nicht aber für englische Granaten. Er hatte Lastwagen gefunden, die statt Munition oder Wasser Porzellankisten und Büfetts für Offizierskasinos durch die Wüste schleppten. Er hatte italienische Stellungen bezogen, die am Hinterhang angelegt waren und großzügig auf jedes Schußfeld verzichteten, Reserven angetroffen, die in zweiter Linie ohne Stellungen lagen, Kompanien, die ohne Offiziere angriffen, Flakbatterien, die erst schossen, wenn die letzte Bombe gefallen war. Und er schüttelte den Kopf, als ihm die stets freundlichen und stets hilfsbereiten „Itas" von den drei verschiedenen Verpflegungssätzen berichteten, welche im italienischen Heer Schranken aufrichteten, die er nicht kannte.

In Wahrheit war der italienische Soldat weder ein schlechter noch ein guter Soldat. Einem friedlichen und friedliebenden Volke angehörend und keineswegs vom Geiste altrömischer Legionen erfüllt, hatte er seit dem türkisch-italienischen Kriege kaum mehr Ruhe gefunden und sah sich nun auch noch in einen Kampf verwickelt, dem er in keiner Weise gewachsen war. Es fehlte ihm an allem, um ihn zu führen, angefangen bei der Waffe und endend bei den unerläßlichen Zielgeräten. Es fehlte ihm an der Ausbildung und wo sein Offizierskorps guten Willens war, ermangelte es doch der selbständigen Entschlußkraft, blieb es gelähmt durch den Mangel an Vertrauen in das eigene Können. Wo der Einzelkämpfer die Entscheidung in der Hand hielt, wo der Unterführer selbstverantwortlich einzugreifen sich entschließen mußte – Selbstverständlichkeiten im deutschen Heer – da trat der italienische in Massen auf und folgte er blindlings dem Masseninstinkt. Alles dieses aber waren Mängel, die nicht den Soldaten an sich belasteten, sondern ein System, das in sträflichem Leichtsinn seine Kraft überschätzte und Truppen an die Front warf, deren Stand im höchsten Falle für eine Kolonialexpedition ausgereicht hätte.

Es gab Beispiele tapferen Kämpfens und todesverachtenden Mutes genug, um zu beweisen, daß es nur einer Beseitigung dieser Mängel bedurft hätte, um die italienischen Divisionen den deutschen ebenbürtig an die Seite zu stellen. Allein wie die Dinge nun einmal lagen, so war im Augenblick nur das DAK brauchbares Instrument der Führung. Und das bedeutete immer wieder eine Erschwerung der Lage, die zu kennzeichnen es einer so eingehenden Erläuterung der italienischen Kampfkraft bedarf.

Auchinleck hatte geplant, seine Offensive mit einem abenteuerlichen Meisterstück einzuleiten. Eine Abteilung der Long Range Desert Group sollte Rommel in seinem Hauptquartier ausheben. Die Nacht zum 18. November war für dieses tollkühne Unternehmen vorgesehen. Die Gruppe stieß aber nicht auf den Gefechtsstand des Oberbefehlshabers, sondern überfiel in Beda Littoria die Zelte des Oberquartiermeisters, wobei zwei deutsche Offiziere und zwei Soldaten den Tod fanden.

Am Morgen dieses Tages eröffnete die britische Luftwaffe die Schlacht. Pausenlos dröhnten die Geschwader der Sollumfront zu, während andere Wellen Bardia, Gambut und den Raum von el Adem in Wolken von Sand, Steinen und glühendem Eisen hüllten. Die Überlegenheit der Luftwaffe war vollkommen. Sie verfügte unter dem Kommando des Generals Cunningham – ein dritter Cunningham befehligte die Flottenverbände – über rund 200 Prozent Jäger und 50 Prozent Bomber und Aufklärer mehr als die deutsche Luftflotte.

Als erste durchbrachen die Panzerdivisionen den Grenzzaun südlich Sidi Omar. Sie schwenkten auf libyschen Boden ein, um in weitem Halbkreis allgemeine Richtung Tobruk zu nehmen, die Achsentruppen in den ostwärtigen Raum zu drängen und dort einzukreisen. Den Panzern folgten die motorisierten Infanteriedivisionen, Briten, Südafrikaner, Neuseeländer, Inder, Australier. Sie sollten die Front bei Sidi Omar aufrollen, den Halfayapaß aufbrechen und damit die wichtige Küstenstraße in englische Hand bringen, dann das Zwischengelände säubern und die Küstenstraße östlich Tobruk erreichen. Das war im Grunde eine Wiederholung des Wavellschen Planes vom 15. Juni, nur daß er dieses Mal unter dem Zeichen eines grandiosen Aufgebotes an Menschen und Material stand.

Die weiten Räume hatte Cunningham vortrefflich für seinen Aufmarsch zu nützen verstanden. Zudem war die Versammlung der Armee unter gut durchdachter Funktäuschung erfolgt, ja in den letzten Tagen hatte sogar völlige Funkstille geherrscht. Am rechten Flügel stand das XXX. Armeekorps mit der 7. englischen Panzer-Division, der 4., 7. und 22. Panzerbrigade, mit der 4. südafrikanischen Aufklärungsabteilung, den 11. Husaren und den Gardedragonern. Die 1. südafrikanische Division und die 22. Garde-Brigade schlossen sich an. Auf dem linken Flügel trat das XIII. Korps mit der neuseeländischen Division, der 4. indischen Division und der 1. Heeres-Panzer-Brigade an. Von Girabub im Süden ging eine Oasengruppe mit zwei Aufklärungsabteilungen, einem Artillerieregiment und einer Pakkompanie quer durch die südliche Wüste vor.

Ohne daß es der deutschen Führung möglich wurde, den Aufmarsch in seinen Einzelheiten zu übersehen, vollzogen sich die Operationen der ersten Stoßgruppen planmäßig. Am Abend hatten die Panzer eine Linie erreicht, die von Sidi Omar*) nach el Gobi führte. Sie standen parallel zur Küste. Hier, bei el Gobi, wurde am 19. November die Panzerdivision Ariete angetroffen, angegriffen und mit ihren veralteten Kampfwagen gründlich geschlagen. Sidi Rezegh wurde erreicht, südlich Tobruk, unfern der Küste gelegen. Am dritten Tage erst kam die Schlacht in Gang und Reuter konnte berichten, daß die deutschen Panzerkräfte in zwei Teile zerschnitten waren, deren größerer Teil sich im Raume Capuzzo–Gambut befand, der kleinere südlich Tobruk. 40 000 Mann wurden als eingekesselt gemeldet.

In geradezu selbstmörderischer Unterschätzung der deutschen Abwehrkraft verkündeten amtliche und nichtamtliche Kommentare schon einen beispiellosen Sieg. Ohne geschlagen zu sein, war Rom-

---

*) Die vielversprechend klingenden Namen dieser Wüstenpunkte bezeichnen zumeist nur einen Hügel (Got), einen Brunnen oder eine Zisterne (Bir), einen Steinhaufen oder ein Grab (Sidi), welche hier einmal vor langer Zeit zu finden waren. Vor allem die Brunnen und Zisternen existierten nur in den seltensten Fällen, und wo ihre Anlage noch bestand, waren sie ohne Wasser und daher ohne praktische Bedeutung.

mel danach Tag für Tag vernichtet worden. Die Zahl der abgeschossenen Panzer überstieg bei weitem jede Zahl, die seine Divisionen jemals besessen hatte. Gewiß war die Lage kritisch und so ernst wie niemals zuvor, aber Rommel war weit davon entfernt, sie als hoffnungslos anzusehen oder gar zu kapitulieren, wie es der Gegner anscheinend erwartete. Denn das Bild auf dem Schlachtfeld selbst sah wesentlich anders aus.

Cunningham hatte – und das war ein nicht wieder gutzumachender Fehler – seine drei Panzerverbände getrennt. Sie sollten die Wüste gewissermaßen überschwemmen, die Achsentruppen stellen und zusammenschlagen. General Campbell hatte zwar Sidi Rezegh erreicht, war dort aber stehengeblieben, und es schien, als sei ihm der Betriebsstoff ausgegangen. Die Panzergruppe unter General Gatehouse aber, ausgerüstet mit neuen Panzern, welche aus den Vereinigten Staaten eingetroffen waren, stieß mit diesen ihren „Honeytanks" auf die gepanzerte Faust des DAK. Sie wurden zerschlagen. Ohne daß die Masse der Honeykampfwagen überhaupt hatte zum Schuß kommen können, barsten die Panzer im Feuer der 8,8-Flak auseinander. So furchtlos sie kämpften, ihre Panzerung hielt den deutschen Geschossen nicht stand und ihre 3,7-cm-Kanonen fanden kein Ziel. Zudem bewies das deutsche Prinzip, Reparaturwerkstätten mit der kämpfenden Truppe marschieren zu lassen, wieder seine Überlegenheit. Während der Gegner seine angeschossenen Panzer verlassen und liegen lassen mußte, reparierte die Panzergruppe nicht nur ihre ausgefallenen Panzer auf dem Schlachtfeld. Sie konnte auch zahlreiche Kampfwagen des Feindes in Dienst nehmen.

Am 21. November lag über der Sollumfront und Bardia Ruhe. Immer offensichtlicher konzentrierte sich die Schlacht auf ein Viereck, nämlich zwischen Capuzzo – Sidi Omar und el Gobi – Sidi Rezegh. Noch tastete Rommel seinen Gegner ab. Zweimal führte er selbst einen Gegenstoß mit der Aufklärungsabteilung der 21. PD. Er mußte vor allem trachten, ein klares Bild vom Feinde zu gewinnen, denn die Nachrichtenverbindungen waren überall zerstört.

Am 22. November stieß die 21. PD. überraschend gegen Capuzzo vor und fügte dem Feinde schwere Verluste zu, während seine Masse noch immer bei Sidi Rezegh verharrte. Rommel beschloß, sie anzugreifen und es ergab sich jetzt deutlich, was er beabsichtigte: nicht in der Verteidigung wollte er bleiben, sondern den Feind durch einzelne Schläge zermürben.

Am Mittag des 23. griffen daher 15. und 21. PD. die Verbände bei Sidi Rezegh an und vernichteten die Panzerdivision Campbells nach tapferer Gegenwehr.

Rommels Überraschungsangriff am 25. November 1941

Diese Schlacht, in der sich zwei Gegner mit gleicher Verbissenheit und gleicher Bravour aufeinander stürzten, wurde zur Entscheidung. Aus der Krise der Achsentruppen wurde eine Krise der englischen Offensive. Cunningham, der sicherlich sein Bestmöglichstes getan hatte, wurde auf dem Schlachtfeld durch General Ritchie abgelöst, der aber das Blatt auch nicht mehr wenden konnte. Ein Absetzen war geboten. Ritchie mußte also denselben Entschluß fassen, der Cunninghams Abberufung veranlaßt hatte.

Während diese Entscheidung sich angebahnt hatte, waren die Gegenstöße der Panzergruppe immer wieder in den Feind hineingetrieben worden. Dabei war es zu heftigen Kämpfen bei Capuzzo, dann wieder bei Sidi Omar, Bir Gobi und el Adem gekommen. Es ist in diesem Zusammenhang, vor allem von englischer Seite, über einen Vorstoß Rommels gefabelt und geraten worden, der am 24. November aus dem Raume von Sidi Rezegh bis nach Ägypten hineinführte. Moorehead, ein englischer Kriegsberichter, hat dabei eine sehr plastische Schilderung der Panik gegeben, die das Auftauchen der deutschen Kampfgruppe im rückwärtigen Frontgebiet auslöste. In Wahrheit war dieser Vorstoß eine Folge des Sieges von Sidi Rezegh. Die schweren Panzerkämpfe am 23. November hatten bis zum Abend dieses Tages für die deutsche Führung keine Klärung gebracht. Erst am Morgen des 24. zeigte sich der bedeutungsvolle Erfolg in seinem ganzen Umfange; der Feind hatte sich abgesetzt und fast sein gesamtes Material zurückgelassen; es gab reiche Beute. Am Vormittag gegen zehn Uhr erhielt daraufhin die 21. Panzerdivision durch das DAK den Befehl Rommels, sofort anzutreten und die englischen Truppen, die in vollem Rückzuge waren, verfolgend zu überholen und bis zum Meer durchzustoßen. Ziel war, durch einen rücksichtslosen Angriff weitere Verwirrung in den Feind zu tragen und ihm keine Möglichkeit zu geben, sich wieder zu ordnen. Rommel selbst begleitete das Unternehmen und befahl, „den Durchstoß durchzuführen, ohne sich darum zu kümmern, was rechts und links geschah". In der Tat entstand beim Gegner das ärgste Durcheinander. Doch hatte das unerwartete Erscheinen der Ravensteinschen Kampfgruppe keine realen, materiellen Folgen. Spät in der Nacht des 24. wurde das Meer erreicht. Der nächste Tag enthüllte erst die tatsächliche Lage und zeigte, daß sich der Feind wieder gefunden hatte. Und jetzt konnte die Kampfgruppe der 21. PD. fast als abgeschnitten gelten. General von Ravenstein nahm auf dem Halfayapaß bewegten Abschied von seinem Freunde, dem liebenswerten Major Bach. Der General hatte am nächsten Tage Mühe, mit seinen Truppen über Capuzzo nach Bardia zu gelangen.

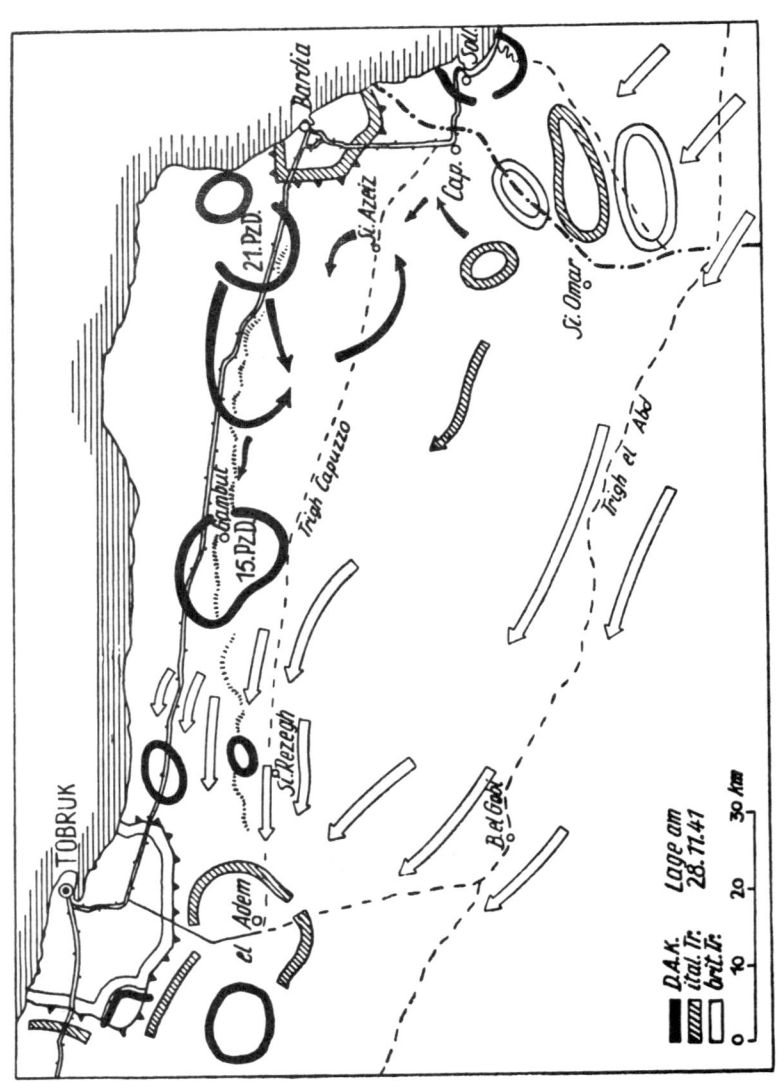

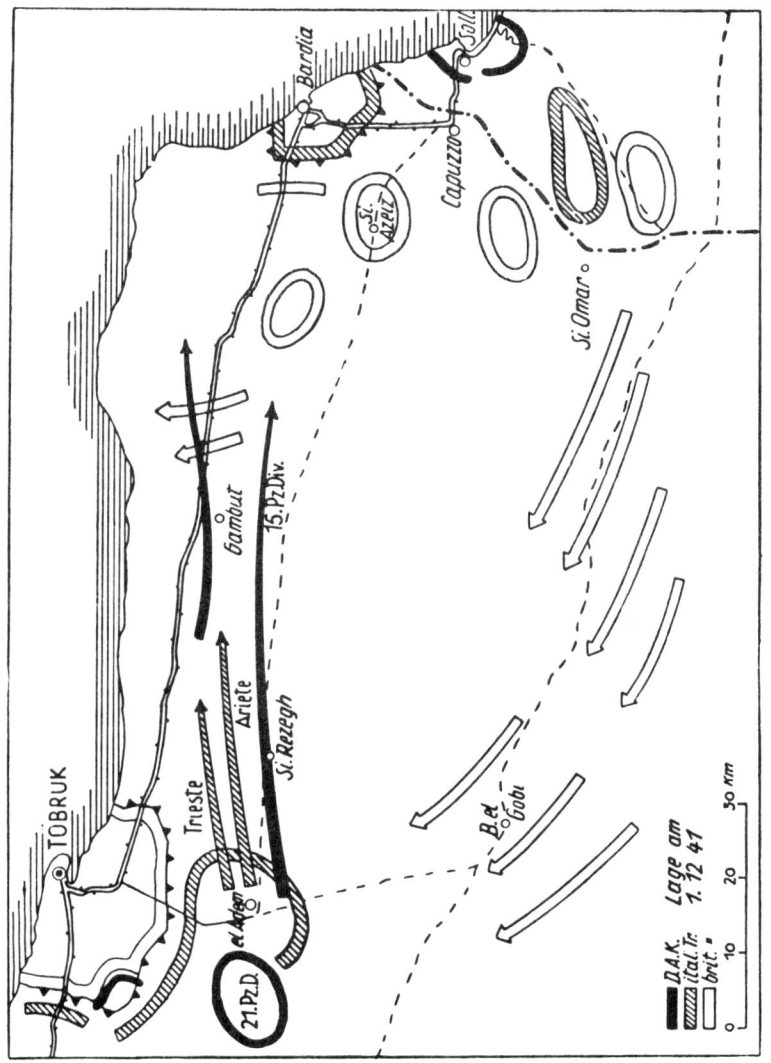

Angriff und Gegenangriff in der Schlacht im Viereck

67

Und doch hatte an diesem 24. November das Schicksal der 8. Armee an einem seidenen Faden gehangen. Die 21. PD. hätte ihn nur zu ergreifen und durchzuschneiden brauchen. Es war eine jener Sekunden, die über Sein oder Nichtsein entscheiden können, ein Zufall, unglaubhaft, unberechenbar, sinnlos, von dem plötzlich die Wende eines Krieges abhängen kann, atemraubend in seiner dramatischen Spannung.

Als nämlich am 24. November die 21. PD. an Sidi Omar–Capuzzo vorbei in die Wüste stieß, erblickte sie südlich Sidi Omar einzelne Panzer in ihrer Flanke. Allein sie hatte weder Zeit noch Befehl, sich um schwache Feindkräfte zu kümmern und mit ihnen Zeit zu verlieren.

Hier aber lagen, einen Raum von sechs Meilen einnehmend, die beiden großen Versorgungslager der 8. Armee. Ihr gesamter Betriebsstoff, Wasser, Munition und Verpflegung waren in riesigen Mengen gestapelt worden, zwar gut verteilt und gut getarnt, aber völlig offen dem deutschen Zugriff, denn die Panzer, welche Ravenstein gesichtet hatte, waren lediglich Attrappen. Das Lager war ohne jede Bewachung und an ihm entlang marschierte nun die 21. PD., nicht ahnend, daß sie innerhalb einer Stunde die 8. Armee kampfunfähig hätte machen können. Die Wegnahme, daß heißt die Zerstörung der beiden Depots wäre der völligen Vernichtung der englischen Divisionen gleichgekommen. Auch im Hauptquartier Auchinlecks wußte man zunächst nichts von dieser Gefahr, da es keine Übersicht über die einzelnen Phasen der Schlacht hatte. Als man die Nachricht erhielt, welche die Wissenden mit panischem Schrecken erfüllte, da war die Gefahr schon vorüber. Die Götter der Wüste hatten dieses Mal Auchinlecks Partei ergriffen ...

General Rommel hatte es verstanden, in ungezählten Einzelschlachten den Feind zu zersplittern, der ihm diesen seinen Plan allerdings durch die Aufteilung der Panzerdivisionen erleichtert hatte. Die Front bei Sollum stand. Die Anlage der Stützpunkte und ihr fleißiger Ausbau bewährten sich. Der Halfayapaß befand sich fest in deutscher Hand und wieder hielt Major Bach hier die eiserne Barriere vor die große Küstenstraße, entlastete damit die kämpfenden Verbände und erhöhte die Schwierigkeiten für den Feind, der seine Truppen und allen Nachschub durch die Wüste nachführen mußte. In den letzten Novembertagen gelang es dem Engländer, auf einer schmalen Stelle Verbindung mit den eingeschlossenen Truppen in Tobruk aufzunehmen, aber im Gegenangriff wurde die Front wieder hergestellt. Die Lage in Bardia blieb unverändert. Nur südwestlich Tobruk wogte die Schlacht noch immer hin und her. Rommel, wiederholt in seinem Fahrzeug von feindlichen Panzerrudeln

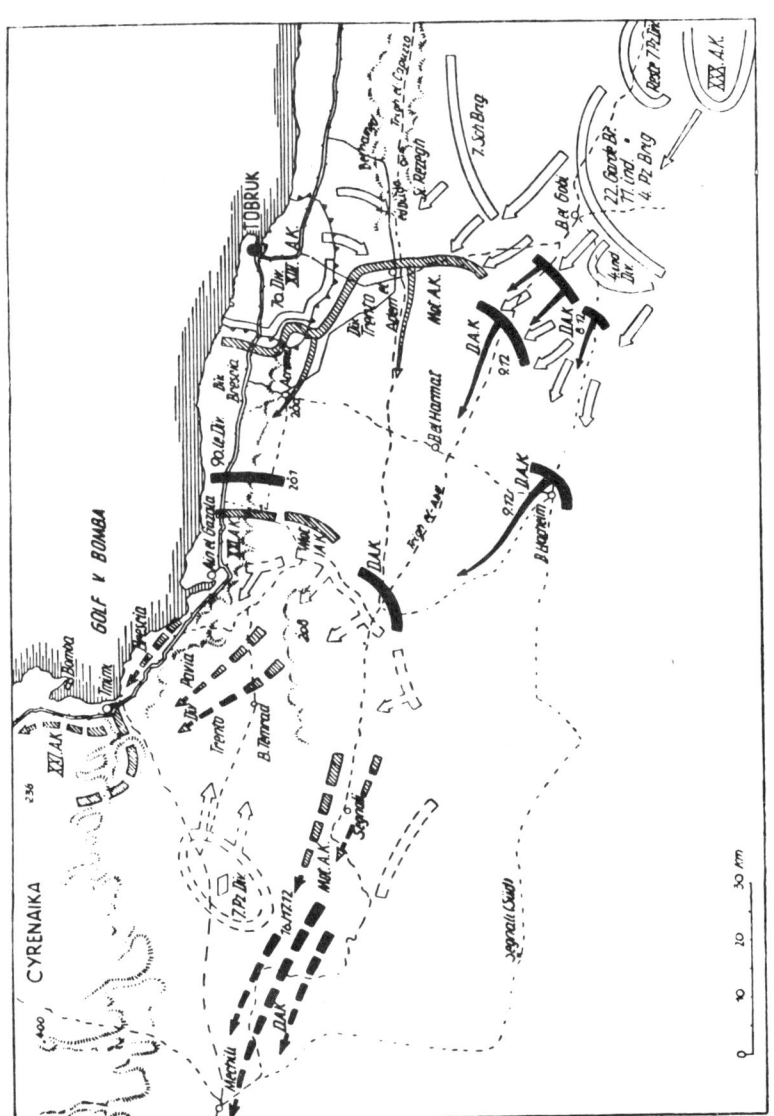

Absetzen auf die Gazalastellung und Einleitung des Rückzuges Anfang Dezember

umstellt, verlor dabei sein Ziel nicht aus den Augen, seine Truppen jederzeit vom Feind lösen zu können. Ungeachtet seiner Erfolge sah er die Lage klar und nüchtern: ein abschließender Sieg war nicht zu erringen. Die eigenen Kräfte waren zu schwach. Der Feind führte täglich frische Reserven heran.

Am 4. Dezember ergingen endlich die ersten Befehle, welche die Aufgabe der Tobrukfront im Osten des Ringes vorbereiten sollten. Zwei Tage später entschied sich die Führung für ein Zurückgehen auf die seit Monaten vorgesehene Stellung bei Ain el Gazala. Die unbewegliche Artillerie wurde sofort herausgezogen und abtransportiert. Bardia und der Halfayapaß sollten weiter gehalten werden.

Ritchie war wohl geschwächt, doch keineswegs erschöpft oder am Ende seiner Kräfte. Noch immer wurde erbittert in zahllosen Einzelgefechten gerungen und noch immer stießen deutsche Panzerrudel überraschend in den Feind, um sich ebenso schnell wieder zu lösen und zu verschwinden. Es ergab sich das fast unmögliche Bild, daß man zu keinem Augenblick wußte, wer Feind und wer Freund war. Englische Panzer fuhren mit deutscher Besatzung. Italienische Lastwagen transportierten indische Truppen. In einer deutschen Kolonne marschierte unbemerkt ein englischer Wagen und als Ritchies Panzer eine deutsche Stellung überrollten, winkten die Besatzungen den deutschen Infanteristen zu. Was sollten sie auch mit Gefangenen beginnen, für die sie weder Wasser noch Fahrzeuge für den Abtransport besaßen? Mochten sie also bleiben, wo sie waren.

Verbandsplätze wechselten ihren Besitzer. Deutsche und britische Ärzte arbeiteten nebeneinander, ohne zu wissen, wer von wem eigentlich nun gefangen genommen worden war. Und über den Himmel jagten noch immer düster schwere Wolken. Es regnete ohne Unterlaß und der Winter erwies sich als ebenso furchtbar wie die Hitze des Sommers. Es war schneidend kalt geworden.

Am 7. Dezember hatte die 8. Armee sich zu einem neuen massierten Angriff bereitgestellt. Rommel wollte ihn auflaufen lassen und den Feind dann über Bir el Gobi zurückwerfen. Glückte der Gegenangriff nicht und erwies sich der Gegner als zu stark, so sollte sich die Panzergruppe in der Nacht absetzen.

Ohne Erfolg bemühten sich zunächst die englischen Panzerverbände, die Naht zwischen 15. und 21. PD. aufzureißen. Da stellte es sich heraus, daß das italienische mot. Korps, das zum Gegenangriff anzutreten Befehl hatte, nicht mehr rechtzeitig eintreffen konnte. Noch am Vormittag auf dem Gefechtsstand der Panzergruppe westlich Bir el Gobi erging Befehl zum Rückzug auf die Gazalalinie.

Nur zum Teil drückte der Gegner nach. Das Absetzen, auch der italienischen Divisionen, vollzog sich in voller Ordnung. 9000 Gefangene wurden mitgeführt. Damit war die erste Runde unentschieden ausgegangen, ja eigentlich zugunsten Rommels. Denn die Einkesselung und Vernichtung der Panzergruppe, immer wieder als vollzogen gemeldet, war Auchinleck nicht gelungen. Doch die Hoffnung gab er nicht auf.

Am 11. Dezember erklärte Churchill mit der ihm eigenen Freimütigkeit im Unterhaus, daß zwar Auchinleck am 18. November auszog, „um die gesamten Streitkräfte der Deutschen und Italiener in der Cyrenaika zu vernichten", indessen habe die libysche Offensive nicht den Kurs genommen, den er und andere erwarteten. Trotzdem erschien es Chruchill als „sehr wahrscheinlich, daß dieses gelingen wird" (nämlich die Vernichtung der Achsentruppen). „Die Befehlshaber glaubten", so fuhr er fort, „daß die gesamten deutschen Panzerstreitkräfte in einer einzigen Masse unseren Panzerstreitkräften am Anfang gegenüberstehen würden. Doch wurde eine solche Kraftprobe durch den Erfolg unseres Vormarsches verhindert ..." Man dachte also in London und man hoffte in Kairo, kurz vor dem Ziel zu stehen. Doch es wiederholte sich jetzt nur, was sich schon einmal abgespielt hatte.

Es ging – und das wußte Rommel – nicht um den Besitz der Marmarica oder der Cyrenaika, nicht um Räume oder Gebiete der Wüste. Der Krieg konnte nur durch die Vernichtung des Gegners entschieden, nicht durch den Verlust oder die Eroberung eines Landes beendet werden. Ein Geländegewinn war noch kein Sieg. Er konnte umgekehrt zu einer schweren Belastung werden, und schon jetzt machte sich für Auchinleck fühlbar, daß sich die 8. Armee weiter und weiter von ihrer Basis entfernte und die Nachschublinien immer länger wurden, zumal die Küstenstraße durch den Halfayapaß und die Festung Bardia gesperrt blieb. Die Probleme, die sich vorher Rommel in den Weg gestellt hatten, erhoben sich jetzt vor Auchinleck und Ritchie. Rommels Sorgen waren die ihren geworden.

Die Gazalalinie, die sich am Rande des Dschebel el Achdar hinzog, war als Auffangstellung gedacht. Rommels erster Gedanke, als er den Rückzugsbefehl gab, war, starke Verbände zugleich in den Raum Agedabia-Marada zu werfen, ja, er dachte sogar daran, sich Gialo zu sichern. Denn die Cyrenaika zu halten, war ein sinnloses Unterfangen. Sie konnte – und das DAK hatte bei seinem Vormarsch im April–Mai dieses Unternehmen ja selber durchexerziert – abgeschnitten und isoliert werden. Nicht etwa nur in Richtung Mechilli-Agedabia, sondern im Süden über Gialo und Marada war dieses Gebiet zu zernieren. Doch die Cyrenaika sollte nur kämpfend geräumt werden, das heißt, in hinhaltendem Widerstand mußten dem Gegner die größtmöglichen Verluste beigebracht werden.

So begann die zweite Runde. Sie stand völlig im Zeichen einzelner Unternehmungen und einzelner, zusammenhangloser Gefechte. Ritchie glaubte, einen weichenden Feind vor sich, sich abermals dem Siege nahe. Und wieder wurde die Trommel verfrüht gerührt. „Die Reste des deutschen Afrikakorps und der italienischen Armee fluten längs der Syrte auf der nach Tripolis führenden Straße zurück. Das Hauptziel, nämlich die Vernichtung der feindlichen Streitkräfte in der westlichen Wüste, ist jetzt erreicht worden. Die deutschen Panzerstreitkräfte sind sozusagen vernichtet und es gibt nur noch eine Handvoll deutscher Panzer, die versuchen, nach Tripolis zu entkommen." (Reuter aus Kairo am 26. XII.)

Diese angeblich zurückflutenden Reste der Panzergruppe wurden indessen von einem klaren Willen gelenkt und wurden nach einem klaren Plan geführt. Auf den Schultern Rommels lag ein Übermaß an Verantwortung. Auf sich allein gestellt, mußte er Entscheidungen treffen, die gegebenenfalls auch von weitgehender politischer Wirkung sein konnten. Niemand vermochte, ihm zu raten. Berlin war weit, noch weiter als Rom, und selbst in Tripolis gab es schon Leute, die keine Ahnung von der Situation, geschweige denn von den Möglichkeiten und Unmöglichkeiten des Wüstentauziehens hatten.

Zum ersten Male erfuhr der Befehlshaber in der Gazalastellung von dem Schrecken, den sein Entschluß verbreitet hatte. In einer Felsenschlucht südostwärts Gazala hatte die Panzergruppe ihren Gefechtsstand errichtet. Am 12. Dezember traf hier überraschend General Bastico ein. Er zeigte sich höchst ungehalten über den Verlauf der Kämpfe, war von Sorgen erfüllt, den Raum um Agedabia zu sichern und fürchtete eine Abschnürung der Cyrenaika. Er verlangte daher, daß eine italienische Division sofort aus der Gazalafront herausgezogen und nach Agedabia in Marsch gesetzt würde.

Rommel mochte an seine häufigen Unterredungen mit Bastico und Gambarra denken, in denen er die Dringlichkeit der Termine für die Einnahme Tobruks beschworen und immer wieder versucht hatte, die italienische Zustimmung für einen frühzeitigen Angriff zu erlangen. Er erwiderte deshalb mit Schärfe. Zwar war General Bastico Oberbefehlshaber, aber sein Beitrag zu den letzten schweren, zermürbenden Kämpfen konnte nicht bemerkenswert genannt werden. Rommel, nicht gesonnen, nachzugeben, lehnte daher die Forderung rundweg ab. Als Bastico auf ihr beharrte, erklärte Rommel, in die-

sem Falle den Rückzug durch die Cyrenaika mit den deutschen
Verbänden allein durchführen und die italienischen Divisionen
ihrem Schicksal überlassen zu müssen. Das bedeutete mit anderen
Worten: der italienischen Führung zu überlassen.
Bastico lenkte sofort ein und Rommel ließ, Zug um Zug, die Divisionen rückwärts abfließen. Am Gegner blieben lediglich Sperrver-
bände, die hinhaltend kämpften und sich immer wieder auf den
nachdrückenden Feind stürzten, ohne doch selbst gefaßt werden zu
können. Am 16. Dezember hatte Ritchie mit starken Kräften die
Bucht von Gazala erreicht und hier war es ihm gelungen, die deutschen Nachhuten zu umfassen. Nur über Tmimi führte noch ein Weg
aus dem Kessel. Widerstand um jeden Preis hätte das Ende
des DAK bedeutet. Es mußte sofort gehandelt werden. General Graf
Cavallero, der vom Commando Supremo aus Rom eingetroffen war,
um sich als Generalstabschef zu orientieren, billigte den Entschluß,
auf Mechilli und Derna auszuweichen. Nur General Bastico, begleitet von Generalfeldmarschall Kesselring, Cavallero und Gambarra, forderte die Zurücknahme des Rückzugbefehls; ein Verlust
der Cyrenaika könne unabsehbare politische Folgen für Mussolini
haben; er müsse daher verhindert werden.
Rommel lehnte ab. Die Befehle seien gegeben und zum Teil schon
in der Ausführung. Wollte die Panzergruppe sich nicht der völligen
Vernichtung aussetzen, so müßte sie sich vom Feinde lösen und
noch in dieser Nacht zurückgehen. Die Lage war eindeutig. Doch
war sie es offensichtlich für Bastico nicht, der plötzlich viel Sinn
für Theatralik bewies, bis Rommel Bastico fragte, wie er denn als
Oberkommandierender der Streitkräfte in Nordafrika die derzei-
tige Lage zu meistern beabsichtige. Bastico verlor sofort seine Sicherheit. Als Oberbefehlshaber, so erklärte er, wäre er nicht dazu da und
auch nicht verpflichtet, seine Ansicht hier auszudrücken.
Rommel lächelte, aber es war kein gutes Lächeln, das über den
energischen Mund zuckte. Er sah, er stand allein und er allein
hatte auch die Verantwortung zu tragen.
In Giovanni St. Berta, dem einst blühenden italienischen Kolo-
nistendorf, und in Bengasi fanden an den nächsten beiden Tagen
abermals Besprechungen mit der italienischen Generalität und
Feldmarschall Kesselring statt. Rommels Entschlüsse begegneten
nun keinen Zweifeln mehr.
Ein so kühnes und überlegenes Spiel die deutsche Führung im
Viereck von Sollum–Tobruk gespielt hatte, der Rückzug erforderte
nicht weniger Überlegung und Mut. Er war nicht auf Flucht
gerichtet, sondern auf Kampf. Immer wieder hatten sich die Sperr-
verbände dem Feind entgegengeworfen und ihn aufgehalten. Weih-

nachten ging die Hauptstadt der Cyrenaika verloren. Das Korps Navarrini und das DAK erreichten planmäßig die Agedabialinie. Hier hatte in der Nacht zum 22. Dezember ein tollkühner englischer Kommandotrupp den italienischen Flugplatz überfallen und 14 Maschinen in Brand gesteckt. Jetzt wurde der Raum gesichert.

In den nächsten Tagen fühlte Ritchie wieder vor und holte sich dabei eine blutige Abfuhr. Bis zum Jahresende verlor er über hundert Kampfwagen. Es zeigte sich, daß im britischen Hauptquartier der Gegner abermals unterschätzt worden war. Man hatte aus den vergangenen Fehlern nicht gelernt.

In der ersten Januarwoche des Jahres 1942 wurde dann die Hauptkampflinie auf die vorbereitete Stellung Marada–Maaten Giofer–Marsa el Brega zurückgenommen. In aller Ruhe begann die Reorganisation der Truppen, ihre Neugliederung, Ordnung und Auffüllung. Der Versorgungslage konnte dank des verkürzten Nachschubweges von Tag zu Tag verbessert werden. Am siebenten Januar war die Bewegung abgeschlossen. Ritchie konnte, auch wenn er mit überlegenen Kräften angreifen sollte, keine Gefahr mehr bedeuten.

DER TRIUMPH

Rommel schweigt und handelt

Muß man das Scheitern der Offensive Grazianis auf den Zustand seiner Truppen und das Versagen der mittleren und unteren Führung zurückführen, so hatte es noch eine andere, gewissermaßen tiefe Ursache. Sie lag in der Gesetzmäßigkeit der Wüste verborgen. Es war dem Marschall unmöglich gewesen, sich den unendlichen Raum der schrecklichen Wüste untertan zu machen. Auch General Wavell, einer der umsichtigsten Männer, die England besaß, hatte das erfahren müssen und jetzt war es Rommel nicht anders gegangen. Nun schien Auchinleck an der Reihe zu sein. Zwar blieb er bei seinem Plan, Tripolis zu gewinnen und damit das Ringen um den nördlichen Teil dieses Kontinentes zu beenden, aber zunächst wurde er von Rommel, dessen Panzergruppe inzwischen zur Panzerarmee erhoben worden war, vor der Bregastellung gestoppt. Über Agedabia kam er nicht hinaus. Atemlos und erschöpft hielten beide Gegner hier inne ...

Die 8. Armee war abgekämpft. Daran änderten auch zwei weitere Erfolge nichts, deren erster das neue Jahr einleitete. Bardia fiel nach tapferer Gegenwehr. Noch aber hielt der Halfayapaß und die kleine Besatzung des einsamen Stützpunktes zwang den Feind, seinen Nachsub auf einem zeit- und materialraubenden Weg von mehreren Tagen umzuleiten. Bach hatte der Panzerarmee entscheidend geholfen. Rommels Vernichtungsschlacht bei Sidi Rezegh, seine Angriffe entlang des Vierecks und endlich sein Rückzug bis Agedabia waren durch die Soldaten des Halfayapasses gedeckt und abgeschirmt worden. Völlig auf sich selbst gestellt, abgeschnitten von jeder Versorgung, seit Wochen ohne ausreichende Verpflegung und ständig unter Wassermangel leidend, sahen sich seine Kompanien Mitte Januar am Ende ihrer physischen Kraft und zur Kapitulation genötigt.

Im Antlitz die Zeichen der Entbehrungen und bitterer Strapazen streckten sie die Waffen. Major der Reserve Bach, der „Vater

75

Bach" seiner Soldaten, hatte beim Feinde hohe Achtung, ja Popularität gewonnen. Sein Name war nicht nur jedem Soldaten der Panzerarmee geläufig. Auch drüben, jenseits der Front, kannte man ihn. Nun beschritt er zum zweiten Male in seinem Leben den schweren Weg der Gefangenschaft. Dieses Mal sollte er nicht heimkehren. Der ritterliche Geistliche starb fern der Heimat an einer Lungenentzündung.

Mag die Befriedigung im britischen Hauptquartier über diese beiden Erfolge auch groß gewesen sein, es gelang Auchinleck nicht, seiner Sorgen Herr zu werden und die Versorgungsfrage zu lösen. Englische Gefangene klagten über die mangelhafte Verpflegung, welche freilich noch immer reichhaltiger war als die der Panzerarmee, deren beste Rationen, in den Depots der rückwärtigen Dienste gestapelt, dem Feind in die Hand gefallen waren. Im weiteren Gebiet der östlichen Syrte standen die englischen Divisionen zudem ohne genügende Brennstoffausstattung. Sie litten unter dem Winter, der mit seinen heftigen Regengüssen das Land überschwemmte und die Wüste tagelang unpassierbar machte. Die 8. Armee erfüllte daher keineswegs das Bewußtsein eines großen Sieges. Es schien, daß sich der Truppe vielmehr eine tiefe Niedergeschlagenheit bemächtigt hatte, anders wären auch die kommenden Ereignisse kaum zu erklären.

Rommel, den man in völliger Verkennung der Kampfmoral seiner Panzerarmee, aber auch ihres Oberbefehlshabers, für geschlagen hielt, war schon wieder entschlossen, bei der ersten sich bietenden Gelegenheit zum Angriff überzugehen. Er hatte die ersten Januarwochen benutzt, um seine Pläne in aller Stille auszuarbeiten und befahl am 13. das deutsche Korps in einen Bereitschaftsraum für den geplanten Angriff, der aus dem Gebiet zwischen Küste und Suerra ungeachtet eines möglichen englischen Vorstoßes durchgeführt werden sollte.

Er mußte handeln. Jede starre Verteidigung konnte auf die Dauer nur mit einer Niederlage enden. Sie mußte also angriffsweise im operativen Sinne mit dem Ziel geführt werden, den Gegner zu schwächen.

Der Nachschub war weiter zügig herangekommen, wenn auch nicht in dem notwendigen Umfang. Vor allem von einer Auffüllung der deutschen Divisionen konnte noch keine Rede sein. An neuen Truppen waren aus Deutschland lediglich die Kompanien eines Fallschirmjägerbataillons eingetroffen. Die Feindlage schien aber darauf hinzuweisen, daß der Gegner zum Teil wenigstens kräftemäßig unterlegen war, und deshalb mußte ein Angriff zur Vernichtung großer Teile der vorgeschobenen Truppen Ritchies führen.

Am 18. Januar erteilte Rommel den Angriffsbefehl und am 19. trat das deutsche Korps im Schutze eines wütenden Sandsturmes den Marsch bis ostwärts el Agheila an. Am Morgen des 21. übernahm der General selber die Spitze der Kampfgruppe Marcks, um sie durch die ausgedehnten Minenfelder ostwärts Marsa el Brega zu schleusen, während das DAK südlich der Via Balbia antrat. Agedabia wurde genommen und kurz darauf Antelat erreicht.

Der Feind hatte nichts dergleichen erwartet. Selbst eine Reihe von Vorstößen, die Mitte Januar zum Zwecke der Aufklärung unternommen worden war, hatte ihn nicht gewarnt. Als nun die totgesagten deutschen Panzer auftauchten, brach die englische Front zusammen. Innerhalb von drei Tagen war aus dem Vormarsch der 8. Armee ein Rückzug geworden, in seinem panikartigen Charakter noch verstärkt durch den Mangel an Betriebsstoff und eine Führung, die vermuten ließ, daß sie ohne einheitliche Planung war.

Am Mittag des 23. Januars war die Front bereits so weit vorgeschoben und gesichert, daß die ersten deutschen Staffeln auf dem entminten Flugplatz von Agedabia landen konnten. Stukas und Jäger trafen ein, um die weiteren Vorstöße zu unterstützen.

Aber nicht nur Ritchie war überrascht worden. Auch das italienische Oberkommando und selbst das Oberkommando der deutschen Wehrmacht waren es. Rommel hatte geschwiegen und beide über seine Pläne völlig im Unklaren gelassen. Er hatte aus einem guten Grunde geschwiegen. Nur zu oft waren Mitteilungen von italienischen Kommandostellen auch dem Engländer bekannt geworden. Davor wollte sich Rommel schützen. „Ich hatte mit dem Oberquartiermeister Vorsorge getroffen, daß am 21. an allen Cantonieren Tripolitaniens der Befehl für den Angriff angeschlagen wurde. So erfuhr auch General Bastico in Homs von unserer Aktion und ärgerte sich maßlos darüber, daß er nicht früher unterrichtet worden war. Er berichtete darüber nach Rom. Kein Wunder, daß wenige Tage später General Cavallero persönlich bei mir in Brega erschien."

Offiziell brachte Cavallero Richtlinien des Duce zur weiteren Kampfführung mit, die nur eine Verfolgung des Gegners mit den motorisierten Verbänden vorsahen, nicht aber ein Nachziehen der Infanteriedivisionen. Rommel gewann dabei den Eindruck, daß man in Rom in keiner Weise mit seinem Angriff einverstanden war und daß man ihn so rasch wie möglich durch einen Befehl beenden wollte. Denn Cavallero äußerte seine Bedenken, daß es nur ein „Raus aus der Stellung und dann wieder ein Zurück" geben werde. Allein Rommel, ohne seine Gedanken preiszugeben, erklärte sich entschlossen, mit der 8. Armee abzurechnen, solange es Truppen und Nachschub nur immer erlaubten. Denn endlich sei die Panzerarmee wieder am Zuge und die ersten Schläge, welche sie austeilte, hatten in der Tat gesessen. Was man in Rom nicht glauben wollte, wußte er: der Feind war bereits schwer angeschlagen und drüben herrschte so etwas wie Verzweiflungsstimmung, eine Atmosphäre der Düsternis und der Resignation.

Am Morgen des 24. begann Rommel sein neues Spiel. Das DAK mit der 15. PD. am rechten, der 21. PD. am linken Flügel, schwenkte er von Antelat nach Süden ein und trat in breiter Front Richtung Maaten Giofer an, während die Gruppe Marcks vom Osten vorging, um den Kessel zu schließen. Am rechten Flügel war eine motorisierte italienische Gruppe eingesetzt. Teilen des Feindes gelang es zwar, an der nicht rechtzeitig geschlossenen Naht zwischen 21. PD. und der Gruppe Marcks nach Msus zu entkommen, die Masse aber wurde gestellt und vernichtet. Südlich Saunnu wurden 117 Panzerfahrzeuge, 33 Geschütze und zahlreiche Fahrzeuge erbeutet und tausend Gefangene eingebracht. Am Mittag des 24. war der Raum südostwärts Agedabia feindfrei und der Gegner in fluchtartigem Zurückgehen nach Norden. Die Verbände kehrten darauf sofort nach Agedabia zurück und traten am nächsten Morgen zum Angriff auf Msus an, das genommen wurde, wobei eine Panzerwerkstätte mit 50 verlassenen Kampfwagen willkommene Beute wurde.

Msus war der Hauptversorgungsplatz der Fronttruppen Ritchies gewesen. Standen auch große Teile der Benzinlager und der Lebensmittelvorräte in Flammen, sie waren noch immer groß genug, um Rommel eine wichtige Hilfe zu sein. 600 Kraftwagen, 127 Geschütze und 280 Panzer fielen in diesen Tagen in die Hände der Armee. Das war ein glänzender Erfolg, war eine reiche Beute und doch war es erst ein Anfang.

Rommel entschloß sich jetzt, die drei Kampfgruppen, die überall den Feind geworfen oder seine scheinbar ohne Zusammenhang kämpfenden oder ausweichenden Verbände vernichtet hatten, in vier Gruppen zu teilen. Er wollte in allgemeiner Richtung auf Mechilli marschieren, aber dabei nicht seine Operation vom vergangenen Jahre wiederholen, sondern nur den Gegner täuschen. Im Handstreich sollte Bengasi genommen und erst von der Hauptstadt der Cyrenaika aus ostwärts und zugleich an der Küstenstraße entlang weiter angegriffen werden. Während das DAK im Raume Antelat–Msus am 25. Januar zur Ruhe übergegangen war, wurden Panzergrenadiere und Aufklärungsabteilungen allein eingesetzt. Nur Schnelligkeit und Wendigkeit konnten jetzt zum

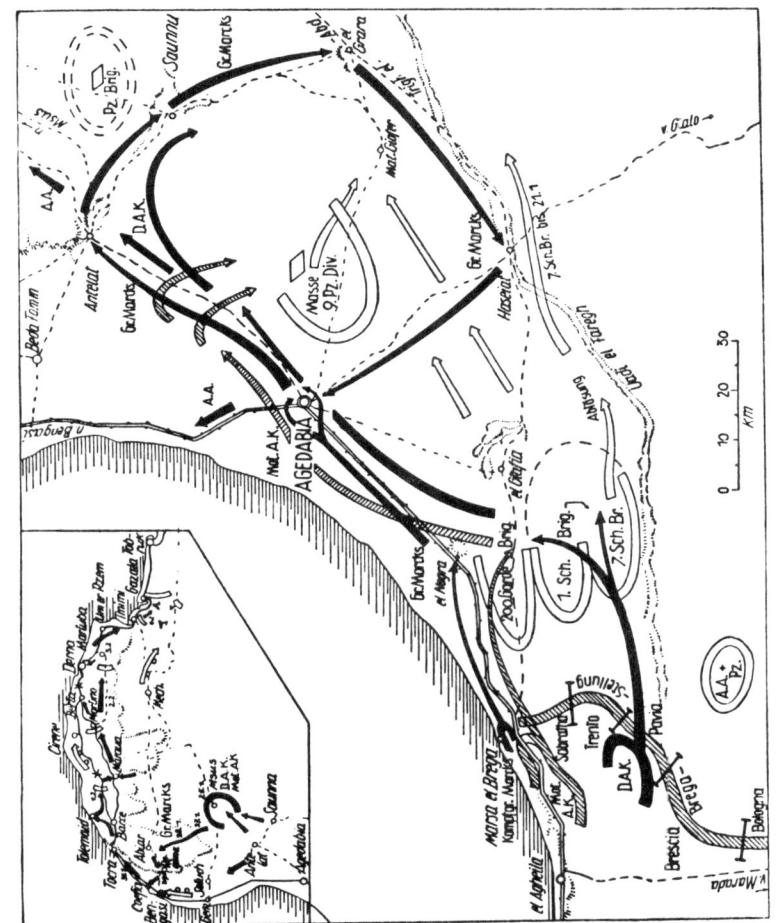

Rommels Angriff zur Wiedergewinnung der Cyrenaika

79

Erfolg führen. Es war also eine bewaffnete Aufklärung, die antrat, vor allem das Panzergrenadierregiment 104, ohne das I. Bataillon, das unter Major Bach am Halfayapaß soeben hatte die Waffen strecken müssen, die Hauptkraft der Kampfgruppe Marcks bildend, und das Panzergrenadierregiment 115 unter Geissler, sowie die Aufklärungsabteilungen.

Mit seiner Kampfstaffel setzte Rommel sich vor die Gruppe des Obersten Marcks und erreichte mit ihr bei strömendem Regen in mühevollem Nachtmarsch in der Frühe des 27. Januars den Raum südlich el Regima, um 16 Uhr Benina und damit den Flugplatz von Bengasi. Die vorderen Teile der Kampfgruppe besetzten den Ostrand der Stadt, die Infanterie der Gruppe aber wurde zur Via Balbia mit dem Auftrag befohlen, sie bei Coefia zu sperren und damit dem noch in Bengasi stehenden Feind den Rückweg nach Derna abzuschneiden.

Am Abend loderten die ersten Brände aus der leidgeprüften Stadt über den grauen Abendhimmel. Zum vierten Mal in diesem Krieg pochte eine Armee an ihre Tore, nachdem Tag und Nacht Bomber über Hafen und Stadt ihre Lasten abgeworfen hatten. Ein düsteres Bild der Zerstörung erwartete die eindringenden Truppen, die in diesem Kriege nicht gewohnt waren, Städten oder Dörfern zu begegnen. Den Jammer flüchtender Frauen und Kinder, das Elend einer Zivilbevölkerung, auf die Rücksicht zu nehmen die Schlacht nicht erlaubte, Schrecken und Grauen in den Augen wehrloser Menschen – das alles hatte es in Afrika bisher nicht gegeben. Nun wurde es auch hier zur Wirklichkeit.

Die Einnahme Bengasis war durch die Kapitulation der zwischen Stadt und Coefia eingeschlossenen indischen Infanteriebrigade gekrönt worden. In der Stadt selbst erwartete die Armee trotz aller Zerstörungen eine unübersehbare Beute an Treibstoff, Waffen, Gerät aller Art, Lebensmitteln und Fahrzeugen, die fast bis zum letzten Kampftage von englischen Leichtern aus Alexandria herangeführt worden waren. Fast 1300 betriebsfertige englische Fahrzeuge lösten mit einem Schlage die Sorgen des Transportproblems.

Noch am 18. November hatte Churchill im Unterhaus die „dicht bevorstehende gänzliche Vernichtung der Streitkräfte Rommels" angekündigt. Jetzt sprach er von „einer seltsamen und finsteren Wüstenschlacht", bei der zu keiner Zeit mehr als 45 000 Mann im Einsatz gestanden haben sollten. In der Tat hatte die englische Berichterstattung ganz allgemein befremdliche Ergebnisse gezeitigt. Tom Wirtingham zitierte in der „Picture Post" die Schlagzeilen des „Daily Express" und des „Sunday Express":

Rommel mit General Gariboldi

Rommel und Hauptmann Aldinger

Er Rzemm hat Süßwasser

Der Soldatenfriedhof vor Tobruk im Juni 1941

Capuzzo

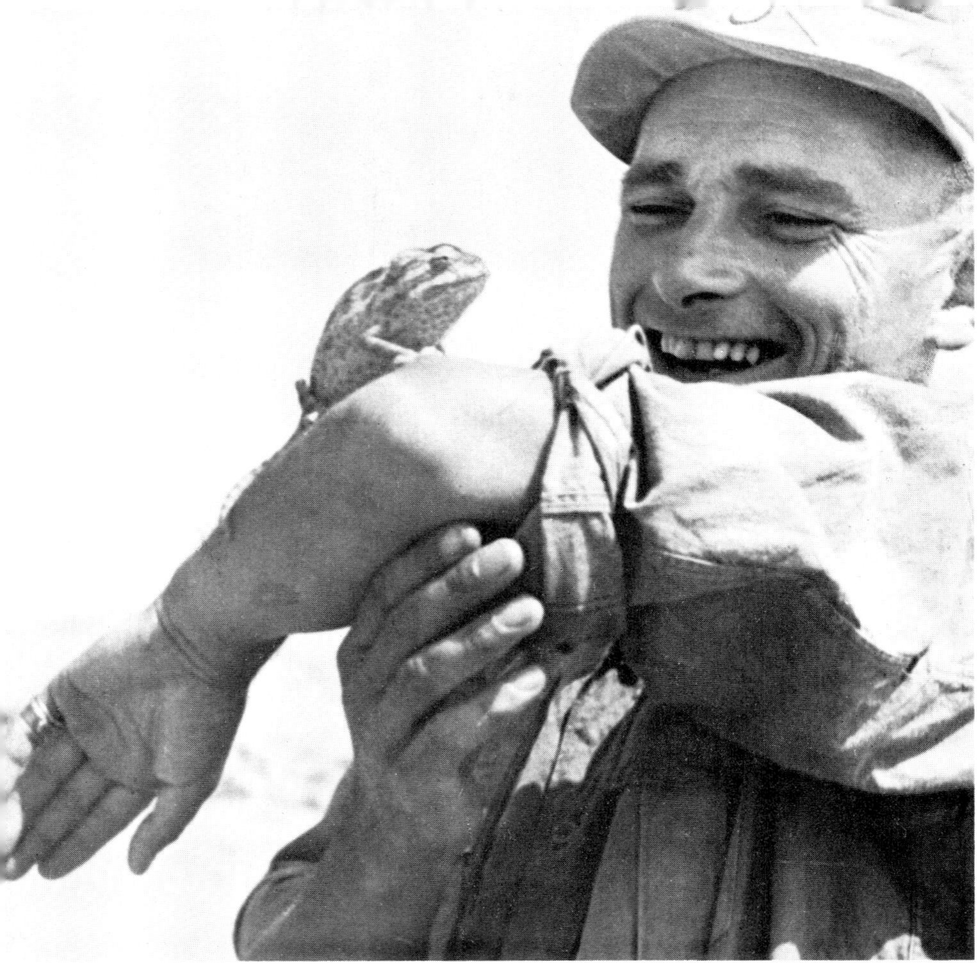

Mein Chamäleon

Im Sandsturm wurde eine englische Batterie überrascht und erbeutet

22. November Rommel umzingelt.

23. November Ein Drittel aller Achsenpanzer in Libyen vernichtet.

24. November Wir haben Rommels Streitkräfte zerbrochen.

26. November Eine Nacht-Panzerschlacht, die England gewann.

28. November Brüder Cunningham gewinnen die erste Runde.

29. November Rommel zieht sich nach Westen zurück, von Flugzeugen blitzkriegartig verfolgt.

30. November Rommel wirft seine letzten Panzer in die Schlacht.

1. Dezember Rommel holt die letzten Reserven heran.

2. Dezember Mit Bajonetten werden die Deutschen aus dem Rezeghkorridor herausgetrieben.

Am 18. Dezember hatten die „Times" gemeldet, Rommels Streitkräfte seien „zu guter Letzt endgültig entscheidend geschlagen worden. Die Überreste seiner gemischten deutsch-italienischen Armee versuchen noch, der vollkommenen Vernichtung zu entgehen. Rommels Ende kam gestern ganz plötzlich". Und einen Tag später hatte der Rundfunksprecher verkündet, das Ziel, die gesamten Streitkräfte der Achse zu vernichten, sei, so könne heute erklärt werden erreicht. „Das Deutsche Afrika-Korps unter Rommel hat zäh gekämpft. Rommel ist in jeder Weise des Grabes wert, das die britische Armee ihm jetzt bereitet hat." „Wie oft wurde berichtet", rief Liddell Hart nun im „Daily Mail" verzweifelt aus, „die Panzerstreitkräfte Rommels stünden am Rande der Erschöpfung. Doch scheinen sie ebenso unerschöpflich wie das Ölkrüglein der Witwe in der Bibel?" Und ein amerikanischer Sprecher fügt am 28. Januar hinzu, alle diese Meldungen seien nur ein Beweis dafür, „daß General Erwin Rommel, der Schlingel unter den modernen Generalen der Welt, ein neues Kaninchen aus seinem Hut gezaubert hat". Churchill, der zuletzt am 25. Dezember vor dem Senat in Washington das Ende Rommels prophezeit hatte, versuchte jetzt die lähmende Wirkung, welche die überraschende Wendung hervorgerufen hatte, mit einem ebenso mutigen wie ehrenhaften Eingeständnis zu paralysieren. „Ich kann nicht sagen", erklärte er am 21. Januar vor dem Unterhaus, „wie die Lage in der Cyrenaika im gegenwärtigen Augenblick ist. Wir haben einen sehr kühnen und geschickten Gegner vor uns und, ich darf wohl sagen, einen großen General."

Afrika blieb der einzige Kriegsschauplatz dieses zweiten Weltkriegs, auf dem die alten Gesetze soldatischer Tugenden ihre Geltung nicht verloren. Die gegenseitige Hochachtung, die den einfachen Soldaten ebenso wie den General erfüllte, war nicht eine Angelegenheit für Leitartikler. Ihr wurde offen an der Front Ausdruck gegeben und Rommel machte zu keiner Zeit einen Hehl

aus seinen Sympathien und seiner Bewunderung für den eng-
lischen Soldaten. Eines Sommertages in die Betrachtung englischer
Gefangener in Acroma versunken, wandte er sich plötzlich um.
„Ich muß sie mir ansehen", meinte er lächelnd, „es könnten unsere
Bundesgenossen von morgen werden."
Es war nicht ohne Reiz, daß am Tage der Einnahme Bengasis
die Weisung Mussolinis aus Rom eintraf, daß „im Falle von
Räumungsabsichten des Gegners" die Stadt mit Aufklärungskräften genommen werden dürfte, was aber in keiner Weise die in der
Bregastellung von Rom zurückgehaltenen Infanteriedivisionen be-
rühren sollte. Sie hätten dort in jedem Falle zu verbleiben.
Rommel war jedoch mit seinen Plänen und mit seinen Entschlüssen
bereits in anderen Räumen. Während die Panzerdivision Ariete
die Sicherung ostwärts Bengasi, die Trieste die gleiche Aufgabe
im Raume von Gemines übernahmen, setzten die Panzergrenadiere und Aufklärungsverbände die gewaltsame Erkundung in
die Cyrenaika fort. Tocra fiel, Barce, Maraua wurden umfassend
angegriffen und nach hartem Kampf erobert, dann nördlich auf
Cirene vorgestoßen.
Am 2. Februar wurde Giovanni St. Berta erreicht und bei Martuba
die 5. indische Brigade gestellt und auseinandergesprengt. Mit
einem Panzerspähwagen fuhr Rommel selber bis Derna vor, das
er feindfrei fand. Sofort erteilte er Befehl, auf Tmimi zu marschieren. Eine Mechilli sichernde Gruppe wurde zur Küste vorgezogen. Das Ziel war die alte Gazalalinie, die von Aufklärungskräften besetzt werden sollte, während die Masse des DAK bei
Bengasi stehen zu bleiben hatte. Navarrinis XXI. Korps sollte die
Sicherung des Raumes Bengasi–Agedabia übernehmen.
Am nächsten Tage wurden bereits die ersten Maßnahmen zum
Ausbau Bengasis als Festung eingeleitet und die Verminung vorwärts der Gazalastellungen vorbereitet, eine Sperre, die fast
200 Kilometer in die Wüste hineinreichte.
Bis zum 9. Februar waren die Flugplätze von Martuba, Derna
und Tmimi von der deutschen Luftwaffe wieder bezogen und
endlich sah sich auch Mussolini gezwungen, seine Infanteriedivisionen zum Einsatz am Ostrand der Cyrenaika freizugeben. Nur
das X. Korps Gambarras blieb als Heeresreserve im Raume
Agedabia.
Ein kleines Kommando der Fallschirmjäger besetzte überfallartig
Gialo. Ein italienisches Bataillon wurde zur Verstärkung der Oase
entsandt. Damit war auch die rechte offene Flanke im Süden abgedeckt. Die Pisten rückwärts des Minengürtels vor Gazala wurden ebenfalls vermint und mit Pak gespickt. Alles geschah, um

die Cyrenaika, diese gefährliche und zur Abschnürung fast einladende Faust zu panzern. Motorisierte Fähren brachten den Nachschub bis in die Bucht von Bomba vor.

Die Lage war damit befestigt, eine neue Offensive der 8. Armee in nächster Zeit nicht zu erwarten. „Wir haben jetzt Zeit, uns auf die Kairooffensive vorzubereiten", sagte Rommel. „Sie wird erfolgen, wenn es befohlen wird."

Zunächst hatte die Truppe, von den schweren Kämpfen seit dem 18. November ebenfalls erheblich mitgenommen, Ruhe nötig. Rommel befahl, die nächsten Wochen für die Neuordnung der Verbände und für eine gründliche Ausbildung zu nutzen. Er selbst begab sich über Rom ins Führerhauptquartier zur Berichterstattung.

In der Tat hatte die Winterschlacht auf beiden Seiten viel Blut gekostet. Die englischen Verluste beliefen sich auf 12 000 Gefangene und rund 10 000 Tote und Verwundete. Dazu kamen die materiellen Einbußen. 1623 Panzer und gepanzerte Fahrzeuge waren vernichtet oder verloren, 2500 Fahrzeuge zerschlagen und 329 Flugzeuge abgeschossen worden. Die Verluste der Panzerarmee*) betrugen seit Beginn der englischen Offensive: Italiener Deutsche

	Italiener	Deutsche
gefallen	1 036	1 136
vermißt	2 122	3 483
verwundet	18 750	10 140

Insgesamt hatten die deutschen Verbände rund 33 Prozent ihres Bestandes mit 14 760, davon 4500 der Halfayabesatzung, die Italiener 40 Prozent mit 21 712 Mann verloren.

Panzer waren 220 deutsche und 120 italienische vernichtet worden.

Bir Hacheim

Die Verteidigung der Cyrenaika war gesichert. Aber noch war die 8. Armee nicht vernichtet. Alle Anzeichen deuteten darauf hin, bis Ende Mai die deutschen Verbände wieder so weit auffüllen zu können, daß ein Angriff Erfolg zu haben versprach. Da überdies zu einem späteren Zeitpunkt mit einer wesentlichen Verstärkung beim Gegner zu rechnen war, beschloß Rommel Ende

---

*) Brigadier Young gibt die Verluste der Panzerarmee mit 60 000 Mann an, also genau doppelt soviel, davon 21 000 Deutsche. Wenn er die Verluste der 8. Armee auf 18 000 Mann beziffert, so ist diese Zahl wiederum zu niedrig, denn sie verlor allein 12 000 Gefangene. 1941 betrugen die deutschen Verluste insgesamt 1631 Tote, 5952 Verwundete, 5054 Vermißte. 57 268 Angehörige des DAK fielen ganz oder teilweise durch Krankheit aus.

April zu handeln. Zum ersten Male fiel auch wieder der Name Tobruk. Die Wegnahme der Festung war im Zusammenhang mit den neuen Operationen zwangsläufig und Rommel entschlossen, sie dieses Mal sehr schnell in seine Hand zu bringen.

Zunächst bedurfte es aber umfassender Vorbereitungen.

Beim DAK waren im März noch immer 12 000 Fehlstellen – die deutschen Truppen zählten 36 000 Mann, einschließlich Versorgungstruppen und rückwärtige Dienste – und auch die italienischen Korps warteten auf Mannschaftsersatz und Nachschub. Die Panzerlage war nicht schlecht, aber doch für ein weitgespanntes Unternehmen nicht ausreichend. Ende Februar hatte das DAK 139, das italienische mot. Korps 63 Panzer besessen. Bis zum 20. März waren es 161 und 85 geworden und im April konnten sogar 270 deutsche und 117 italienische Kampfwagen gefechtsbereit gemeldet werden. Die Masse des Materials und des Ersatzes lag nach wie vor in Italien. Die Geleitschutzfrage war das ungelöste und unlösbare Problem geblieben. Von 60 000 Tonnen Betriebsstoff, die im März Rommel zugeführt werden sollten, hatten nur 13 500 Tonnen Afrika erreicht.

Am 28. April traf Generalfeldmarschall Kesselring, Oberbefehlshaber Süd, bei Rommel ein. Er brachte eine bedeutsame Nachricht aus dem Hauptquartier Hitlers mit. Malta, so war beschlossen worden, sollte endlich fallen und nach wochenlangen Bombardements Ende Mai in Besitz genommen werden. Die Luftflotte würde mit zwei Fallschirmjägerbataillonen an dem Unternehmen teilnehmen und dann der Angriff, sogleich anschließend, gegen die 8. Armee begonnen werden können. Die Luftwaffe war bereit, die Operationen der Armee mit einem Jagdgeschwader zu vier Gruppen, einem Stukageschwader mit drei Gruppen, einem Zerstörergeschwader und dem Lehrgeschwader des X. Fliegerkorps zu unterstützen.

Am 6. Mai aber wurde der Zeitpunkt für das Maltaunternehmen vertagt und für die Zeit nach dem Angriff in die Marmarica verschoben. Als Kesselring zehn Tage später die Mitwirkung der Luftwaffe, insbesondere auch beim Angriff auf Tobruk, festlegte, war das Maltaprojekt bereits an den Rand des Horizonts gerückt, hinter dem es sehr schnell völlig verschwinden sollte. Es war einmal wieder nichts zu machen. Rom mochte und wollte nicht mehr. Dafür sandte es drei Ersatzbataillone, die am 22. Mai in Bengasi eintrafen, aber vor Ende Juni nicht eingesetzt werden konnten, weil sie, wie sich herausstellte, weder ausgebildet waren, noch über Panzerabwehrwaffen verfügten. Etwa 6000 Mann deutscher Ersatz war inzwischen auf dem Luftwege an die Front gelangt.

Bis zum 25. Mai waren 18 Versorgungssätze Brennstoff in der Cyrenaika gestapelt worden, von denen sich fünf bei der Truppe und weitere fünf im Gefechtsbereich befanden, acht Versorgungssätze lagen noch in Tripolitanien. An Munition verfügte die Truppe über eine Ausstattung, drei lagen im nahen Bereich der Front, zwei Ausstattungen in Tripolis. Die Verpflegung im Gefechtsgebiet war für 30 Tage gesichert.

Panzer besaß das DAK jetzt 332, das italienische Korps 228 veralteter Typen, zu denen noch 24 Beutepanzer kamen. Beim Feind konnte mit etwa 650 Panzern gerechnet werden.

Auch die deutsche Kriegsmarine sollte dieses Mal mitwirken und mit etwa neun U-Booten das Gebiet zwischen Tobruk und Alexandria unter Kontrolle nehmen.

Schon im April war die Front leicht nach Süden verschoben worden, um unauffällig die günstigste Ausgangsstellung für den Angriff zu gewinnen. Neben dem X. Armeekorps unter General Gioda und dem XX. mot. Korps unter Baldassare war jetzt auch das XXI. Korps Navarrini nach vorne gezogen worden. Ringfestungen und ein tief gestaffeltes System von Stützpunkten waren ausgebaut. Das DAK und das XX. mot. Korps mit der Ariete und der Trieste standen als Angriffstruppen bereit. Im Zuge der Sicherungen war ferner ein Netz mit Horchposten in Verbindung mit den Beobachtungsstellen der Artillerie entlang der Front eingerichtet, die beim Auftauchen feindlicher Spähtrupps sofort Jäger auf den eigens vorgesehenen Absprunghäfen alarmieren konnten.

Sorgsam wurde der kommende Angriff bis in alle Einzelheiten erwogen. Durch Täuschungsmanöver sollte Ritchie veranlaßt werden, die Masse seiner Kräfte nach Gazala zu ziehen. Die motorisierten Korps sollten dann den entscheidenden Schlag im Süden führen und gegen Rücken und Flanke des Feindes stoßen, schnelle Kolonnen innerhalb 48 Stunden den Raum ostwärts Tobruk gewinnen.

Das Kräfteverhältnis hüben und drüben dürfte, was die Truppenzahl betraf, sich etwa die Waage gehalten haben. Technisch waren die Achsentruppen der 8. Armee in der Motorisierung unterlegen. Zwar hatte sie einen weitaus längeren Nachschubweg, aber unbegreiflicherweise wurde die Front in Nordafrika noch immer vom deutschen OKW wie ein Nebenkriegsschauplatz behandelt. Bestimmte und wichtige Ersatzteile für die Reparatur der Fahrzeuge kamen einfach nicht heran. Die in Rußland kämpfenden Armeen verschlangen angeblich zu viel, um das Wenige an Mehr dieser einen Panzerarmee zuführen zu können, dessen sie doch so dringend bedurfte. Dank des vorbildlichen Zusammenwirkens mit Dienststellen der deutschen Kriegsmarine wurde zwar jetzt der Hafen von Bengasi bis zum letzten ausgenutzt, wurden sogar in Derna Leichter ausgeladen und war endlich die Eisenbahn von Bengasi bis Barce wieder in Betrieb genommen worden, allein Brennstoff und Munition blieben der ewige Engpaß der Armee.

Den beiden mot. Korps – DAK und XX. italienisches – standen auf der anderen Seite ebenfalls zwei Korps gegenüber, das eine unter Gott, einem erfahrenen alten Wüstenlöwen, das andere unter General Norrie*). In den zu Festungsringen ausgebauten Stützpunkten saßen in Gazala Südafrikaner, anschließend eine englische Division. Englische Garde hatte den Stützpunkt Knightsbridge besetzt. Den linken Flügel bildeten Franzosen unter Oberstleutnant Koenig in Bir Hacheim. Rückwärts, etwa in der Mitte dieser Linie, standen die Inder in el Adem. Drei Panzerdivisionen unter Messervy, Nachfolger des gefallenen General Campbell, bildeten die beweglichen Eingreifreserven. Sie waren aufgefüllt und hatten neben einer neuen weittragenden Kanone von 7,5 cm in beschränkter Anzahl auch den amerikanischen Grantpanzer erhalten, einen wesentlich verbesserten Kampfwagen als es der im ersten Treffer schon auseinanderfliegende Honeytyp war.

In der Nacht zum 26. Mai begann der Aufmarsch. An der Nordfront vollzog sich im Raume des XXI. Korps ein Scheinangriff, bei dem Beutepanzer und Lastwagen durch Motorenlärm die Bereitstellung zu einem großen Panzerangriff vortäuschten. Auch Panzerattrappen, Nebelgeräte und Staubwirbler waren überall verteilt und bereit. Rommel hatte eigens von der Luftwaffe Fahrzeuge mit aufmontierten Propellern herstellen lassen, die keine andere Aufgabe hatten, als Staub zu erzeugen, da Staub, nach den alten Erfahrungen der Wüste, Munition sparte.

Es gelang nicht nur diese Täuschung des Gegners. Auch der Angriff selbst kam Ritchie wieder überraschend, obwohl beide Fronten seit Wochen auf dem Sprunge gelegen und in fieberhafter Erregung des Kommenden geharrt hatten.

Nach einem Tage verzehrender Hitze mit schweren Sandstürmen traten die Panzerdivisionen und mot. Divisionen des DAK und des XX. Korps - dieses auf dem rechten Flügel - an, um im

---

*) Das XIII. Korps Gotts bestand aus der 50. Division, der 1. und 2. südafrikanischen Division, der 1. Armee-Panzer-Brigade und der 9. indischen Infanteriebrigade, während das XXX. Korps Norries folgende Verbände besaß: 201. Garde mot. Brigade, 7. mot. Brigade, 3. indische mot. Brigade, 29. indische Infanterie-Brigadegruppe, 1. Freie französische Brigade, sowie die 1. und 7. Panzerdivision und die 2., 22. und 4. Panzer-Brigade. Die 5. und die 10. indische Division standen in Reserve. Panzer zählte die Armee 631, von denen 160 amerikanische Grants waren.

Nachtmarsch in südostwärtiger Richtung die Flanke des Feindes zu gewinnen. Ziel war der Raum südlich Bir Hacheim.

Es war eine jener mondhellen, verzauberten Nächte, wie sie nur Afrika schenkt. Alle Mühsal des Tages, die erschlaffende Hitze, der ausdörrende Sandsturm, die Plage der Fliegen, die Schattenlosigkeit des Landes waren vergessen. Am Horizont standen Leuchtzeichen, fremd und erregend. Vom Himmel vibrierte das dumpfe Brausen ferner Bombengeschwader. Dann war wieder Stille. Der Friede der Nacht lag ausgebreitet über der Erde. Die Stummheit der Sterne machte das Leben bedeutungslos.

Tausende von Soldaten waren aufgebrochen, während andere tausende in ihren Erdlöchern und Kampfständen lagen, Infanteristen, Pioniere, Artilleristen, Panzerbesatzungen, nur gewärtig des Befehls. Denn auf den wenigen Quadratkilometern dieses trostlosen, dieses toten und öden Wüstengebietes traten zwei Armeen gegeneinander an, von keinem anderen Willen beseelt als dem der gegenseitigen Vernichtung.

Als der Morgen graute, hatten die Verbände die Linie der befestigten Zone Bir Hacheim–Gazala überschritten und überflügelt. Die Beseitigung der Minen- und Scheinminenfelder zwang allerdings zu einem zweistündigen Stopp, doch der Vormarsch ging alsdann flüssig weiter und um zehn Uhr hatte die 90. Leichte Division bereits el Adem erreicht. Flugzeugtrümmer lagen ringsum, die Überreste der Herbstschlacht und der ersten Frühjahrsoffensive im Jahre 1941. Südostwärts Bir el Harmat entbrannte der erste schwere Panzerkampf, bei dem die deutschen Panzerdivisionen ohne Artillerieunterstützung und vor allem ohne die sie sonst begleitende 8,8-Flak angegriffen wurden, durch die neuen weittragenden Panzerkanonen der Engländer schwere Ausfälle erlitten, den Gegner aber doch zurückdrängen konnten.

Rommel, mit seinem Stabe auf dem Wege zum DAK, stieß unterwegs auf eine britische Batterie, die Tobruk zum Ziele hatte. Sie wurde überwältigt und gefangengenommen.

Die Panzerschlacht lebte am Nachmittag wieder auf. Neue Feindverbände griffen vom Nordosten her ein und verursachten bei den Panzern und in den Kolonnen des DAK abermals schwere Ausfälle. Bei Einbruch der Dunkelheit war das DAK in den Raum südlich und südwestlich Acroma gedrückt worden, ein Erfolg der Truppen Gotts, welche die Masse der Brennstoff- und Munitionskolonnen, sowie Teile der Infanterie von den deutschen Panzerdivisionen getrennt hatten, eine recht üble Lage für diese. Denn ihr Nachschub verhielt nun bei Bir el Harmat. Nur die 90. Leichte konnte an diesem Tage bei el Adem eine Reihe von Erfolgen verzeichnen. Das XX. Korps hatte sein Ziel ohne Gegenwehr gefunden und stand mit seiner Masse südlich Bir el Harmat.

Im Laufe des nächsten Vormittags glückte es dem DAK, eine Abwehrfront zu bilden und dadurch die bei Bir Hacheim-Harmat stehenden und zum großen Teil zersprengten Kolonnen abzuschirmen. Die 90. Leichte wurde herangezogen, und dem XX. Korps gelang es, einen Höhenzug nördlich von Bir Harmat zu besetzen. Das DAK stieß langsam nach Norden vor, gleichzeitig vom Osten und Westen angreifenden Feind abwehrend. Teile hatten sich bis zur Via Balbia herangearbeitet und hielten die Straße Tobruk–Gazala unter Feuer. In den Abendstunden aber brach der Feind mit seinen Panzern beim XX. Korps ein und überrollte den Stab der Panzerarmee, wobei zahlreiche Panzer abgeschossen wurden. Aber auch in den Kolonnen des DAK hatte er neue Verheerungen angerichtet. Erst in der Nacht gelang es, sie zu ordnen, so daß Rommel sie am Morgen des 29. Mais selber dem DAK zuführen konnte, das bereits wieder in schweren Abwehrkämpfen stand, behindert durch Brennstoffmangel und Munitionsknappheit. Trotz der nun endlich möglich gewordenen Zuführung des Nachschubs blieben indessen die Treibstofflage und der Munitionsmangel so bedenklich, daß die Armee ihre Absicht, nach Norden einzuschwenken und das Höhengelände bei Acroma zu gewinnen, aufgeben mußte. Sie ging, unter Anlehnung an die feindlichen Minenfelder bei Bir el Harmat zur Verteidigung über. General Cruewell, komm. General des DAK, war an diesem Tage mit seinem „Storch" abgeschossen und gefangen genommen worden, der Kommandeur der 15. PD. verwundet und ausgefallen.

Sicherlich, Ritchie mußte nunmehr versuchen, die neue Front von Norden und Osten anzugreifen und seinen Feind in die Minenfelder zu werfen. Doch Rommel war auf jeden Abwehrkampf gerüstet, mochte er aussehen, wie er wollte. Wichtig war nur, eine neue Nachschublinie sicherzustellen, nachdem der Weg an Bir Hacheim vorbei inzwischen gesperrt worden war.

Nachdem am Vormittag des 30. Mais Verbindung mit dem Korps Gioda hergestellt worden war, war auch der unmittelbare Nachschubweg vom Westen gebahnt. Alle Angriffe gegen die Ostfront der Armee und vom Nordosten her wurden zurückgeschlagen, zugleich eine starke Feindgruppe im Rücken des DAK eingekesselt. Am letzten Tage dieses Monats wurde der Angriff gegen sie von Teilen des DAK, der 90. Leichten und der Trieste begonnen, ohne daß der Feind versuchte, den eingeschlossenen Verbänden zu Hilfe zu kommen. Am Mittag des 1. Junis waren 3000 Gefangene eingebracht. 100 Panzerwagen und 124 Geschütze überrollt worden. Das DAK verfügte selbst nur noch über 124 Panzer. Durch diesen Erfolg und

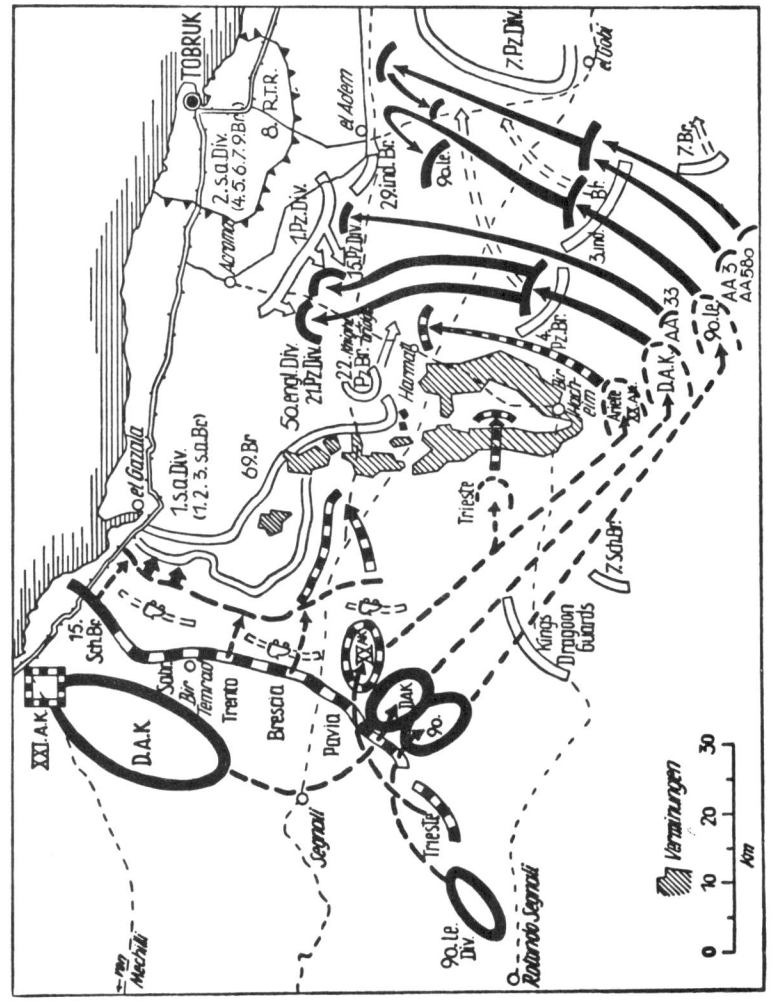

Bereitstellung und Angriff auf die britische Gazalastellung

89

die Wegnahme des Stützpunktes Got el Ualeb war die Voraussetzung für die Fortführung des Kampfes geschaffen worden.

Ritchie, der Rommels Absichten vereitelt sah, glaubte ohne Zweifel, einen Sieg errungen zu haben. Tatsächlich war ja auch der Plan gescheitert, nach dem in den ersten Tagen bereits die Masse des Feindes vernichtet sein sollte. Das Unternehmen „Alpha", dem „Beta", die Wegnahme Tobruks, folgen sollte, war ganz anders gelaufen, als es vorgesehen war. Indessen bedeutete das noch nicht ein Scheitern der Pläne Rommels. Jeder Soldat weiß, daß eine Schlacht von tausend Zufälligkeiten abhängt. Die unerwarteten schweren Verluste beim DAK aber waren nicht so bedeutsam, daß sie den Angriffsschwung hätten lähmen können. Die Zurücknahme der Divisionen und die Einrichtung zur Verteidigung mit der dann folgenden Abwehr aller englischen Angriffe war zwar programmwidrig und hätte bei überlegter geführten englischen Gegenmaßnahmen sogar zu einer Krise führen können. Jedoch brauchte nur der Nachschub in Ordnung gebracht zu werden, den Gotts Panzer so heillos zerfleddert hatten. Die Schlacht konnte alsdann weitergehen. Die zum erstenmal wieder mit starken Verbänden überlegen auftretende deutsche Luftwaffe wartete nur auf das Zeichen zum Beginn des zweiten Aktes.

Er begann in der Nacht zum 2. Juni. Die Panzerdivision Trieste und die 90. Leichte rollten gegen Bir Hacheim, den südlichen Pfeiler der englischen Front. Während sich dieser Aufmarsch vollzog und die ersten Kämpfe Tage schweren und blutigen Ringens gegen einen tapferen Gegner einleiteten, kam es zu einer Kette von einander unabhängigen Schlachten. Schon am Morgen dieses ersten Tages hatte das DAK einen Täuschungsvorstoß nach Osten unternommen und dabei zahlreiche Feindkolonnen aufgerieben, eine Batterie und Panzer vernichtet. Staubwirbler und viel Lärm um nichts ließen Ritchie im unklaren darüber, wo eigentlich Rommels Kräfte standen.

Bir Hacheim, ein gleichgültiger Fleck irgendwo in der Wüste, der seinen Namen nur deshalb trug, weil vor undenklichen Zeiten hier ein arabischer Brunnen zu finden war, konnte indessen nicht einfach überrannt werden. Durch breite Minenfelder mußten Gassen gebahnt werden. Der Feind blieb in seiner Rundumfestung völlig unsichtbar, hatte dabei aber gutes Schußfeld. Tag und Nacht heulten Stukas über dem Schlachtfeld und verwandelten das Wüstenfort in einen Vulkan von Flammen, Eisen und Staub. Tag für Tag schmetterte die Artillerie ihr konzentriertes Feuer in den Kessel.

Es blieb das ewige Rätsel, warum die englische Führung während dieser Kämpfe die Hauptmasse ihrer Truppen in den Stützpunkten der Gazalafront hielt und nur mit den schnellen Verbänden einige wenige Entlastungsvorstöße unternahm. Wußte sie noch immer nicht, was geschah und was sich vorbereitete? Jedenfalls glückte es dadurch, Ritchies einzeln anstürmende Panzerverbände Tag für Tag zu dezimieren, ja sogar eine Gruppe einzuschließen und zu vernichten, wobei 4000 Gefangene gemacht und zahlreiche Panzer ohne Brennstoff willkommene Beute wurden, so daß das DAK seine Panzerdivisionen wieder auf 118 Kampfwagen auffüllen konnte.

Am 7. Juni gelang es, eine erste Bresche in die Minenfelder Bir Hacheims zu schlagen. Doch der Feind, jetzt unterstützt durch ein Massenaufgebot eigener Jagdbomber, wehrte sich weiter und kämpfte zäh und verbissen. Jedes einzelne Widerstandsnest verteidigte er bis zur letzten Patrone. Am 11. Juni erst war die Festung erobert. In der Nacht zuvor hatte der tapfere Kommandant, Oberstleutnant Koenig, einen Ausbruchsversuch unternommen und sich zu den englischen Linien durchgeschlagen.

Sofort wurden die 15. PD., die 90. Leichte und die Trieste in nordwestlicher Richtung gegen die Linie el Adem–Acroma abgedreht. Höchste Eile war in der Tat geboten. Nach dem Einsturz des südlichen Eckpfeilers der englischen Abwehrfront hatte Ritchie überstürzt den Rückzugsbefehl gegeben. Zu einem konzentrischen Angriff war es für ihn zu spät geworden. An der Küste standen zwar noch seine intakten mot. Divisionen. Aber die Panzer waren in zahlreichen Einzelschlachten zerrieben worden. Zudem schien bei der 8. Armee zeitweise die Übersicht zu fehlen und das Nachrichtennetz weitestgehend in Unordnung zu sein.

In den zurückgehenden Feind stießen die angreifenden Divisionen des DAK, die 90. Leichte bei el Adem gegen einen von allen Seiten anbrandenden Gegner, die AA 33 gegen die 22. englische Panzerdivision, im Sandsturm über sie herfallend. Einen besonders großen Erfolg aber errang das Korps in der Nacht, als es die Masse der feindlichen Panzerkräfte auf dem Rückzuge bei Knightsbridge überraschte und vernichtete. Damit war die entscheidende Wendung eingetreten. Der Durchbruch und die Umfassung, im ersten Ansturm nicht gelungen, vielmehr mit einer halben Krise für das DAK endigend, waren im zweiten Teil dieser Schlacht durch den Fall Bir Hacheims erreicht worden. Angriffsrichtung blieb jetzt die Acromalinie, um die noch in der Gazalastellung stehenden Feindteile abzuschneiden.

Während dort die in langen mühseligen Wochen aus endlosen Entfernungen herangeführten Munitions- und Verpflegungslager gesprengt wurden, Teile der 50. englischen Division im Raume des X. italienischen Korps durchbrachen und auf der Via Balbia die Kolonnen in wirrem Durcheinander Tobruk zustrebten, el Adem im

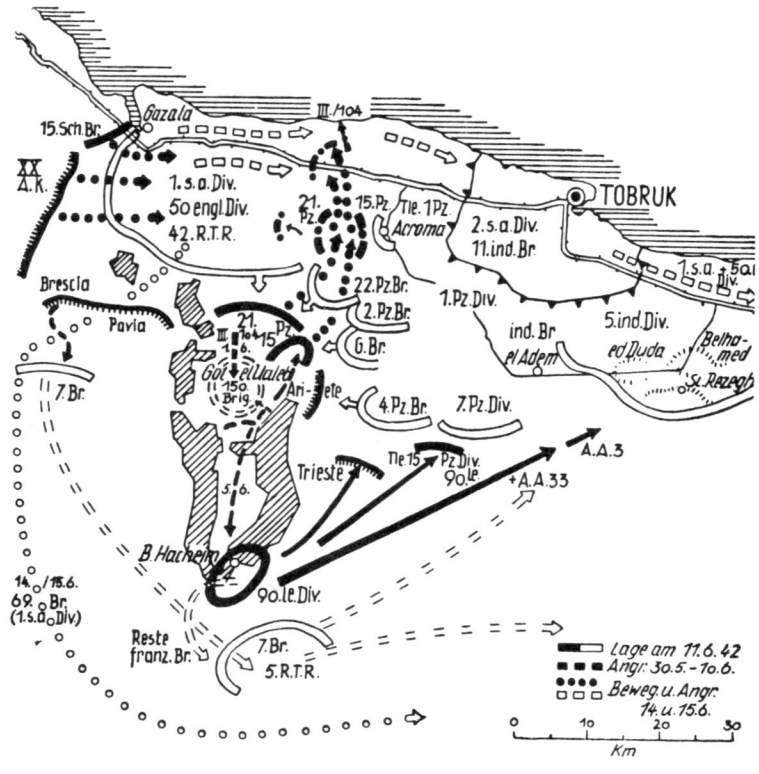

Die zweite Phase der Gazalaschlacht

Handstreich genommen wurde, das XXI. Korps nun ebenfalls zum
Angriff schritt, stießen deutsche Panzer von Acroma zur Straße und
andere Teile bis zum Meer. In kleinen Trupps gelang den Südafrikanern der Durchbruch, der Rest wurde abgeschnitten. Bis zum
Meer war das Gebiet damit in deutscher Hand. Das DAK hatte die
alte, schicksalsschwere Stelle bei Kilometer 31 vor Tobruk wieder
erreicht.

Eine halbe Million Minen, in wochenlanger Arbeit zur Sicherung der
Gazalastellungen systematisch als Riegel und Sperren vor die Front,
in ihre Flanken und in den Rücken eingebaut, hatte wenig genutzt
und Rommel nicht aufhalten können, der mit seiner Offensive der

britischen Führung zuvorgekommen war und durch sein rasches
Handeln auch die Auffrischung des Gegners verhindert hatte. Unter
Einsatz und unter Opferung der letzten Panzerverbände war es
zwar gelungen, Teile der 50. englischen Division nach Osten zu
retten, dafür aber waren die Panzerbrigaden zerschlagen. Sie mußten bis an die ägyptische Grenze zurückgenommen werden, um sich
hier neu zu ordnen.
Das italienische mot. Korps stand jetzt an der alten Umgehungsstraße vor Tobruk, an der sogenannten Achsenstraße bei el Adem,
südlich der Festung. Das X. Korps ging entlang des Trecks Capuzzo
nach Osten vor. El Duda, südostwärts Tobruk, war genommen,
während die 21. PD. noch immer bei Sidi Rezegh in schwerem
Kampfe mit der englischen Garde stand. Tiefflieger fügten den
Deutschen erhebliche Verluste zu. Aber sie zwangen die mit un-
erhörter Verbissenheit kämpfende Garde schließlich doch in die
Knie.
Wo aber war General Ritchie in dieser Zeit? Er hatte in Gambut
sein Hauptquartier, als in der Nacht zum 14. Juni deutsche Panzer
auftauchten. In fliegender Eile mußte er aufbrechen, und seine durcheinander geratenen Divisionen waren daher zeitweise ohne Führung. Aber nicht nur beim Feind, auch bei der Panzerarmee war der
allgemeine Überblick in dem Hin und Her der Schlacht zeitweise
verlorengegangen. Überall waren Kolonnen und Verbände unterwegs, und niemand konnte vorher mit Bestimmtheit sagen, wer da
heranmarschierte. Allerdings – Rommel war vorne und auch jetzt
eilte er wieder der 21. PD. weit voraus, sie und die abhängende
Ariete zur höchsten Eile antreibend. Der Raum von Gambut war
sein Ziel, auf halbem Wege zwischen Tobruk und Bardia, dicht an
der Via Balbia gelegen. Denn vorerst sperrte nur ein Aufklärungs-
verband diese wichtigste Ausfall- und Rückzugsstraße des Feindes.

Am Mittag des 16. Junis war es geschafft und war die Festung
Tobruk wieder eingeschlossen, der Raum 60 Kilometer ostwärts und
südostwärts besetzt, die Straßen und die Bahn, von den Engländern
in der Zwischenzeit von Marsa Matruch bis hierher weitergeführt,
unterbrochen. In Gambut wurden vier startbereite Curtis sichergestellt, zehn Kilometer weiter ein umfangreiches Brennstoffdepot
gefunden. Die englische Luftwaffe trat an diesem Tage zum erstenmal nicht mehr in Erscheinung. Deutsche Jäger und Bomber beherrschten allein das Feld.
Und jetzt sollte für Rommel und seine alten Afrikaner die Stunde
des Triumphes schlagen.
Tobruk hieß ihr Ziel.

Der englischen Führung war es zweifelhaft, was Rommel unternehmen, ob er den Angriff nach Osten fortsetzen oder auf Tobruk losgehen würde. Ohne genaue Kenntnis der letzten Entwicklung wußte sie nicht, wie weit es den Gazaladivisionen gelungen war, sich in das schützende Tobruk zu retten, und vor allem, in welchem Zustand sich diese Truppen befanden. Sicher war nur, daß die nach Ägypten zurückflutenden Teile der 8. Armee keinen hohen Kampfwert mehr darstellten.

Nachdem Ritchie zu lange gezögert hatte, den Angriff auf Hacheim, die Einschließung und die Wegnahme und damit den Zusammenbruch des ganzen Befestigungssystems zu verhindern, geschah genau das, was Rommel wünschte. Tobruk war wieder eingeschlossen worden, aber dieses Mal sollte sich die Festung nicht als eine Barriere vor den Weg der Achsentruppen legen. Während Ritchie vor der heiklen Aufgabe stand, in Ägypten beschleunigt eine neue Front aufzubauen und seine Armee zu reorganisieren, sah sich die Panzerarmee angesichts der reichen Beute in der angenehmen Lage, wenigstens für die ersten Tage das Nachschubproblem gelöst zu haben, zumal das DAK fast seine gesamten Lager unbeschädigt wiedergefunden hatte, die seinerzeit für den Angriff auf Tobruk bestimmt worden waren.

Rommel dachte also nicht daran, den Vormarsch fortzusetzen, ehe nicht Tobruk ausgeräumt war. Er handelte blitzschnell und der Gegner hatte in der Tat, wie sich später ergab, nicht mit diesem erstaunlichen Schachzug gerechnet. Am 15. Juni war durch den Stoß des DAK und der Ariete der erforderliche Raum zum Angriff auf Tobruk geschaffen worden. Im Laufe des 18. konnte die Säuberung zwischen Gambut und dem Festungsbereich abgeschlossen werden. Der Feind verhielt sich weiterhin abwartend.*) So erfolgte, von ihm völlig unbehindert, die Bevorratung der Divisionen.

Teile des DAK wurden bereits auf dem Wege nach Bardia, ja an Grazianis seltsamem Stacheldrahtzaun gesichtet. Somit deutete alles darauf hin, daß es jetzt zu dem befürchteten Stoß nach Ägypten

---

*) Noch am 2. Juni hatte Kairo mitgeteilt, daß „noch nie zuvor eine deutsche Offensive so im Keime erstickt worden war wie diejenige Rommels auf Tobruk" und am 17. Juni hatte London die 8. Armee als unüberwindliche Barriere vor Tobruk bezeichnet, einen Tag später Reuter die Festung „als unlösbares Problem für Rommel". Selbst noch am 21. Juni meinte Radio New York, daß sich Rommel mit den Resten seiner Armee vielleicht irgendwo in der Nähe Tobruks aufhalten möge, „von der Möglichkeit einer Einnahme dieser gewaltigen Festung durch Rommel jetzt zu sprechen ist aber geradezu lächerlich".

kommen würde. Aber da schwenkten die mot. Verbände plötzlich von Gambut um, machten eine Kehrtwendung und stießen statt weiter nach Osten nach dem Westen. Südlich Tobruk unternahm das XXI. Korps Navarrinis, das endlich die Achsenstraße in breiter Front überschritten hatte und nun im Vorfeld der Festung stand, Scheinangriffe. Am Morgen des 20. Junis begann die gesamte Artillerie des DAK ihr höllisches Konzert und jetzt war es klar, daß es zum Sturme auf Tobruk aufspielte.

Um 5.20 Uhr erschienen die ersten Bombengeschwader am Himmel und sogleich mischten sich das Heulen der Sturzkampfflieger und das Bersten der schweren Bomben in den tosenden Lärm der Artillerieschlacht. Alle in Afrika verfügbaren Geschwader waren aufgeboten und auf die Einbruchstelle im Südosten angesetzt worden. Sie zerschlugen starke Stellungen, insbesondere aber zertrümmerten sie die Flächendrahthindernisse und lähmten durch ihre Wirkung die Kampfmoral der 11. indischen Brigade, die hier lag.

Im Schutze dieses Feuers war durch die breiten Minenfelder die Gasse gebrochen worden, und als erste stieß die ruhmreiche 15. PD. in den Bereich der Festung hinein. Laufbrücken, welche die Panzer mitführten, wurden über die Panzergräben geworfen, Pioniere schütteten sie an anderer Stelle in fieberhafter Hast zu, Infanterie flutete durch die Gassen, entfaltete sich breit und schon waren die ersten Werke in der Tiefenzone ausgeräumt und vom DAK besetzt. Um 7.45 Uhr hatte der Brückenkopf eine Tiefe von zwei Kilometern.

Zerschossene Lastwagen, brennende Panzer, zerborstene und verlassene Geschütze bedeckten das Schlachtfeld. Es war eine Stunde wilden, großartigen Triumphes für die alten Afrikaner. Monate hatten sie vor dieser Festung gelegen, blutigen Tribut einem Gegner zollen müssen, der von beispielloser Härte war. Eisensplitter lagen, wohin der Fuß auch trat. Im verzehrend heißen Atem des Ghibli hatten sie angegriffen, in glühenden Sonnentagen Stück um Stück des verfluchten Ras el Medauuar den Soldaten Morsheads aus den Fäusten gewunden. Sie hatten gesiegt und sie waren besiegt worden. In den dunklen, sternenfunkelnden Nächten hatten sie den unerwartet vorbrechenden Gegner abgewehrt und in Hunderten von Spähtruppunternehmen hatten sie sich über die kahlen Karstfelder vorgearbeitet. Und als es so weit war, als sie vor ihren Augen die Hoffnung sahen, greifbar nahe den Tag, um im letzten Sprunge dieses verdammte Nest wilder und entschlossener Wölfe auszuheben, da war ihnen der von Gegenüber zuvorgekommen. Sie mußten zurück und die Stellungen, mit Strömen von Blut erobert, mit Strömen von Schweiß ausgebaut, blieben verlassen

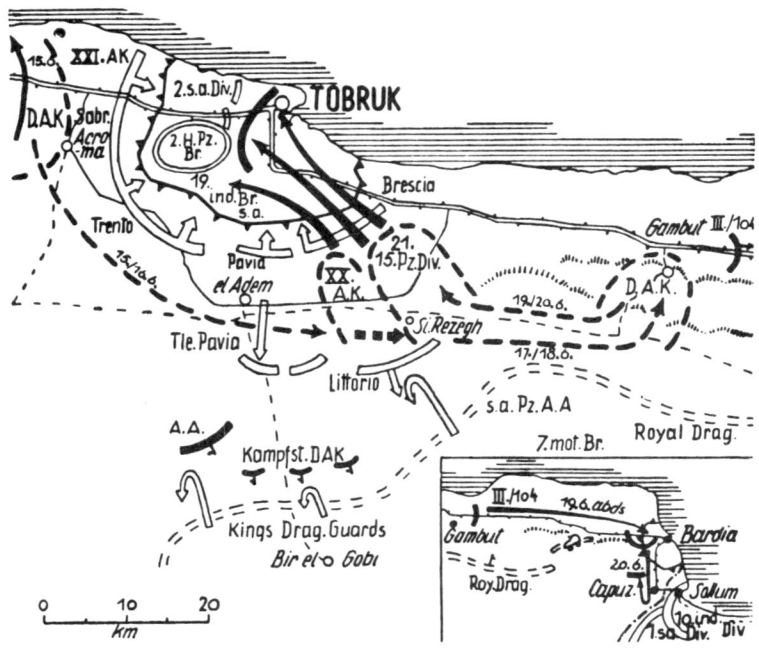

Die Einnahme Tobruks am 20. Juni 1942

und leer. Der große Friedhof am Kilometer 31 fiel in die Hand des Engländers. Alles war umsonst gewesen.

Als sie Agedabias heitere Süßwasserquellen erreicht hatten, dünkte ihnen dieses Tobruk wie ein wüster Traum, ja dieses ganze Leben damals vor Tobruk während vieler langer und nicht endenwollender Monate war fast zu einer schemenhaften, undeutlichen Erinnerung voller Grauen und Schrecken geworden. Und doch war in ihnen irgendwie etwas geblieben, ein Geheimes, ein Nichtzugestandenes, das vergraben blieb und keine Ruhe gab. Es war da eine Abrechnung, die zu halten man ihnen verwehrt, eine Erfüllung, die es nicht gegeben, und die doch in ihnen als eine Zuversicht weitergelebt hatte.

Und jetzt waren sie wahrhaftig auf dem Boden Tobruks, mitten im Kampffeld des Feindes. Rommel selbst hatte mit den ersten Truppen in einem gepanzerten Transportwagen den Panzergraben

96

überschritten. Ihn wie alle seine Soldaten trieb nur ein Gedanke...
vorwärts, vorwärts. In einem einzigen großartigen Schwung mußte
der Hafen erreicht und die Festung gespalten werden.

Bis zum Mittag waren 50 Panzer vernichtet und das Straßenkreuz
vier Kilometer vor Tobruk erreicht worden. Die Wracks deutscher
Panzer aus den Ostertagen des Jahres 41 lagen noch auf dem
Schlachtfeld.

Unaufhaltsam wie ein stürzender Bach vom hohen Felsen ergoß
sich die Masse des Deutschen Afrikakorps durch die Minengassen.
Das XX. mot. Korps war zurückgeblieben. Die Panzer der Ariete
und der Trieste hatten zwar ebenfalls den Panzergraben überwunden und die ersten Werke genommen, aber dann erlahmte ihr
Angriffsschwung. So wurden Teile des Korps hinter der 15. PD.
hergezogen, dann nach Westen abgedreht und auf die el-Adem-
straße angesetzt. Erst am Nachmittag erreichten beide Divisionen
ihren Angriffsstreifen, ohne das befohlene Ziel an diesem Tage noch
gewinnen zu können.

Artillerie und die jeden Panzerverband begleitende 8,8-Flak eröffneten am Mittag das Feuer auf den Hafen. Rommel war bis zum
Abstieg der unten am Meer liegenden Stadt vorgefahren und be-
obachtete die Wirkung. Eine Handvoll kleiner Schiffe war dabei,
auszulaufen. Zum erstenmal lag vor ihm die Stadt, deren Name in
der ganzen Welt einen besonderen Klang gewonnen hatte. Was von
ihr übriggeblieben war, waren Steine, Schutt, geborstene Mauern,
zusammengefallene Hütten. Unaufhörlich schossen die Explosionen
der deutschen Granaten aus den Trümmerfeldern, über denen der
Atem der Vernichtung lag. Aus den Depots züngelten Flammen.
Dazwischen schwelten Panzer und glühten die Gerippe ausgebrann-
ter Lastwagen.

Als Rommel weiterfahren wollte, erhielt seine Staffel Feuer aus
einem Stützpunkt. Die Aufforderung zur Übergabe wurde durch
zusammengefaßtes Feuer beantwortet. Da ging der Beifahrer des
Oberbefehlshabers, Gefreiter Huber, mit acht Flaksoldaten vor und
erledigte den Stützpunkt mit Handgranaten. Kurz darauf meldete
das DAK die bedingungslose Übergabe des Forts Pilastrino, in dem
lange Zeit das Hauptquartier der Verteidiger gelegen hatte. Auch
Fort Salaro fiel und um 21.55 Uhr wurden Hafen und Stadt besetzt.
Es war die 21. PD., die alte 5. Leichte, die als erste die Stadt erreichte, in der Nacht noch das Gefechtsfeld säuberte und am Morgen
nach Westen weiter angriff. Zwei Drittel der Festung waren damit
in deutscher Hand. Tobruk war an einem einzigen Tag, in noch
nicht vierzehn Stunden gefallen.

Rommels Sieg war nicht nur ein glänzender Erfolg seiner Führung, sondern nicht minder ein Erfolg der vorzüglichen Angriffsmoral seiner Truppen. Die große Schlacht war am 26. Mai mit 323 Panzern, neun gepanzerten Befehlswagen und 52 Panzerspähwagen des DAK, sowie mit 203 Panzern und 76 Spähwagen des italienischen mot. Korps begonnen worden. Die Verluste im Verlaufe der ersten, so wenig glücklichen Tage waren erheblich. Wenn auch ein Teil der Panzer noch auf dem Schlachtfelde wieder instand gesetzt und zahlreiche Feindpanzer eingestellt werden konnten, so waren die mot. Einheiten doch stark geschwächt worden. Als sie aus der Verteidigung zum zweiten Angriff antraten, die 8,8-Flak dieses Mal massiert mit den Panzerverbänden, ergab sich, daß Ritchie nicht bereit war, sich in offener Feldschlacht zu stellen. Seine einzeln angreifenden Panzerdivisionen konnten der 8,8-Flak nicht standhalten. Die weittragenden Grants waren zum großen Teil ausgefallen und die übriggebliebenen Honeytanks wurden wieder eine leichte Beute der Flak.

Zudem war der Gegner bis zuletzt im Zweifel über die Absichten Rommels geblieben. Gelang es der 8. Armee auch, große Teile vor der Vernichtung und Gefangenschaft zu retten, so vermochte sie doch nicht zu verhindern, daß diese Truppen sich gewissermaßen nackt aus der Vernichtungsschlacht flüchteten. In Tobruk waren 28 000 Mann Kampftruppen und 5000 Mann Versorgungstruppen zurückgeblieben. Die Garde, einer der besten und zähesten Truppenteile, hatte bei Knightsbridge fast ihre gesamte Artillerie zurücklassen müssen. In Gazala waren die Südafrikaner, in el Adem die Inder auseinandergesprengt worden. Allein, was das wichtigste Ergebnis war, die Panzerarmee hatte unermeßliche Beute gemacht. Denn auch jetzt erwies sich, wie bei jedem Rückzug dieses Krieges, daß mit der Vernichtung der Lager zu lange gezögert worden war. Das war bereits im Winter auf deutscher Seite in Erscheinung getreten, und man erzählte nicht ohne Grund die Anekdote, daß ein Militärbeamter sich weigerte, an die zurückgehenden Truppen Verpflegung aus seinem Lager auszugeben, weil das Vernichtungsprotokoll bereits abgeschlossen worden war. Jetzt hatten die Engländer den richtigen Zeitpunkt versäumt, wenn sie vielleicht auch auf Vernichtungsprotokolle keine Rücksicht zu nehmen pflegten.

Was das Empire in Monaten an Nachschub und Versorgungsgütern herangeschafft und in Tobruk gestapelt hatte, geriet zum großen Teil unversehrt in den Besitz der Panzerarmee. Mit den Fahrzeugen, dem Benzin, den Geschützen, den Panzern und endlich mit den Lebensmitteln vermochte sie ohne Pause sofort wieder anzutreten und der ägyptischen Grenze zuzueilen. Es waren Millionenwerte, die auf dem mühsamen Wege über Neapel heranzuführen man sich nunmehr sparen konnte. Das Nachschubproblem, das noch während der Schlacht eine keineswegs unwesentliche Rolle gespielt hatte, war für den Augenblick gelöst.

Der nächste Tag stand im Zeichen der Säuberung des Festungsgebietes. Am Vormittag war bereits die Via Balbia für den Truppen- und Versorgungsverkehr freigegeben worden. Tausende von Gefangenen strömten der Hafenstadt zu. General Klopper, Kommandeur der 2. südafrikanischen Division und Festungskommandant, hatte am frühen Morgen kapituliert und traf auf der Via Balbia Rommel. Während der Oberbefehlshaber an die Korps den Befehl durchgab, „Verbände sammeln, ordnen und bereit machen zum Weitermarsch" und zugleich anordnete, nur noch Munition nachzuschieben, die Truppen aber mit Brennstoff und Verpflegung aus Tobruk für zehn Tage auszustatten, fuhr er mit Klopper zum Hafen zurück, wo er ihm die Wiederherstellung der Wasserstellen und die Versorgung der Gefangenen übertrug.

Insgesamt waren in der Gazalaschlacht 45 000 Gefangene eingebracht, darunter fünf Generale und rund 1000 Kampfwagen und gepanzerte Fahrzeuge, sowie 400 Geschütze seit Beginn der Schlacht vernichtet oder erbeutet worden. Besonders angenehm war, daß die englische Heerespanzerabteilung mit 30 fahrbereiten Panzern in Tobruk die Waffen gestreckt hatte. Der einzige, unvorhergesehene Zwischenfall ereignete sich am Ras el Medauuar, wo am Morgen 200 Fahrzeuge mit Südafrikanern einen Ausbruchsversuch machten. Ein Teil geriet dabei in die eigenen Minenfelder, ein anderer fuhr in die Arme der Trento und nur Reste entwischten glücklich nach dem Süden.

Die Schlacht in der Marmarica war beendet. Doch dem Feind durfte keine Zeit gelassen werden, seine Front neu aufzubauen. „Jetzt gilt es", rief Rommel in einem Tagesbefehl den Soldaten der Panzerarmee zu, „den Gegner vollends zu vernichten. In den nächsten Tagen fordere ich nochmals große Leistungen von euch, damit wir unser Ziel erreichen."

Am Morgen des 22. Junis befand sich Rommel bereits in Bardia und gab hier seine neuen Angriffsbefehle. Am Rande des östlichen Horizontes standen die Rauchsäulen gesprengter englischer Lager. Es war offensichtlich, und die Befehle eines gefangenen Offiziers bestätigten es, daß die Sollumfront nur von Ritchies Nachhut gedeckt wurde. DAK und mot. Korps folgten, die Grenze überschreitend, immer wieder zur höchsten Leistung angespornt.

Obersollum und Niedersollum wurden erreicht, der Halfayapaß, Sidi Omar und nun das alte Vorfeld in Besitz genommen, in dem bis Mitte Januar das Bataillon Bach ausgehalten hatte. Sidi Barani, völlig zerstört, enthielt ein großes Treibstofflager, das unversehrt den Truppen zufiel.

Das DAK war in schnellem Vorgehen. Nur das mot. Korps hing zurück, und es war leider nur zu bezeichnend, daß dieses Nachhinken eine natürliche Erklärung fand. Die vertrauliche Mitteilung eines italienischen Offiziers enthielt die Bitte um persönliches Eingreifen des inzwischen zum Feldmarschall beförderten Oberbefehlshabers, da das italienische Oberkommando dem Korps die ausreichende Unterstützung bei der Versorgung versagte. Auf eine kurze, aber deutliche Anfrage, ob der Angriffsauftrag gelöst werden könnte, antwortete das Korps mit einer Stärkemeldung: Ariete 10 Panzer, 15 Geschütze, 600 Bersaglieri, Trieste 4 Panzer, 24 Geschütze, 1500 Schützen.

Seltsam erschien ferner, daß das X. Korps in diesem Augenblick Betriebsstoffschwierigkeiten meldete. Jedenfalls wurde abermals klar, daß die Hauptlast des Kampfes auch fernerhin auf den Schultern des deutschen Korps ruhen sollte.

Das Tempo, das es anschlug, war atemraubend. Seit einem Monat im Kampfe stehend, hatten die Truppen noch keinen Tag der Ruhe gehabt. Vor allem seit dem Beginn des zweiten Schlachtabschnittes waren sie Tag und Nacht am Feinde gewesen, marschierend, kämpfend, sichernd, in tollen Spiralen bald vorwärts, bald kehrtmachend, durch die Wüste ziehend. Die meisten dieser Kampftage hatten zudem im Zeichen schwerer Sandstürme gestanden. Und wo die Sonne nackt und erbarmungslos vom glühenden Firmament die Erde kochen machte, selbst da war die Truppe begleitet und ständig eingehüllt von den Schwaden widerlich feinen Staubes. Die Wasserrationen waren knapp bemessen und manchmal blieben sie ganz aus, wenn die Kolonnen die kämpfende Truppe nicht fanden oder vom Feind auseinandergejagt worden waren.

Der Vormarsch nach Ägypten hinein brachte zwar eine Erleichterung und es war vergnüglich, zu erleben, wie immer wieder versprengte englische Trupps aus der Wüste auftauchten und auf die englischen Beutepanzer zuhielten, um peinlich überrascht der deutschen Besatzung gegenüberzustehen. Seit Sidi Barani aber griff die britische Luftwaffe mit steigender Heftigkeit die marschierenden Verbände an. Auf ihre alten, wohleingerichteten und jetzt frontnahen Flugplätze zurückgekehrt, hatten Bomber und Jäger nur wenige Flugminuten zur Front. Die deutsche Luftwaffe, zudem geschwächt durch die letzten Kämpfe, lag dagegen noch weit rückwärts und mußte Material und technischen Apparat erst wieder vorschaffen.

Als in der Nacht zum 25. Juni die Küstenstraße 45 Kilometer westlich Marsa Matruch erreicht wurde, ging beim Stabe der Armee ein Funkspruch Mussolinis ein, der, etwas verspätet, auf die Notwendigkeit eines Aufmarsches der deutsch-italienischen Armee an der Front Sollum–Halfayapaß hinwies. Mussolini stellte sich aber sehr schnell um, denn drei Tage später, dieses Mal etwas früh, übermittelte er eine neue Weisung. Sie enthielt die folgenden Richtlinien:

1. Ziel ist der Kanal von Suez, sobald als möglich dann auf Port Said.

2. Voraussetzung dafür ist, daß die Besetzung von Kairo sichergestellt wird.

3. Eine Bedrohung von Alexandria her muß verhindert und in dieser Richtung eine Sicherung vorgesehen werden.

4. Der Rücken muß gegen Landungsversuche vom Meer her gedeckt bleiben und daher stets eine genügende bewegliche Masse zur Verfügung gehalten werden. Und

5. meinte Mussolini, daß beim Vormarsch an den Suezkanal die deutschen wie die italienischen Truppen vertreten sein sollten.

Aber noch war es nicht so weit, wenn Mussolini auch weitere Einzelheiten für den Einzug in Kairo festlegte, wobei er für sich einen Schimmel bestimmte, auf dem er sich, gegürtet mit dem „Schwert des Islams", an die Spitze seiner Truppen setzen wollte.

Am 27. Juni wurde Marsa Matruch erreicht. Die 90. Leichte schwenkte zum Meer ab, um die Küstenstraße zu sperren. Da tauchte am Ghebelrand die 7. englische Panzerdivision auf, die zum Entsatz herbeigeeilt war. Bis zum Abend wurden 18 Panzer abgeschossen und der Feind zum Abdrehen gezwungen. In Matruch selbst lagen Neuseeländer, die alten Tobrukkämpfer, eine trutzige, entschlossene Truppe. Sie versuchte, in der Nacht durchzubrechen und verursachte ein wildes Durcheinander. Deutsche Truppen schossen aufeinander, englische Flieger bombten die eigenen Verbände. Niemand wußte, was geschah.

Am Morgen standen Flammen über Matruch, das Zeichen, daß es zu Ende ging. Die Zahl der Gefangenen wuchs, doch zwischen den immer noch hinterherhinkenden Italienern und den vorausmarschierenden Deutschen konnten zahlreiche Fahrzeuge durchbrechen, bis eine Aufklärungsabteilung sie abstoppte und den Raum abriegelte. Am 29. Juni wurden Panzergraben und Hauptbefestigungslinie überwunden und um 10 Uhr war die Stadt besetzt. Unzerstörte Flugzeuge, Treibstofflager und Pionierarsenale, Wasser vor allem und Gerät wurden vorgefunden. Rund 2000 Neuseeländer und Inder traten den Marsch in die Gefangenschaft an. Die Stadt selbst war ein Trümmerhaufen und im Festungsgelände prasselten Flammen und detonierten Munitionsstapel.

Um 11 Uhr ging der Vormarsch weiter. Es kam jetzt auf jede Minute an. Rommel mußte versuchen, vor den Engländern in Alamein zu sein, mindestens aber Ritchie keine Zeit zu lassen, sich zu sammeln und zu ordnen. In der Nacht wurde der Raum von el Duda durchschritten, über dem riesige Explosionswolken standen, die zehn Kilometer weit die Luft erschütterten.

Hinter der 90. Leichten marschierte die Littorio, die am nächsten Tage plötzlich meldete, durch Feindeinwirkung völlig durcheinander geraten zu sein und über keinen Panzer mehr zu verfügen, da sie sämtlich gesprengt wurden. Die 15. PD. hatte überall kämpfend Boden gewonnen und neue Beute an Geschützen und Fahrzeugen gemacht. Rollende Bombenangriffe waren im übrigen das Merkmal dieses Tages. Am Nachmittag verhüllte sich das Land und damit endete auch die Tätigkeit der feindlichen Luftgeschwader. Der Ghibli nahm jede Sicht.

Am 1. Juli stellten sich die Truppen zum Angriff auf el Alamein bereit. Sie hatten nach dem Fall von Tobruk, am 21. Juni, 600 Kilometer zurückgelegt, eine noch nicht dagewesene, fast unglaubhafte Leistung.

Was sich in diesen Wochen und Monaten, ja vom Beginn dieses Feldzuges an zugetragen hatte, widersprach eigentlich allen Überlieferungen und Vorstellungen, welche man sich von der Kriegskunst zu machen pflegte. Rommels Name war daher in aller Munde. Schon lange zählte er zu den genannten und bekannten Generalen dieses zweiten Weltkrieges. Er war ein Symbol geworden, von dem Begriff Nordafrika nicht zu trennen. Nannte man ihn, so war das Deutsche Afrika-Korps gemeint. Sprach man von ihm, so dachte man an die Schlachten in Libyen. In Deutschland und in Italien verhielt es sich so und nicht anders war es auf der Seite des Gegners.*) Bei der 8. Armee hatte der Befehlshaber eine Popularität

---

*) Ein amerikanischer Kriegsberichter schrieb noch während des Krieges, Afrika habe viele feine Soldaten, große Führerpersönlichkeiten und Kommandeure hervorgebracht. „Wenn das ganze große Drama einen einzigartigen Helden hat, dann, denke ich, muß es Rommel sein. Die britische 8. Armee vergötterte ihn. Sie bewunderte ihn, weil er sie schlug und wenn sie ihn schlugen, so wunderten sie sich selbst, einen so fähigen General geschlagen zu haben. Einmal versuchte die britische Propagandamaschine, ihn in Mißkredit zu bringen, aber die 8. Armee ließ sich das nicht gefallen. Diese Männer wußten zu sehr Bescheid. Keiner konnte sie dazu bringen, ihn zu hassen, denn in der Wüste war ein klarer, anständiger, fairer Krieg ohne Gestapo und ohne Politik." Demgegenüber war die Popularität Rommels in Berlin keineswegs von Beifall begleitet. Zeitweise wurde sogar jede Herausstellung seiner Person vom OKW verboten.

erlangt, die nahezu ans Mystische streifte und sich an keiner anderen Stelle dieses Welttheaters wiederholen sollte.

In der Tat konnte Rommels Triumph wie ein Wunder anmuten. Mit zwei deutschen Divisionen hatte er vor einem Jahr seine Operationen eröffnet und zu keiner Zeit verfügte er über mehr als vier dieser Verbände. Sie waren das Rückgrat der deutsch-italienischen Armee. Er war ihr Kopf, aber er war zugleich mehr, auf eine höchst bemerkenswerte Weise mehr als ihr Haupt. Seine Dynamik erfüllte das Expeditionskorps bis hinunter zum jüngsten Soldaten. Seine Energien durchdrangen es, seine Impulse, sein Wille, seine Phantasie beflügelten es. Er war wahrhaftig als ein Fremdling in dieses Land gekommen. Er hatte keinerlei Erfahrungen mitgebracht, noch konkrete Vorstellungen über die Gesetze der Wüste, die Eigenarten und die Bedingungen des Krieges in ihren Räumen besessen. Aber sofort hatte er erfaßt, worauf es ankam und an welche Regeln er sich zu halten hatte. Er glich sich an und wurde über Nacht gewissermaßen zum Herrn des Wüstenkrieges.

Rommel war im Frankreichfeldzug Panzergeneral gewesen. Gleich einem Stern war sein Name damals am Himmel erschienen, ein Komet, der alle Blicke auf sich zog. Seine Schnelligkeit, seine Wendigkeit, die Kühnheit seiner Durchbrüche und Vorstöße hatten seiner Truppe den Ruf einer Gespensterdivision eingetragen. Er galt als verwegen bis zur Tollkühnheit, ein Mann des Blitzkrieges, ein Mann des Glückes, Liebling der Götter, jener der Schlachten, aber auch jener braunen Götter dieser Welt, die den Irrtum begingen, in ihm nur Werkzeug und Arm finden und sehen zu können, ein Irrtum, der endlich in einem tragisch-zynischen Verbrechen enden sollte. Nun hatten sich auch die Götter der Wüste diesem Manne nicht versagt. Doch mit Schnelligkeit und Kühnheit war es in Afrika nicht getan. Rommel operierte nicht allein. Seine Gegner verfügten über erfahrene, kluge Generale und eine hervorragend ausgerüstete und tapfere Truppe. Sie kannten das Land und sie beherrschten die Spielregeln schon fast im Schlafe.

Rommels Stärke und Glück beruhten denn auch auf der Fähigkeit, sich taktisch zu jeder Stunde völlig umstellen und mit schlafwandlerischer Sicherheit voraussetzen zu können, was der Gegner unternehmen und wie er sich verhalten werde. Gewiß war er verwegen bis zur Tollheit, doch in der Zwangsläufigkeit seiner Operationen, darin begründet, daß in einer Defensive seine Aufgabe nie und nimmer zu lösen war, verließ ihn niemals die nüchterne Überlegung. Er entbehrte des Unbesonnenen, des Abenteuerlichen. Er war kein Spieler, kein Hasardeur. Er war vielmehr ein Rechner, ein Berechner, kühl, überlegt, überlegen, handfest, solide. Nicht ohne Grund war er Taktiklehrer gewesen, Kommandeur endlich einer Kriegsschule. Er hatte als junger Infanterieoffizier im ersten Weltkriege seine Erfahrungen gemacht und sie gesammelt. Er hatte aus den Fehlern der eigenen Truppe und Führung und aus den Fehlern des Feindes nach jedem Gefecht und nach jeder Schlacht seine Folgerungen gezogen. Diese Erkenntnisse waren nicht vergessen, sondern verarbeitet und zu Grundsätzen für den gesunden Verstand erhoben worden. Sie bestätigten sich immer wieder bei jener unheimlich genauen Beurteilung des Gegners und seines Verhaltens.

Falsch wäre es, in Rommel nur den Mann des Angriffs zu sehen und den General der Bewegungsschlachten zu rühmen. In den Zeiten der Belagerung Tobruks hatte es sich bereits gezeigt – und in den kommenden Monaten sollte es sich erneut bestätigen –, daß dieser Soldat die Technik des Stellungskrieges vollendet beherrschte. Das war kein Panzergeneral, kein Draufgänger oder Bluffer, der hier wirkte, sondern ein nüchterner Infanterieoffizier, der durch die Schule eines Krieges und eines Kompanieführers gegangen war. Tagaus, tagein hatte er in den Stellungen geweilt. Hier war er in seinem Element. Dies war sein Handwerk. Er wollte wissen, was vorging, sehen, erkunden, jeden Fußbreit Bodens sich einprägen, das Gelände bis in seine letzten Einzelheiten beurteilen und auf seine Möglichkeiten abschätzen. Gute Stellungen sparten Blut. Gute Stellungen gaben dem Soldat das Gefühl der Sicherheit. Gute Stellungen mußten uneinnehmbar sein. „Zum Zerschlagen einer Stellung mit tiefem Hauptkampffeld gehört eine ungeheure Artilleriewirkung", hatte er auf Grund seiner Erfahrungen nach dem Jahre 17 geschrieben. In Tobruk hatte er nun eine völlig neue Art der Werke und Befestigungen vorgefunden, welche freilich seinen Vorstellungen von der Anlage eines Hauptkampffeldes nur zu gut entsprach. Sofort glich er sich diesem andersartigen System an. Er ging daran, es auf seine Weise anzulegen und auszuarbeiten, sparsam mit Menschen besetzte, aber stark bewaffnete Einzelstände, tief gestaffelt, wie mutwillig verstreut über das Kampffeld. Er verteilte die schweren Waffen. Er überprüfte selber das Schußfeld. Wo sich in unerträglicher Dichte das Feuer des Feindes konzentrierte, ließ er zur Ablenkung Scheinstellungen anlegen. Wo die Besatzungen klagten, am Tage nicht einmal den Kopf aus der Deckung am Ras Medauuar nehmen zu können, riet er, Papier und Stoffetzen im Gelände aufzuhängen und in verwirrendem Durcheinander wehen und flattern zu lassen, um den von gegenüber zu beschäftigten. Er erdachte die beweglichen Blenden. Er befahl, Panzerattrappen sichtbar im Hintergelände und Trupps zusammenzuziehen, deren einzige

Aufgabe darin bestand, im Rücken der Front herumzugeistern und Staub aufzuwirbeln. Bei sorgsam bedachter Schonung der eigenen Kampfkraft sollte der Gegner in ständiger Anspannung gehalten werden, ein Nervenkrieg also, ein kalter, bei dem jenem wohl heiß werden konnte.

So wurde Rommel der Lehrmeister aller, schöpfend aus den Erfahrungen eines langen Soldatenlebens, erfindungsreich, stets zu Listen bereit. Seine ausgeprägten technischen und mathematischen Fähigkeiten kamen ihm dabei zustatten. Auch den Bau der 85 Kilometer langen Umgehungsstraße um Tobruk hatte er projektiert und betrieben. Tadel und Lob, Kritik und Ermutigung, immer traf er den richtigen Ton. Er war nicht leutselig, wie man es von berühmten Generalen so gerne zu berichten pflegt. Er war kurz angebunden, sehr bestimmt, seiner Meinung mit württembergischer Deutlichkeit Ausdruck gebend – temperamentvoll nach unten wie nach oben –, wobei zu erinnern bleibt, daß der Infanterieoffizier des ersten Weltkrieges jede Regung und Überlegung des Soldaten in seinem Kampfstand einst selbst gefühlt und gekannt hatte.

Eine der frappierendsten Eigenarten war der Orientierungssinn des Generals. Mit unfehlbarem Spürsinn pirschte er sich in den dunklen Nächten von Kampfstand zu Kampfstand, unbeirrbar, ja verblüffend unbeirrbar seinen Standort beurteilend und sein Ziel in einem Gelände findend, das weder Baum noch Strauch, weder Weg noch Steg, weder Geländemarkierungen noch Merkpunkte besaß. Während die Begleiter zweifelnd umherblickten, an die Minenfelder, die Streuminen, die Stolperdrähte und die ineinander verzahnte und sich verschlingende Front dachten, die jeden falschen Schritt zur Gefahr machten, ging Rommel ohne Zögern durch die Nacht. Nicht anders war es im Ghibli. Ungezählte Male hatten selbst die erfahrensten Wüstenfüchse das Ziel zu finden aufgegeben, die Marschrichtung bezweifelt und zu einer Erkundung geraten. Rommel blieb unbewegt, ließ bald im Zickzack, bald geradeaus fahren, bis unversehens aus dem Staubsturm ein Soldat vor dem Fahrzeug auftauchte, der Einweiser durch die schmale Minengasse, der Verbindungsmann zur Befehlsstelle, der Nachrichtenunteroffizier des Bataillons.

Und immer enthüllte sich ein rätselhafter Instinkt, ein sechster Sinn, eine absonderliche Hellsichtigkeit, die ihn jede Gefahr ahnen machte. Schon während des Frankreichfeldzuges war davon berichtet worden. Seine Truppen zur höchsten Eile anspornend, hatte sich Rommel nach einem Durchbruch an die Spitze seiner Division gesetzt. Nach einem Nachtmarsch von 200 Kilometern ließ er ohne ersichtlichen Grund halten, Pioniere nach vorne rufen und die

Straße voraus absuchen. Wenige hundert Meter vor der Spitze stießen sie auf eine Minensperre, die, untereinander verbunden, beiderseits der Straße verlief. Auch in Afrika erwies sich dieses seltsame Ahnungsvermögen. Im offenen Mannschaftstransportwagen vorfahrend, befahl Rommel plötzlich zu halten. Er hob den Kopf und schien zu lauschen. Im gleichen Augenblick rauschte es heran und dicht vor dem Wagen lagen die Einschläge englischer Granaten. Noch inmitten des Berstens, des Jaulens und Winselns der Splitter rief er dem Fahrer sein „Marsch" zu und beim Anfahren verstummte das Feuer ...

Tiefflieger schossen auf den „Mammut", den erbeuteten Befehlspanzer von Mechilli, auf dem Rommel während der Fahrt und während der Schlacht zu stehen und zu beobachten pflegte und aus dem er soeben noch herausgeschaut hatte. Bomben schlugen rings um den Geländewagen, den er kurz zuvor verlassen hatte. Englische Panzerrudel tauchten auf und kreisten das Fahrzeug des Oberbefehlshabers ein. Er fuhr ihnen an den Nasen vorbei oder bahnte sich durch den Scheinangriff weniger, ihn begleitender Volkswagen einen Weg. Ungezählte Male war es so. Die Gelassenheit seines Wesens, die ihn niemals verließ, konnte fast den Anschein erwekken, als habe dieser Mann ein besonderes Verhältnis, einen Vertrag oder ein Abkommen mit dem Tode getroffen oder als kenne er dessen so unberechenbare Wege, die Schliche und dunklen Hinterhältigkeiten und wisse sie daher zu berechnen. Was war natürlicher, als daß dieser General um sich die Atmosphäre der Sicherheit verbreitete, ein Gefühl der Ruhe ausstrahlte und daß er als kugelfest und gefeit galt?*)

Rommel forderte das Äußerste von seiner Truppe und ihren Kommandeuren. Er war kein bequemer General. Er war bereit, jederzeit das Beispiel zu geben, mutete sich selbst das Äußerste zu. Auch in diesen letzten Wochen und Monaten hatte er sich Strapazen unterworfen, wie sie kaum einer seiner Soldaten hatte ertragen müssen. Für seine Person ohne jeden Anspruch, wurde diese seine Genügsamkeit oft genug zum Mißvergnügen seiner Begleiter. Er rauchte nicht, er enthielt sich des Alkohols und er pflegte nicht einmal damit zu rechnen, zu einer Ölsardine oder einer Bohnensuppe aus Beutebeständen eingeladen zu werden. Aber auch er hatte seine kleinen Liebhabereien. Er war passionierter Jäger und traf im flackernden Mittagslicht auf 200 Meter den stärksten Bock aus dem Rudel Ga-

zellen. Er war leidenschaftlicher Photograph und konnte sich im
Augenblick eines englischen Panzerangriffs auf die Belichtungszeit
für seinen Farbfilm konzentrieren. Einst hatte er es geliebt, im Gar-
ten zu arbeiten, zu pflanzen, zu jäten und zu hacken, jetzt grub
er am Strande, abseits seines Zeltes, nach Tonkrügen aus römischer
Zeit und fand deren etliche. Das war, wie bei der Schlacht von Sollum, Ablenkung; vor allem ermöglichte es ihm, sich körperlich auszuarbeiten. Er hatte Zeit seines Lebens dem Sport Interesse ent-
gegengebracht und seinen Körper in sorgsamem Training gehalten.
Er hatte ihn zäh, widerstandsfähig und unempfindlich gegen jede
Anstrengung gemacht. Immer war er hart gegen sich selbst gewesen. Er war weder stur, noch verholzt. Der Krieg war ein Übel,
aber Soldatsein war ihm kein Handwerk, sondern eine Wissen-
schaft. Auch in den Bergen, die er liebte, kam er von ihr nicht los.
Seine stillen Liebhabereien und Eigenheiten blieben deshalb auch
am Rande, kaum spürbar für seine Umgebung und den Soldaten,
der ihn zu jeder möglichen, noch sicherer zu jeder unmöglichen
Zeit auftauchen sah.
Auch jetzt, in diesen letzten Junitagen, war Rommel vorne gewesen,
die Truppen, erschöpft von den pausenlosen Kämpfen, der auszeh-
renden Hitze, den endlosen Märschen, immer wieder vorwärts reißend
und antreibend.
Jenseits el Alamein winkte der Sieg, lag die Entscheidung ...

EL ALAMEIN — SIEG UND NIEDERLAGE

Vorboten der Katastrophe

Der einzige Weg ins Herz des Gegners – zum Nildelta und über Alexandria zum Suezkanal – lief entlang der Küste des Mittelmeeres. Die weite Ebene des libyschen Wüstenplateaus wurde hier von zahlreichen Tälern durchschnitten, die tief und schroff in die Kies- und Sandwüste eingegraben waren. Bizarre Dschebelformationen schoben sich nebeneinander und durcheinander, und so verengte sich, gleichsam wie bei einem Trichter, die Ebene an der Küste. Die engste Stelle lag bei el Alamein.

Aus dem unendlichen Raum des Südens aber streckte sich in einer Ausdehnung von 100 Kilometern die Kattarasenke mählich zur Küste und legte sich wie ein schützender Riegel vor das Reich der Hoffnungslosigkeit. Sie war ein an Umfang gewaltiges, in ihren Formationen seltsam monströses Gebilde, angefüllt mit Triebsand, auf dem sich die Sonnenstrahlen wie auf weißen Gletschern brachen, tiefer als der Meeresspiegel, alterszerfurcht, witterungszerspalten, ein tückischer Ozean toten Sandes.

Auf der asphaltierten Küstenstraße war Alexandria von el Alamein aus mit einem schnellen Wagen in knapp zwei Stunden zu erreichen. Zur Linken, im Norden, verlor sich das Meer im Horizont. Unmöglich zu unterscheiden, wo dieser begann, jenes, wie eine riesige Jupiterlampe erstrahlend im Widerschein der Sommersonne, aufhörte. Indessen Dünen mit weißen Köpfen, glitzernde Salzseen und trügerisch funkelnde Sümpfe einander abwechselten und bis zur Straße vorstießen, verlor sich rechter Hand, dem Süden zu, die Wüste mit ihren Wadis, Dschebelrändern und Hochflächen, in allen Konturen von der wabernden Luft verwischt, als gelb-rötlicher Farbenbrei.

Dieser Engpaß der östlichen Wüste, der einzige, den sie kannte und der ihr Gesetz der Raumlosigkeit zu durchbrechen schien, war eine natürliche Sperre. Er war von langer Hand als Befestigung vorbereitet und ausgebaut worden. Grazianis origineller Drahtzaun, der die Senussi aussperren sollte, als handelte es sich um eine Herde Rinder, erschien wie ein Überrest aus grauer Vorzeit, gemessen an dem Bollwerk, das hier erdacht worden war. In der Form eines großen Viereckes waren betonierte Werke errichtet worden, bombensichere Bunker, getarnte Kampfstände, wohlvermessene Artilleriestellungen, unsichtbare Stützpunkte und endlich, diese Festung auf den Höhen Alameins wie einen Kranz umgebend, durchlaufende Drahtverhaue und Minenfelder.

Ritchie, dem durch die Entwicklung der großen Schlacht jede Möglichkeit genommen war, vorausschauend zu handeln, und der sich jetzt gezwungen sah, die Tatsachen so hinzunehmen, wie sie waren, nämlich als höchst unerfreulich, ja katastrophal, hatte getrachtet, von der 8. Armee zu retten, was zu retten war. Der letzte Versuch, die Panzerarmee bei Marsa Matruch aufzuhalten, war fehlgeschlagen, und so blieb in der Tat als einzige Widerstandslinie die Stellung von el Alamein. Hier fand er die alte australische Elite vor, die einst Tobruk so tapfer verteidigt hatte. Sie war ausgeruht, aufgefüllt und neu ausgerüstet worden. Mit ihr waren indische Verbände aus dem Irak an der Front eingetroffen. Es sah daher nicht gar so hoffnungslos aus, und General Ritchie konnte immerhin daran denken, den Gegner so lange aufzuhalten, bis seine durcheinander und auseinander geratenen Einheiten neu geordnet sein würden. Zunächst stopfte er alles in die Stellungen hinein, was zurückkam. Im Norden, an der Küste, standen die Australier. In das Zentrum waren die Reste der Südafrikaner gerückt, an die sich indische und endlich die neuseeländischen Verbände anschlossen. Lücken zu stopfen oder kritischen Situationen zu begegnen, dafür waren die Reste der Panzerdivisionen und vor allem eine neue Einheit bestimmt, deren Kampfwagen soeben aus den Fabriken gekommen und mit den jungen Besatzungen aus dem Mutterland gelandet worden waren.

Vertrauensvoll sah mithin die Lage nicht aus. Erschöpft, leergebrannt, ausgepumpt und niedergeschlagen, war diese 8. Armee nur noch ein Zerrbild ihrer einstigen Stärke. Alle Mühen, alle Opfer, alle stolzen Erfolge waren umsonst gewesen. Sie war ungeachtet ihrer harterkämpften Siege und ihrer zunächst zahlenmäßigen Überlegenheit in einem Augenblick geschlagen worden, in dem sie den Preis ihrer Tapferkeit bereits in der Tasche zu haben geglaubt hatte. Drohte sie nun, ihr Selbstvertrauen einzubüßen?

Fast schien es so, denn ein Tagesbefehl Auchinlecks, während der Offensive erlassen, ließ darauf schließen. Er stellte ein höchst seltsames Dokument dar. Vielleicht würde man heute vorziehen, diesen Befehl nicht erlassen zu haben. Aber er war von so schönem

Freimut, daß er weder dem Verfasser noch dem Feinde, dem er galt, Abbruch zu tun vermag. Vor allem kennzeichnete dieser Befehl treffend die geistige Atmosphäre jener Zeit:

„An alle Leiter und Chefs der Stäbe vom H.Qu. und BTE, und MEF.

Es besteht die wirkliche Gefahr, daß unser Freund Rommel zu einer Art Zauberer oder Kinderschreck für unsere Truppen wird, denn sie sprechen zu viel von ihm. Er ist auf keinen Fall ein Übermensch, obgleich er wirklich sehr energisch und fähig ist. Aber selbst wenn er ein Übermensch wäre, bliebe es höchst unerwünscht, daß unsere Leute ihm übernatürliche Kräfte zuschreiben.
Ich fordere Sie auf, mit allen nur möglichen Mitteln den Eindruck zu verwischen, daß Rommel irgend etwas mehr darstellt, als ein gewöhnlicher deutscher General. Die Hauptsache ist jetzt, dafür Sorge zu tragen, daß nicht immer von Rommel gesprochen wird, wenn wir den Feind meinen. Wir müssen auf „die Deutschen" Bezug nehmen oder auf „die Achsenstreitkräfte" oder auf „den Feind", nicht aber immer betont von Rommel sprechen. Bitte achten Sie darauf, daß dieser Befehl unverzüglich befolgt wird, und legen Sie allen Kommandeuren nahe, daß diese Angelegenheit vom psychologischen Standpunkt aus besonders wichtig ist.

> *gez.: C. J. Auchinleck, General,*
> *Oberbefehlshaber der Mittelostkräfte.*

p. s. Ich bin nicht eifersüchtig auf Rommel."

Betr.: Moral.
An alle I c.
„Unter Bezugnahme auf Verfügung..... weitergegeben zur Kenntnisnahme und sofortigen Veranlassung.
gez.: Calt, Adjt. M.E.F."

In der Stunde der größten Bedrängnis hatte die 8. Armee allerdings einen starken Trumpf in der Hand behalten, der jetzt von höchster Bedeutung wurde.
Ihre Luftwaffe war nämlich völlig intakt geblieben, und sie war ein um so schärferes Schwert geworden, weil sie auf den Häfen unmittelbar hinter der Front auch ihre unausschöpfbaren Versorgungszentren in Besitz hatte, während die deutschen fliegenden Verbände immer noch weit im Hinterlande lagen und Wochen brauchten, um ihren ganzen komplizierten Apparat in die Nähe der Front zu verlegen. So erwies sich die englische Luftflotte als das im

Augenblick wirksamste Abwehrmittel. Im kleinen spielte sich in diesen Wochen gewissermaßen ab, was sich zwei Jahre später im großen und nun in seiner ganzen verhängnisvollen Schwere in der Normandie ereignen sollte. In pausenlosen Tag- und Nachteinsätzen stürzten sich Bomber und Jäger auf die Achsentruppen, die ihnen wehrlos ausgeliefert waren.

Das Kräfteverhältnis beider Armeen, die sich am 1. Juli gegenübertraten, war fast gleich. Es war nicht zu übersehen – auch die Panzerarmee war am Rande ihres Leistungsvermögens. Natürlich war sie nicht niedergeschlagen. Trotz der übermenschlichen Strapazen der letzten Wochen war sie vielmehr tatendurstiger als je und entschlossen, den Sieg auszunutzen und, endlich im Banne Alexandrias, zu krönen. Aber die Reihen hatten sich gelichtet. Die Fahrzeuge waren zusammengeschmolzen. Die Panzer glichen nur noch einem kümmerlichen Rest der einst so stolzen Armada. Die Auffrischung durch die erbeuteten Bestände in Tobruk änderte an diesem Zustande nichts. Jedenfalls waren am 1. Juli nur 12 deutsche Panzerwagen gefechtsbereit. Durst, Hunger, Entbehrung jeder Art, das alles hatten die Deutschen wie die Tommies durchstanden. Niemand war in der Wüste bevorzugt. Zwar war wiederholt behauptet worden, die deutschen Truppen seien durch irgendwelche Treibhausexperimente auf die Hitze trainiert worden, allein die nervenzerfressenden Sandstürme und die auslaugende Glut dieses Sommers überfiel Gerechte wie Ungerechte und daher die Panzerarmee nicht weniger als die von gegenüber. Im Gegenteil, neue Truppen wurden vom europäischen Kontinent ohne jede Vorbereitung mitten in den Sommer Afrikas verpflanzt. Nicht nur der Kampf, auch Krankheiten lichteten die Reihen. Und jetzt legte sich zum erstenmal wieder fast lähmend der Mangel an Nachschub über die Divisionen.

Die 8. Armee mußte ihr gesamtes Material über einen Weg heranführen, der um ein vielfaches länger war als der Weg der Panzerarmee oder gar der italienischen Korps. Sie erhielt aber gleichwohl ihren Bedarf nicht nur schneller, sondern auch gründlicher. Das lag nicht daran, daß Rommel seinem Hauptversorgungshafen gewissermaßen davongelaufen war und die Nachfuhr durch die Wüste wieder zum unlösbaren Transportproblem wurde. Es lag weit mehr daran, daß der Nachschub vom Festland selbst ungenügend blieb. Denn auch in dieser Zwischenzeit war weder die Schiffsraumfrage noch die der Begleitsicherung gelöst worden. Es war alles beim alten geblieben. Und so hatten beide Gegner ihre, wenn auch verschiedenen Sorgen. Welche schwerer wogen, sollte sich freilich nur zu bald herausstellen.

Während die ersten Strahlen der Sonne einen neuen Tag betäubender Glut ankündigten, und während die englischen Bomberverbände wie ein überirdisches Grollen die Luft vibrieren machten, traten das DAK und die 90. Leichte am 1. Juli zu ihrem ersten Angriff auf el Alamein an. Er kam zunächst gut vorwärts und um 17 Uhr wurde der große Stützpunkt Bir el Schein von der 21. PD. genommen. Zahlreiche Inder der 8. Irakdivision gingen in die Gefangenschaft. Langsam aber verschob sich der Schwerpunkt der Schlacht an den rechten Flügel, an dem die 90. Leichte vorgebrochen war. Sie fand erbitterten Widerstand und bis zum Mittag hatte sie ihre gesamte Artillerie durch Bomben verloren. Als sie, unterstützt von der schnell herangeführten Armeeartillerie, abermals antrat, geriet sie in ein Feuer, das von allen Seiten in ihre Reihen schlug. Vom Süden, vom Südosten, vom Osten und Norden schossen schwere Batterien. Die Luft war ein einziges Dröhnen und Orgeln. Ein Bomberverband, der sie wieder zum Ziele genommen hatte, konnte zwar durch deutsche Jäger rechtzeitig zum Abdrehen gezwungen werden, doch der Durchbruchsversuch der Division blieb im englischen Feuer liegen.

In der Nacht wurde der Angriff im Mondschein fortgesetzt. Der Feind wehrte sich. Fünf Stunden ließ er Bomben auf die deutschen und vor allem auf die italienischen Divisionen prasseln, die im Sanddünengelände stecken geblieben waren. Doch der Angriff mußte durchgezogen werden, denn am Abend des 1. Julis war vom Fliegerführer Afrika eine höchst bedeutsame Meldung eingetroffen. Die englische Fotte hatte den Hafen von Alexandria verlassen. Hafen und Quais lagen leer und verödet. Das bedeutete mit anderen Worten, daß der Gegner nicht mehr mit einem Abwehrerfolg rechnete und sich auf die völlige Niederlage vorbereitete. Man gab auf. Auchinleck und Ritchie waren am Ende ...

In der Tat, der Sieg winkte, ein vollständiger Sieg, denn mit Ägypten mußte die ganze englische Position im Mittelmeer zusammenbrechen. Malta wurde sinnlos, Gibraltar nur noch ein einsamer Felsen vergangener Herrlichkeit. So oft auch behauptet worden war, die Panzerarmee kämpfte nur auf einem Nebenkriegsschauplatz, dann nämlich, wenn es galt, Rückschläge oder Niederlagen zu bagatellisieren, oder wenn um die Mittel ersucht wurde, den Kampf zu ihren Gunsten entscheiden und beenden zu können, so erwies sich jetzt deutlich die Möglichkeit, den Krieg in Afrika zu entscheiden.

So wurde der Kampf am 3. Juli weitergeführt. Bei trübem Wetter liefen auch die britischen Bombenangriffe weiter. Ein Gegenstoß bei Bir el Schein wurde abgewiesen, 30 englische Panzer dabei

esuch beim Mufti

ardia

Das Kamel für das Abendessen

Ein Marabu — ein Heiliger

Besuch am Morgen

abgeschossen. Die tapfere 90. Leichte aber hatte am Abend den Rand der betonierten Anlagen und der eingebauten Panzer vor der Alameinstellung erreicht. Doch hier blieb sie stecken. Sie war am Ende ihrer Kraft. Sie verfügte nur noch über 58 Offiziere, 247 Unteroffiziere und 1023 Mann.

Vor der Front des DAK, rechts der Straße, war mittlerweile ein Verband von hundert Panzern abgewehrt worden und gleichzeitig verschob sich die ganze Kraft des deutschen Stoßes von der 90. Leichten in diesen Raum, auf den Berg el Ruweisat, auf den sich allerdings auch die zusammengeballte Abwehr des Feindes konzentrierte. Damit war der direkte Stoß auf el Alamein nach vergeblichem Kampf eingestellt worden. Trotz dieses Abwehrerfolges der Engländer war die Entwicklung der Schlacht keineswegs ungünstig. Aber da brach in der folgenden Nacht unerwartet eine Krise herein.

Beim XX. Korps waren die Neuseeländer wie ein Sturmwind über die Ariete hergefallen. 28 Geschütze von 30, Hunderte von Gefangenen und 100 Lastwagen waren in ihren Händen geblieben. Der Rest der Division hatte seine Waffen weggeworfen und war haltlos und kopflos nach Westen in die Wüste geflohen. Zunächst schien es, als bahnte sich hier ein umfassender Gegenstoß an, der in die rechte Flanke des DAK treffen sollte. Sofort wurden daher deutsche Panzer zum Gegenstoß angesetzt, überrollten die Neuseeländer und nahmen ihre Masse gefangen. Kurz darauf wurde gemeldet, ein starker Panzerverband – und zwar jener neu aus England eingetroffene, der die Neuseeländer unterstützen und ihren Einbruch erweitern und ausnutzen sollte – stelle sich rückwärts der deutschen Linien in einem Wadi bereit. Ohne Zaudern drehten die deutschen Panzer ab und innerhalb weniger Minuten war auch die Masse der feindlichen Panzer zerschlagen. Von der Höhe der Wadiränder herab wurden sie mit einem Eisenhagel der 8,8-Flak und der Panzerkanonen überschüttet. Ehe der Feind zur Besinnung hatte kommen können, waren ihm rund 100 Panzer zerstört worden.

Die Gefahr war gebannt. In der Nacht zum 4. Juli mußte gleichwohl der Angriff, der weitere Erfolge am Ruweisat eingetragen hatte, abgebrochen werden, da für den Flankenschutz der Durchbruchskräfte hier im Norden ein Angriffsverband herausgelöst werden mußte, um die Aufgabe der Ariete zu übernehmen. So war bei den sinkenden Gefechtsstärken die Fortführung des Angriffs unmöglich und die Truppe sollte sich daher erst einmal ordnen und mit Munition aufpumpen, die in den letzten Tagen immer spärlicher nach vorne getröpfelt war. Ganze Einheiten der Armeeartillerie waren bereits leergeschossen.

Englische Panzer, in der Meinung, es handele sich um einen Rückzug, brachen bei der Ablösung der 21. PD. mit 40 schweren Kampfwagen durch. Die Pak und die Artillerie der Division waren ohne Munition und auch die 8,8 hatte sich bald verschossen. Nur eine einzige Gruppe der Armee-Artillerie verfügte noch über eine bescheidene Ausstattung. Sie wurde in höchster Eile vorgezogen. Ein deutsches Infanterieregiment wurde überrollt und es sah böse aus. Aber der Engländer, sich dieser üblen Lage beim Gegner nicht bewußt, nutzte seinen Erfolg nicht aus. Um 16 Uhr wurden seine Panzer zurückgetrieben, einige abgeschossen und als man sich den Schaden besah, hatte das Regiment 50 Vermißte. In der Nacht halfen dann unerwartet die Götter der Wüste. Nahe Bir el Schein wurden 1500 Schuß 8,7-Beutemunition gefunden und an der Küstenstraße 500 15-cm-Granaten. Nach Mitternacht trafen auch die Kolonnen von Tobruk ein. Es war noch einmal gut gegangen. Doch wie lange würde es weiter gut gehen?

Der Durchbruch war befohlen. Der Befehl würde ausgeführt werden und die Truppen würden ihr Bestes geben. Aber Rommel war sich keinen Augenblick darüber im Zweifel, daß der Stoß durch die feindliche Festung das Problem nicht lösen würde. Der Krieg begann zu einem reinen Nachschubproblem zu werden. Die Ereignisse am 3. und 4. Juli hatten es gezeigt. Würde es den Sieg nicht leichtfertig aufs Spiel zu setzen heißen, wenn er um jeden Preis jetzt einen Erfolg erzwang, um dann mit seinem letzten Panzer und einem letzten Lastwagen in Alexandria anzukommen? Und würde, wartete er zu lange, nicht eine Ermüdung der Truppe eintreten, eine, wie Clausewitz sich einmal ausgedrückt hatte, durch die Dauer der Handlung nach und nach hervorgebrachte Erschöpfung der physischen Kräfte und des Willens? Die Überlegenheit der Panzerarmee – und zwar durchaus keine materielle – hatte sie bis in die Reichweite des Nils geführt. Diese Offensive war – so widerspruchsvoll das auch klingen mag – der defensiven Aufgabe des Expeditionskorps entsprungen, die nur im Angriff zu lösen war. Denn irgendeine lineare Verteidigung zur Sperrung bestimmter Gebiete war in der Wüste nun einmal nicht möglich oder konnte doch wenigstens nicht von Dauer sein. Das Gleichgewicht mußte also durch offensive Schläge gehalten werden. Deshalb auch hatte Rommel im Januar 1942 seinen so überraschenden Gegenangriff zur zweiten Eroberung der Cyrenaika begonnen. Er mußte den Ausgleich schaffen und sah sich gezwungen, zu handeln, ehe die 8. Armee ihren Nachschub hatte aufbauen können. Sehnsüchtig blickte er auf das Meer, über das der Nachschub, frische Kräfte, Verstärkungen und die Kampfmittel kommen mußten, um den

Sieg dieser großen Bewegungsschlacht durch die Wüste abzuschließen.

Nichts geschah . . .

Warum, muß erneut gefragt werden, war unter ungeheuren Opfern
Kreta besetzt und eine weitere Reihe von Inselgruppen erobert
worden, wenn man den Besitz dieser Inseln jetzt nicht ausnutzte,
um von dort zu Hilfe zu eilen? Eine deutsche Fallschirmjägerdivision
oder auch nur ein Teilchen davon in Alexandria abgesetzt, hätte
vollauf genügt, um drüben ein Chaos hervorzurufen und die Pforten von Alamein zu öffnen. Hatte man die Inselspringerei um
ihrer selbst willen unternommen und zu keinem anderen Zwecke
als dem, Truppen auf ihnen zu unterhalten, die sich nun damit
beschäftigten, Olivenöl nach Hause zu schicken? Warum war Malta,
dessen Garnison übrigens nur aus einer Handvoll Infanteriebataillone bestand, Tag und Nacht gebombt worden, wenn die Truppen
der Achse nicht kamen, endlich die Insel in Besitz zu nehmen?
Immer wieder hatte es – selbst auf dem Schlachtfeld von Alamein – Konferenzen mit dem Oberbefehlshaber Süd, Feldmarschall Kesselring, mit General Graf Cavallero und anderen
hohen Offizieren des italienischen Führungsstabes gegeben. Man
brachte gute Ratschläge, noch bessere Wünsche und gab dabei stets
der Zuversicht lebhaften Ausdruck, daß es die Panzerarmee und
Rommel schon schaffen würden. Dann flog man in das angenehme
Leben nach Rom zurück und nichts änderte sich. So oft der Marschall auch das Nachschubproblem als das A und O dieses Feldzuges darstellte und eindeutig seine Bedingungen für die Fortführung des Kampfes darlegte, man kaute die Fragen bis zum Über-
drusse durch, entschied, „das Möglichste" solle geschehen, und
dabei blieb es.

Und was war das Möglichste?

Es wurden Truppen herangeführt und Lücken gestopft. Aber es
langte nicht einmal, um die Verluste auszugleichen und die Fehlstellen waren in dieser Zeit niemals geschlossen worden. Man hatte
in Berlin wohl von Anfang an gedacht, mit einem Wenig ein Viel
erreichen zu können. Die Logik dieses Krieges – wie aller langen Kriege – verlangte bald ein Mehr. Statt es zu gewähren und
mit allen Kräften der drei Wehrmachtteile an eine schnelle Erledi-
gung der Auseinandersetzung zu gehen, glaubte man immer wieder, den Versuch wagen zu können, mit kleinen Beihilfen sich
durchzuretten und mit kleinen Aushilfen sich durchzulügen. Dieses
„Noch-ein-Bißchen" und „Noch-ein-Bißchen" genügte in dem gleichen Maße nicht, in dem der Gegner, aus dem Vollen bedenkenlos
schöpfend, daran ging, mit ganzen Maßnahmen Auchinleck zu unter-

stützen. Man hatte drüben gewiß viele schwere Fehler gemacht. Man hatte Rommel sogar unterschätzt. Aber man hatte gelernt, und in der Stunde höchster Not, im Juni und Juli 42, wurde ohne jeden Verzug und ohne jede bürokratische Hemmung von oben her eingegriffen. Afrika sollte haben, was es brauchte, und wenn es sein mußte, sogar noch mehr.

Rommel aber bekam nicht, wessen er bedurfte. Es war, wie man so schön zu sagen pflegt, zum Sterben zu viel und zum Leben zu wenig. Denn über allem, was hier geschah, stand im Hauptquartier Hitlers der Osten, dessen unendliche Weite alle Augen magnetisch anzog. Er war zu einem Faß ohne Boden geworden, der Menschen und Material verschlang. Da dieser Krieg in Rußland trotz materieller und zahlenmäßiger Überlegenheit der Roten Armee zunächst nur Erfolge eingetragen hatte, glaubte man, seine Bedingungen und Maßstäbe auch auf Afrika anwenden zu können.

In dieser schwierigen Lage fand Rommel aber noch ein weiteres starkes Hemmnis auf seinem dornenreichen Weg. Er war ein deutscher General, und als solcher empfing er seine Befehle von Hitler. In Wirklichkeit stand er zwischen Italienern und Deutschen, zwischen Hitler und Mussolini, von denen beiden er als Oberbefehlshaber einer deutsch-italienischen Armee seine Richtlinien und Befehle erhielt. Waren sie auch aufeinander abgestimmt, so widersprachen sie sich häufig in ihren Absichten und Tendenzen. Zudem mußte der Marschall mit allem Takt und unendlichem Feingefühl bei den italienischen Stäben und Truppen lavieren. Immer wieder enttäuschten sie und oft wurden sie zu einer Belastung. Aber sie waren nicht zu entbehren.

Wo Krisen entstanden oder Durchbrüche gelangen, es war fast regelmäßig bei den Italienern. Deutsche Verbände hatten dann die Lage wieder herzustellen und das Durcheinander glattzubügeln. Gleichwohl mußte mit Samthandschuhen vorgegangen werden. Die vier deutschen Divisionen waren auf ihre Bundesgenossen angewiesen.

Es lag auch jetzt, nach anderthalb Jahren des Wüstenkrieges, gewiß nicht am schlechten Willen dieser Soldaten, dem Kampfe gerecht zu werden. Sie waren nicht feige. Sie waren nicht tapfer. Sie waren einfach entmutigt, in sich uneins. Mit deutschen Verbänden gemischt eingesetzt, hatten sie sich bewährt und tapfer geschlagen. Allein auf sich gestellt, versagten sie nach wie vor. Sie waren auch jetzt ohne Zutrauen zu sich, zu ihren Offizieren und ihren Waffen. Noch immer gab es drei verschiedene Verpflegungsrationen, während bei der Panzerarmee vom ersten Tage ab General und Panzerschütze sich brüderlich die gleichen widerlichen Ölsardinen und das gleiche zähe

Büchsenfleisch mit dem Aufdruck „AM" geteilt hatten. (Die Truppe nannte es „Alter Mann", die Humanisten darunter „Asinus Mussolini".) Die Absonderung des Offizierskorps war aber in einem Kriege vollends unmöglich, in dem der Feind und die Bedingungen der Wüste keinen Unterschied zwischen den Dienstgraden machten. Das ganze Geheimnis der deutschen Divisionen beruhte, neben dem vorzüglichen Stande der Ausbildung, in der Einheit zwischen Offizier und Mann. Beide waren nicht nur an der Front, sondern auch in der Front. Es gab keinen Divisionskommandeur, der nicht mit den Angriffsspitzen zusammen die Wüste durchquert hatte. Bis zum letzten Soldaten war das Prinzip der Eigenverantwortlichkeit immer neu gepredigt und ihm eingeimpft worden. Bis zum Obergefreiten handelte jeder Unterführer nach Lage der Dinge selbständig, sobald ein eigener Entschluß erforderlich war. Es gab nur das Beispiel, das als erster Rommel gab, aber es gab keinen Kadavergehorsam. Und wenn der Engländer die deutschen Truppen als „Nazis" bezeichnete, so war der Nazismus mit seinen Blüten in der Wüste völlig gegenstandslos. Er war hier uninteressant. Sie glaubten an Rommel, und sie glaubten an Hitler. Sie glaubten auch an ihre gute Sache und an einen sauberen, anständigen Kampf. Aber nicht, weil sie aus „Nazis" bestand, war die Panzerarmee gut, sondern weil die Soldaten des DAK eine Einheit in Führung und Truppe bildeten.

Diese Einheit kannte das italienische Heer nicht, in dem Standesunterschiede und soziale Grenzen als selbstverständliche Gegebenheiten erschienen. Und so mußte erklärlicherweise der Soldat versagen, wo der Offizier versagte. Er sah nach ihm und was er da erblickte, war im allgemeinen nicht ermutigend. Niemand hatte ihm gesagt, wenigstens so, daß es überzeugend gewirkt hätte, warum er eigentlich in dieser verteufelten Wüste einen Krieg führen mußte, den er nicht gewollt hatte. Des Duce Reden von der Größe des italienischen Imperiums waren gewiß schön und imponierend. Hier draußen nahm sich das alles ganz anders aus, jedenfalls nicht schön und nicht imponierend.

Die italienischen Korps, die sich bemüht hatten, seit der Offensive aus der Gazalafront mit durchzuhalten, hatten in ihrer Masse den Kampf in seiner ganzen Schwere nicht zu führen brauchen. Es hatte nur das mot. Korps schwere Verluste zu verzeichnen, die durch rollende Bombenangriffe und die Ereignisse der ersten Julitage entstanden waren. Die Ariete und die Littorio besaßen zeitweise nur noch je fünf Panzer, diese ein Geschütz, jene noch zwei. Damit blieb als einzige intakte Panzerwaffe die deutsche, intakt nur nach jenen reichlich verworrenen Begriffen von Alamein. Die rollenden Bombenangriffe und das Vernichtungsfeuer der schweren englischen Artillerie – am 6. Juli fielen auf den Abschnitt eines Panzerregiments allein 3600 Schuß – und als Folge das Zusammenschrumpfen der Verbände – das Schützenregiment 115 verfügte noch über zwei Kompanien – hatten ihre Wirkung nicht verfehlt.

Am 8. Juli besaß das DAK mit der 15. und 21. Panzerdivision noch insgesamt 50 Panzer, je Division ein Schützenregiment zu etwa 300 Mann und 10 Pak, sowie je Division ein Artillerieregiment mit 28 Geschützen.

Die 90. Leichte verfügte mit vier Infanterieregimentern noch über insgesamt 1500 Mann, 30 Pak, sowie über 2 Batterien zu je vier Geschützen.

Die drei Aufklärungsabteilungen zählten zusammen 15 Panzerspähwagen, 20 gepanzerte Transportwagen und zwei Batterien.

Die Armeeartillerie hatte noch vier leichte und elf schwere Batterien und die Flakdivision 26 Geschütze 8,8 cm und 65 leichte 2-cm-Geschütze.

Das XX. mot. Korps bestand aus zwei Panzerdivisionen und einer dritten mot. Division. Es setzte sich jetzt aus 54 Panzern, 8 Bataillonen mit insgesamt 1600 Mann, 40 Pak und aus sechs leichten Batterien zusammen. Das X. und das XXI. Korps meldeten elf teilmotorisierte Bataillone zu je 200 Mann, ferner 30 leichte und fünf schwere Batterien. Dazu trat noch die italienische Armeeartillerie mit vier schweren Batterien.

Gleichwohl wurde der Kampfgeist der Truppe nicht gelähmt. Am Südflügel wurde die 5. indische Division unter schweren Verlusten geworfen, ein neuer Umfassungsversuch im Zusammenwirken mit der Luftwaffe vereitelt. Diese wenigen Tage der Verteidigung hatten jedoch genügt, um inmitten ständiger Gegenangriffe und eines nicht endenden Bombenregens die nötigen Umgruppierungen abzuschließen. Am 9. Juli stand die Panzerarmee zu neuen Angriffen bereit.

Wieder bebte die Erde und zuckte das Mündungsfeuer der Batterien über dem Horizont. In das Toben und Heulen der Granaten mischten sich die Detonationen englischer Bomben und das Singen stürzender Stukas. Am frühen Morgen wälzten sich die Staubwolken angreifender Panzer auf die englischen Stellungen zu, über denen noch immer die Feuerglocke der Artillerie lag.

Der Angriff galt dem Südteil der Alameinfront. Sie wurde durchbrochen, ein durch Minenfelder und zahlreiche Kampfanlagen gesichertes, vorzüglich ausgebautes Befestigungswerk im Sturm genommen. Die weiter vordringenden Truppen fanden dabei das Werk Gabr el Abd mit allen Anzeichen überstürzter Flucht geräumt.

Das war unverständlich, denn es bot hervorragende Abwehrmöglichkeiten in günstigem Gelände, verfügte über Betonbunker und gute Schützenstände. Viel Material, viel Munition und Tausende von Fliegen war alles, was die Truppe noch vorfand.

Ritchie antwortete am nächsten Tage mit einem Stoß gegen den Nordriegel zwischen Meer und Küstenstraße. Die Division Sabrata wurde auseinandergetrieben und zum großen Teil, ohne Widerstand zu leisten, gefangengenommen. Wieder entstand eine kritische Lage, denn zwischen Meer und Küste klaffte plötzlich ein Loch, durch das hindurchzustoßen und den Nachschub der Armee durcheinanderzubringen ein leichtes gewesen wäre, hätte der Gegner nur mehr taktische Wendigkeit besessen. Rommel eilte mit einer Kampfgruppe der 15. PD. und seiner eigenen Kampfstaffel sofort herbei. Er traf auf die Kampfgruppe Marx, die das Loch bereits gestopft und acht, eben aus der Werkstatt zurückkehrende Panzer ins Gefecht geworfen hatte.

Am 11. Juli wiederholte sich das gleiche Drama, bei dem zwei italienische Bataillone verloren gingen. Dieses Mal wurde 8,8-Flak in die Lücke entsandt, die sofort abriegelte. Im Gegenstoß wurde die alte Stellung zurückgenommen und die australische Division wieder herausgeworfen. Im Süden wurde der el Ruweisat gewonnen und die Front um etwa 10 Kilometer vorverlegt. Mit letzter Kraft und starker Erbitterung wurde um den Besitz der Vorstellungen gekämpft. Im undurchsichtigsten Sandsturm trat hier die 21. PD. an, doch verpaßte sie eine einmalige Gelegenheit. Der Ghibli, der dem Feinde jede Sicht nahm, und die Wirkung massierter Stukaangriffe blieben ungenützt. Die in breiter Fläche vorgehenden Verbände fanden sich nicht mehr zurecht. Die Division mußte sich absetzen und in ihre Ausgangsstellungen zurückgehen.

Jetzt hob das alte Spiel von Angriff und Gegenangriff wieder an, bei dem doch keine Partei zum Zuge kam. Am 15. Juli brach ein Gewitter über die Brescia her und rieb sie völlig auf. Zwei Tage später ging es auf die Trento und die Trieste los, um von dieser Stelle aus die deutsche Front nach Süden aufreißen zu können. Die Masse des italienischen X. Korps war damit vernichtet. Gelang dem Feind jetzt die Wegnahme von Bir el Schein, so war die gesamte Front der Armee in zwei Teile gespalten. Doch wieder konnten im Gegenstoß die Durchbrüche abgeriegelt und der Feind geworfen werden. Die englische Führung unterlag stets dem gleichen Fehler. Statt einen Einbruch sofort auszunutzen, wartete die Stoßtruppe auf die zweite Welle oder blieb, entsprechend ihren begrenzten Aufträgen, stehen. Das war die vornehmste Ursache für die immer erfolgreichen Gegenmaßnahmen.

Alle Kräfte mußten aufgewandt werden, um die starken englischen Angriffe abzuwehren, wobei zahlreiche Panzer vernichtet und 1200 Gefangene eingebracht wurden. Aber es kostete auch deutsche Verluste und die Reihen des DAK wurden von Tag zu Tag dünner.

Mitten in eine dieser Krisen kam Generalfeldmarschall Kesselring mit Cavallero zu einer Beratung mit dem Marschall. Wieder wurden viele Worte gemacht, wurde viel Schmeichelhaftes gesagt, Vermutungen geäußert und Hoffnungen bezeugt, aber weder Kesselring noch der italienische General brachten irgend etwas Positives. Rommel verlangte energisch klaren und unzweideutigen Entscheid über den Nachschub. Er konnte nicht gegeben werden. Er hing von tausend Zufälligkeiten ab. Beide, Kesselring wie Cavallero, wußten, daß Befehle aus Berlin und aus Rom nur die eine Seite waren, die Durchführung der Befehle aber eine andere.

So gab Rommel, erfüllt von tiefer Sorge um die Dezimierung des DAK und um die Stehfähigkeit der italienischen Korps, kurzerhand Befehl, alle Angriffe einzustellen und sich auf die Verteidigung einzurichten.

Während der nächsten Tage konnte man den Marschall sehen, wie er von Höhe zu Höhe, von Stellung zu Stellung ging, selbst der kleinsten Einheit persönlich ihren Verteidigungsabschnitt zuzuweisen und die Rundumkampfstände zu kontrollieren. Es war eine mühsame Kleinarbeit, verbunden mit unvorstellbaren Strapazen, denn der Hochsommer brachte mit seinem ewig gleichbleibenden wolkenlosen Himmel schon am frühen Morgen eine lähmende Hitze. Aber die Kleinarbeit sollte ihre Früchte tragen. Zwei Großangriffe des Feindes wurden unter geringen eigenen Verlusten zerschlagen. Am 23. Juli waren allein 146 Panzer durch die deutsche Abwehr und die Minensperren vernichtet und 1400 Gefangene eingebracht worden. Ritchie mußte einsehen lernen, daß die Panzerarmee weder entnervt noch weich geworden war. Sie stand fest. Ruhmvoll hatten auch Italiener gekämpft. Im Werk Abu Sveis lagen Fallschirmjäger, eine italienische Elitetruppe, die alle Angriffe abgewehrt hatte. Rommel selbst wäre in der Kattarasenke beinahe von Bomben erschlagen worden.

Um 6 000 Tonnen Benzin

Herrschte bei der Panzerarmee über die Abwehrerfolge vom 23. und 27. Juli auch Hochstimmung, die Führung übersah genau, daß nur dann dieses Ringen entschieden und gewonnen werden konnte, wenn es gelang, schneller als Auchinleck, Reserven und Nachschub heranzuführen. Nicht Tüchtigkeit, nicht Mut, nicht Führungskunst waren jetzt wichtig. Es kam auf Verstärkungen an, auf frische Truppen, die Lücken auszufüllen, auf Brennstoff und Munition und abermals auf Brennstoff und Munition.

Die Gefechtsstärken ergaben am 1. August zwar ein anderes Bild als noch zu Beginn des Monats Juli. Befriedigend waren sie gleichwohl nicht.

Die 15. Panzerdivision zählte 225 Offiziere, 6182 Mann, 47 Pak, 36 Geschütze, 65 Panzer, 16 Spähwagen und 1805 Kraftfahrzeuge. Die 21. PD. besaß 290 Offiziere, 8706 Mann, 53 Pak, 47 Geschütze, 68 Panzer, 16 Spähwagen und 1604 Fahrzeuge. Die 90. Leichte verfügte über 133 Offiziere, 4679 Mann, 18 Pak, 19 Geschütze, 5 Spähwagen und 1441 Fahrzeuge, während die ersten Teile der inzwischen gelandeten Festungsdivision Kreta, der 164. Leichten Afrikadivision, 195 Offiziere, 6708 Mann, 45 Pak und 10 Geschütze hatten. Fahrzeuge waren noch keine eingetroffen. Die Armeetruppen bestanden aus 236 Offizieren, 6912 Mann, 85 leichten, 29 schweren Flak, 51 Geschützen und 1108 Fahrzeugen.

85 Prozent des Kraftfahrzeugbestandes war Beute, etwa 30 Prozent befand sich ständig in Reparatur. Diesen 1079 Offizieren und 33291 Mann der deutschen Divisionen standen folgende italienische Einheiten zur Seite:

Das X. Korps mit acht Infanteriebataillonen, fünf Artillerieabteilungen und einem Infanteriebataillon ohne Waffen, das XX. AK mit neun Infanteriebataillonen, einem Pakbataillon und neun Artillerieabteilungen, das XXI. AK mit acht Bataillonen Infanterie und 12 Abteilungen Artillerie. Dem XX. Korps fehlte die Hälfte seiner Fahrzeuge, weshalb nur vier Bataillone motorisiert waren. Hinzu kam die neuzugeführte Fallschirmjägerdivision mit je zwei Jäger- und Pakbataillonen. Das Bataillon zählte rund 1000 Mann.

An Verlusten waren seit Beginn der Gazalaschlacht Ende Mai entstanden:

deutsche Offiz.	verwundet	gefallen	vermißt
u. Mannsch.	521/ 8 505	272/2 636	75/3 985
Italiener	724/10 733	115/1 323	54/5 533

Die deutschen Fehlstellen betrugen noch immer 484 Offiziere, 2500 Unteroffiziere und 9000 Mann.

Wieder gab es daher Konferenzen, wieder Befehle, Zusagen und wieder Enttäuschungen. Und in diesen Tagen geschah es auch, daß Rommel, der siegreiche Marschall, zum ersten Male einen Gedanken aussprach, der ihn schon lange bewegt haben mochte, den Gedanken nämlich, daß mit dem Erreichen von el Alamein der Krieg in Afrika verloren sei.

Er wußte zu allem anderen aus seinen und auch aus des Gegners Erfahrungen, daß, wenn er jetzt seine Absichten nicht würde durchsetzen können, das Gesetz der Wüste sich wieder gegen ihn wenden mußte. Die großen Bewegungsschlachten in der Wüste waren bisher ohne Ausnahme gescheitert. Ihr Ziel, die Vernichtung des Gegners, war stets aus dem gleichen Grunde nicht erreicht worden. Vor dem letzten Waffengange war zu lange gewartet worden. Entweder waren die eigenen Kräfte durch die fortlaufenden Kampfhandlungen geschwächt und verbraucht, während die des Gegners mit dem Heranrücken an seine Versorgungsbasen wuchsen, oder es war zu lange gezögert worden, weil die Führung taktisch nicht wendig genug war, den Erfolg nicht auszunutzen verstand und, statt alles in die Waagschale zu werfen, den Weg der absoluten Sicherheit gehen wollte.

Diesen letzten Fehler hatten Graziani und dann Wavell begangen. Ritchie hatten beide Gründe veranlaßt, in Agedabia um die Jahreswende stehenzubleiben, wobei auch die englische Befehlsgebung eine Rolle spielte, die, zu schematisch und bis in das Kleinste gehend, der mittleren und unteren Führung zu wenig Selbständigkeit ließ und dadurch schwerfällig wurde. Jetzt erfuhr Rommel zum zweiten Male, daß ihm, wenn er nicht scheitern wollte, nur die Möglichkeit blieb, sofort zu handeln. Allzuviel Zeit war schon versäumt. Seine zweite Front war die letzten Monate hinten gewesen, und dort war der Krieg um den Nachschub geführt worden. Tiefe Skepsis erfüllte ihn nach den letzten bitteren Erfahrungen. War der Feind erst wieder am Zuge, wie er es im vergangenen Herbst und im Januar dann die Panzerarmee gewesen war, so würde es fast unmöglich werden, mit ausgebrannten Truppen ohne Benzinvorräte einen langen Rückzug zu meistern.

Auf englischer Seite wirkten sich bereits die weittragenden Beschlüsse des Kriegskabinettes aus. Verstärkungen und Nachschub strömten der 8. Armee zu. In der Führung vollzog sich ebenfalls eine Umgruppierung. An die Stelle Auchinlecks war General Alexander als Oberbefehlshaber im Mittleren Osten, an die Stelle Ritchies General Montgomery getreten. Noch einmal wollte Rommel daher einen letzten Versuch unternehmen.

Mit aller Sorgfalt wurden in den ersten Augusttagen die Angriffsvorbereitungen getroffen. Endlich hatte Rommel bündige Zusagen über die Sicherstellung des Brennstoffes und der Munition erhalten, so daß der Termin festgesetzt werden konnte, auf den Berlin und Rom drangen.

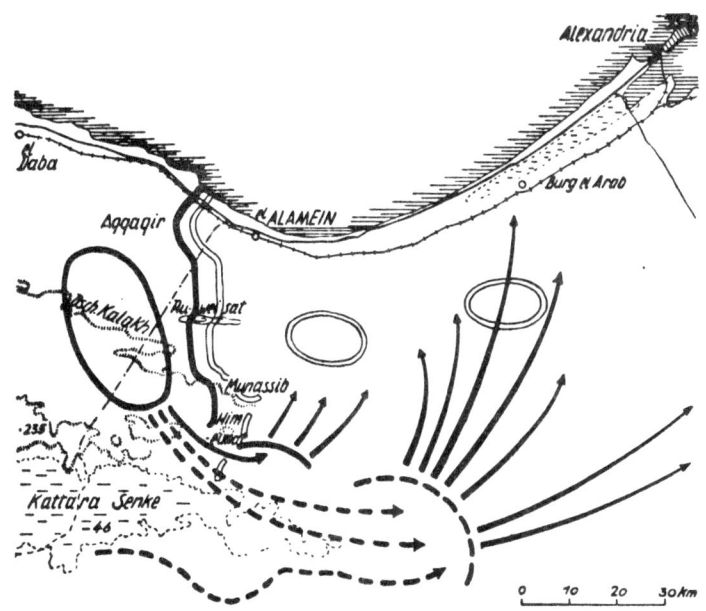

Rommels Durchbruchplan zum Angriff auf Alexandria

Am 18. August hatte Marschall Graf Cavallero bei einer Besprechung mit Kesselring und Rommel versprochen, bis zum Angriffs-
tage sechstausend Tonnen Benzin zu überführen. Rommel hatte
darauf hingewiesen, daß sich der Termin wohl um zwei Tage ver-
schieben ließe, daß aber länger nicht gezögert werden könnte, weil
für die Operationen der Vollmond ausgenutzt werden müßte. Würde
man einen weiteren Monat untätig verharren, so würde sich Montgomery in dieser Zeit entscheidend verstärken und die Armee zwingen, zur Verteidigung überzugehen.
In der Tat war jetzt die letzte Möglichkeit, zu handeln. Das Kräfteverhältnis war relativ günstig und auch der Zustand der Stellungen
erlaubte noch – ein wichtiger Gesichtspunkt – einen Durchbruchsversuch. Es konnte mithin mit den Vorbereitungen auch nicht
darauf gewartet werden, bis die nötigen Vorräte eingetroffen waren.
Eine Bevorratung auf längere Sicht hatte es niemals gegeben und
mit ihr war auch in Zukunft nicht zu rechnen. Es mußte also mit
den vorhandenen Versorgungssätzen angegriffen werden. Kam der

Nachschub, trafen die 6000 Tonnen Treibstoff ein, für deren Überführung sich das Commando Supremo verbürgt hatte, so war die
Schlacht auch mit vollem Erfolg zu Ende zu bringen.

Am 27. August fand eine neue Zusammenkunft mit dem Oberbefehlshaber Süd und dem Fliegerführer Afrika statt, bei der Rommel
abermals darauf hinwies, daß die Durchführung der Operation
allein von der Nachschubfrage abhinge und die Festlegung des
Termins vom Einlaufen der Dampfer mit den zugesagten 6000
Tonnen. Kesselring, stets bereit zu helfen, aber durch die Schwäche
seiner Luftwaffe beschränkt in seiner Kraft, bot aus seinen Bestän-
den 1000 Tonnen an. Zunächst aber wurde am nächsten Tage der
Dampfer „Jestria" mit Sprit und Material vor Tobruk torpediert.
Kesselring, abermals auf dem Gefechtsstand der Armee, sagte jetzt
die sofortige Überfliegung der Mangelmunition zu. Rommel aber
mußte sich schweren Herzens auf Grund der Versorgungslage entschließen, die Operation mit dem beschränkten Auftrag „Schlagen
der feindlichen Feldarmee" durchzuführen, sein weiter auf Alexandria gestecktes Ziel aber zurückstellen.

Am 30. August lief der Dampfer „Gualdi" mit 800 Tonnen Brennstoff in Tobruk ein. Kesselring, wieder bei Rommel, sicherte die
Überfliegung von weiteren 1500 Tonnen zu, so daß sich zwei bis
drei Versorgungssätze bei der Truppe, vier Sätze aber auf afrikanischem Boden befanden.

Um 22 Uhr, am Abend dieses Tages, traten die Divisionen der
Panzerarmee, die bis zum Vortage ihre Bereitstellungsräume ein-
genommen hatten, zum Angriff an.

Der Operationsplan war von der Natur und dem gegenseitigen
Kräfteverhältnis vorgeschrieben. Im Süden sollte durch Minenfelder
und Kampfstände der Durchbruch erzwungen werden. Dann, nach
dieser ersten Phase, sollten Panzer und mot. Verbände in einem
weiten Bogen zur Küstenstraße nach Norden schwenken und der
8. Armee in den Rücken stoßen.

Die zahlreichen tiefen Minenfelder und Minensperren waren indessen im Verlauf der ersten Angriffsnacht nicht zu beseitigen,
zumal die Angriffsspitzen auf neue, bisher nicht erkannte Anlagen gerieten, deren Räumung viel Zeit in Anspruch nahm. Erst am
Morgen standen die Truppen am Ostrand der Riegel, warfen die
7. englische Panzer-Division und erreichten einen Raum 28 Kilometer
südostwärts el Alamein. Nur das XX. Korps war nach dem Durchschreiten der Minenfelder liegengeblieben.

Furchtbar erhob sich die Drohung einer tödlichen Umfassung über
der 8. Armee. Aber entschlossen stemmten sich alle verfügbaren
Kräfte gegen die Wellen des heranflutenden DAK. Zugleich wurde

die gesamte Luftmacht aufgeboten. General von Bismarck, Kommandeur der 21. PD., fiel, General Nehring, Kommandierender General des DAK, wurde verwundet. Auf dem Schlachtfeld mußte General von Vaerst das DAK, Oberst Longershausen die 21. PD. und General von Randow die 15. PD. übernehmen. Unter Verlusten, aber unter Bodengewinn kamen die Divisionen langsam vorwärts.

In der folgenden, wieder mondhellen Nacht sollten die Truppen etwa 40 Kilometer ostwärts der Ausgangsstellungn nach Norden einschwenken, früher als zuerst vorgesehen war, doch es bedeutete eine Verkürzung des Angriffsweges, die sich als notwendig ergeben hatte. Denn einmal hatte die Überwindung der Minenfelder zu viel Zeit gekostet. Zum anderen waren die ständigen Bombardierungen zu einer ernsten Gefahr geworden. Und zum dritten hatte sich gezeigt, daß Montgomery nicht überrascht worden war. Gefangene bekundeten, daß der Angriffsplan durch einen italienischen Offizier verraten worden war.

Am Mittag des zweiten Tages hatte das DAK aufgetankt und seine Verbände neu geordnet. Es stieß weiter vor, riß die Panzerdivision Littorio mit, während die Trieste und die Ariete abhingen und das XX. Korps erst um 15 Uhr links rückwärts gestaffelt folgte, bis es endlich den Anschluß gewann. Die 90. Leichte richtete sich inzwischen befehlsmäßig in dem von ihr besetzten Raum zur Verteidigung ein. Die deutsche Luftwaffe zerschlug einen Verband von 150 Panzern, der sich zum Angriff in die Flanke der 15. PD. versammelt hatte.

Das Angriffsgelände, das vom DAK zu durchschreiten war, bestand aus tiefem Sand, der ungeheure Mengen Brennstoff kostete. Am Abend meldete das Korps, daß es von seinen drei Sätzen nur noch einen knappen Tagessatz besaß, ja daß die 15. PD. wegen Spritmangel ihren Angriff nicht fortsetzen konnte. In deckungslosem Gelände wurden die Verbände rollend durch die britische Luftwaffe angegriffen. Die deutschen Jäger vermochten zwar den Begleitschutz abzudrängen, sie konnten aber nirgends die Bomber an der Durchführung ihrer Aufträge hindern.

Und jetzt stellte es sich heraus, daß die für den 31. vom Commando Supremo zugesicherten Schiffe mit Brennstoff nicht eingetroffen waren. Sie waren versenkt worden. Mit weiterem Nachschub in dem notwendigen Ausmaß konnte nicht gerechnet werden.

Auch die Luftwaffe sah sich außerstande, die erforderlichen Mengen zu überfliegen. Sie konnte ihren Transportraum lediglich- zum Vorbringen des Treibstoffes von Marsa Matruch und Tobruk zur Verfügung stellen.

Drei Versorgungssätze befanden sich noch auf afrikanischem Boden. Kesselring, der auf dem Schlachtfeld erschienen war, hatte energisch auf die Weiterführung des Angriffes gedrängt, zumal das DAK dicht vor dem Ziele stand. Aber was nutzten guter Wille, Befehle, Pläne? Der Brennstoff reichte nicht aus. Die Truppe, den Preis greifbar vor Augen, konnte nicht weiter. Die Nachschubkolonnen warteten vergeblich im Hinterland auf ihre Ladungen.

So erging Befehl, den Angriff einzustellen, den erreichten Raum zu sichern und zu halten.

Waren in der Nacht von 23 Uhr bis zum Morgengrauen die Truppen schon ohne Unterbrechung gebombt worden, so ergoß sich an diesem Tage Welle auf Welle über das DAK. Auch der Nachmittag stand im Zeichen dieser pausenlosen Großangriffe. Und die Nacht zum 2. September wurde nicht besser. Da keine eigenen Nachtjäger zur Verfügung standen, war die Truppe diesen zermürbenden Hammerschlägen wehrlos preisgegeben.

Am 2. September wurde bekannt, daß der Dampfer „Abruzzi" mit Brennstoff zwischen Bengasi und Derna versenkt worden war. Die Versorgungslage verschärfte sich also abermals, und da die Luftlage für die Divisionen immer unerträglicher wurde und die wenigen eigenen Jäger gegen die Massen des Feindes einfach nicht aufkommen konnten, gab Rommel ohne Zögern den Befehl, die Schlacht abzubrechen, sich aus dem Rücken des Feindes zu lösen, in die alten Ausgangsstellungen zu gehen und unter Ausnutzung der englischen Minenfelder einen starken Brückenkopf zurückzulassen.

Montgomery fühlte nur zögernd nach. Angriffe gegen das italienische X. Korps wurden abgewiesen, ebenso alle Entlastungsvorstöße an den übrigen Frontteilen.

Die Brennstofflage ergab an diesem Abend folgendes Bild: Bis zum 5. September stand für jeden Tag ein Versorgungssatz zur Verfügung. Angekommen waren in den letzten Tagen vier Sätze (rund 2610 Tonnen, dazu 443 Tonnen Munition). Von den vom Commando Supremo zugesagten 6000 Tonnen waren 2600 versenkt worden, 1000 hatten Afrika erreicht und 1500 lagen nach wie vor in Italien. Der Rest war in der Verladung.

Während die englischen Luftangriffe weitergingen, zerschlug die deutsche Luftwaffe die Bereitstellung der 10. indischen Division vor den Stellungen des X. Korps und der 90. Leichten. Ein Angriff der Neuseeländer mit Panzern und Infanterie wurde abgewiesen und dabei der Kommandeur der 6. neuseeländischen Brigade gefangengenommen.

Am 4. September war die Umgruppierung der mot. Verbände planmäßig durchgeführt.

Ein positives Ergebnis hatte der Angriff aber doch noch gehabt. Er hatte zu einem wertvollen Geländegewinn geführt, der, als Ausgangspunkt für spätere Operationen bedeutsam, eine Bedrohung der englischen Südflanke bedeutete. Bei den Kämpfen selbst hatte die 8. Armee wieder 170 Panzer und Panzerspähwagen eingebüßt. Die eigenen Verluste und Ausfälle an Material waren niedrig geblieben, ja verblüffend gering, berücksichtigt man den feindlichen Materialeinsatz, vor allem an Bomben. Im ganzen konnte der Abwurf von 15 600 Bomben zu rund 930 Tonnen errechnet werden, die bei 18 000 Einzelflügen auf einen Raum von 12 bis 15 Kilometer Breite und acht bis zehn Kilometer Tiefe abgeworfen worden waren. In den fünf Nächten vom 30. 8. bis zum 4. 9. war das DAK insgesamt 24 Stunden lang gebombt worden. An den Tagen hatte es 51 Angriffe zu ertragen, wobei 3600 Bomben, in den Nächten 5600 Bomben gefallen waren. An Toten zählten die deutschen Truppen zehn Offiziere und 100 Mann, an Verwundeten fünf Offiziere und 300 Mann. 170 Kraftwagen und ein Panzer waren völlig zerstört, 270 Fahrzeuge und zwei Panzer zeitweise ausgefallen. Auch dieses Mal ergab sich, daß der Bombenkrieg vor allem eine Angelegenheit der psychischen Widerstandskraft gewesen war.

Nichts konnte aber darüber hinwegtäuschen, daß ein großer Aufwand nutzlos vertan, eine einmalige Chance verpaßt worden war. Der schwerste Teil der Aufgabe, der Durchbruch, war gelöst worden. Das DAK stand im Rücken des Feindes, bereit, sich auf die 8. Armee zu stürzen und sie zu vernichten. Alexandria winkte den Achsentruppen als Lohn. Das Ringen um den Besitz des Mittelmeerraumes wäre in wenigen Tagen, ja Stunden entschieden gewesen.

Es sollte nicht sein! Alles war umsonst gewesen. Was blieb, war die Erkenntnis, daß ohne grundlegende Veränderung der Versorgungslage an einen neuen Angriff nicht mehr gedacht werden konnte. Wann aber würde sie eintreten?
Die unglaubliche Tatsache, daß der taktische wohlvorbereitete Angriff aus Mangel an Nachschub und ungenügender Luftunterstützung gescheitert war, ließ keinen anderen Schluß zu, als daß Wochen, wenn nicht gar Monate vergehen würden, ehe die Panzerarmee die ausreichenden Mittel für ihren Kampf erhalten würde. Das bedeutete, daß sich in dieser Zeit Montgomery in einem Grade verstärkte, der ihn entweder den Kräften der Panzerarmee überlegen machen oder ihm gar die Möglichkeit geben mußte, nun selber die Initiative zu ergreifen.
Ein paar tausend Liter Benzin hatten eine Schlacht und wahrscheinlich noch mehr entschieden, bevor sie überhaupt geschlagen

war. Die Versenkung von drei Tankschiffen, deren Positionen durch den ständigen Funkverkehr der Schiffe vom Feinde jederzeit festgestellt werden konnten, hatte den Abbruch der Operation erzwungen.

Es ist später, ohne urkundlich belegt werden zu können, berichtet worden, die Schiffskatastrophe sei auf Verrat zurückzuführen. Wie dem auch sei, der gefährlich naive Funkverkehr auf italienischen Schiffen hat auf jeden Fall eine Rolle gespielt. Doch genauso war die unzulängliche Ausstattung der deutschen Luftwaffe zu berücksichtigen, die es unmöglich machte, genügenden Geleitschutz zu stellen. Es wird für die allgemeine Nachschubentwicklung aber noch eine andere Ursache angeführt.

Im Verlaufe des Krieges war es einigen Ingenieuren gelungen, Fähren zu konstruieren, die bereits 1940 zum Unternehmen „Seelöwe" gegen England vorgesehen sein sollten und die seither erheblich verbessert worden waren. Sie hatten, auf Pontons schwimmend und durch starke Motoren angetrieben, zwar keinen großen Laderaum, aber ihr geringer Tiefgang machte sie gegen U-Boote und ihre geringe Fläche sowie ihre starke Bestückung weit unempfindlicher gegen Bomber und Jäger als jedes andere oder größere Schiff. Mit ihnen waren fast überall Transporte erfolgreich durchgeführt worden. Diese Siebelfähren, wie sie nach dem Konstrukteur genannt wurden, sollten auch für Afrika verwandt werden. Es wurde die Zuweisung der entsprechenden Menge Stahl beim OKW beantragt und von Hitler selber an Speer Auftrag gegeben, die für einen Serienbau nötige Menge freizugeben. Das Durcheinander und Gegeneinander der ungezählten Produktionsausschüsse und Generalbevollmächtigten führte jedoch dazu, daß schließlich überhaupt nichts geschah. Der Bau der Siebelfähren in dem vorgesehenen Ausmaß unterblieb. Und das sollte sich noch einmal, am Ende dieses Feldzuges, bitter rächen.

In klarer Erkenntnis der Lage und ihrer Ausweglosigkeit ging der Feldmarschall mit der ihm eigenen Zähigkeit abermals daran, die Front auszubauen. Den Schwerpunkt legte er auf die Anlage dichter und miteinander verbundener Minenfelder. Sie sollten nicht zuletzt die Truppe schonen und eine dünne, menschensparende Besetzung der ersten Linie ermöglichen. Systematisch wurden deutsche und italienische Verbände gemischt. Bei den letzten Kämpfen hatte sich nämlich herausgestellt, daß der neu zugeführte italienische Ersatz – und es waren ganze Bataillone – erst wenige Tage zuvor im Bereiche der Front sein erstes Scharfschießen abgehalten hatte und daß Bataillonskommandeure an der Front Dienst taten, die seit dem Jahre 1918 keine Uniform mehr getragen hatten. Panzerbrechende Waffen fehlten auch weiterhin und ein Teil der Kanonen, aus der Zeit des ersten Weltkrieges stammend, waren ohne Beweglichkeit und hatten eine Reichweite von nur sechs bis acht Kilometern.

Rommel wies noch einmal mit allem Nachdruck darauf hin, daß spätestens im Oktober mit Montgomerys Gegenoffensive gerechnet werden müßte. Die 8. Armee hatte jetzt fünf Infanteriedivisionen und eine Panzerdivision eingesetzt. Im Nildelta standen zwei Infanteriedivisionen und eine Panzerdivision. Als Reserve, unmittelbar hinter der Front, waren weitere zwei Panzer- und zwei motorisierte Infanteriedivisionen eingreifbereit. Das bedeutete bereits jetzt eine erhebliche Überlegenheit der 8. Armee. Der Oberbefehlshaber forderte deshalb die Überführung einer weiteren Division, um die schnellen Truppen aus der Front herausnehmen und als bewegliche Reserve vorsehen zu können. Der Antrag wurde abgelehnt.

Langsam erstarrten die Fronten. Die Artillerie und die Bomberverbände übernahmen den Kampf. Einmal noch wurde ein starker Angriff gegen die deutschen und italienischen Fallschirmjäger und die Brescia geführt. Er wurde blutig abgewiesen und ein neuseeländischer General dabei gefangengenommen. Indische Überläufer, die mit dem Rufe „Ghandi" in den deutschen Linien erschienen, berichteten von der Zusammenlegung der 5. und 10. indischen Division, einem Zeichen, daß auch die 8. Armee unter den zermürbenden Kämpfen der letzten Wochen gelitten hatte.

Rommel, seit dem ersten Kampftag auf afrikanischem Boden, beschloß, zur Entscheidung der Nachschubfrage ins Führerhauptquartier zu fliegen und dann, dem Rat der Ärzte folgend, einen kurzen Urlaub zu nehmen. Zu seiner Vertretung entsandte das OKH General Stumme, einen kleinen, beweglichen und überaus energischen Mann, der bislang in Rußland ein Korps geführt hatte, dort aber abgelöst worden war, weil ein Offizier seines Stabes mit wichtigen Dokumenten den Sowjets in die Hände gefallen war.

Stumme brachte seinen besten Willen mit. Allein ihm fehlte jede Kenntnis und Erfahrung der Besonderheiten dieses Kriegsgebietes. Und deshalb sollte sich die Entsendung Stummes als ein Mißgriff erweisen.

Schiffe und Schiffsraum

Die einzige Einwirkungsmöglichkeit auf die Schiffstransporte, welche die Panzerarmee besaß, bestand in einer sogenannten Dringlichkeitsliste, auf der die Reihenfolge der Überführungen festgelegt wurde.

Unmittelbaren Einfluß auf die Verladungen hatte die Armee nicht.

Das Verhältnis des deutschen zum italienischen Transportraum betrug 1 : 1, verschob sich aber häufig zuungunsten des DAK. So wurde beispielsweise Anfang August die Masse der Division Pistoia mit 300 Fahrzeugen in Afrika gelandet, obwohl ihr Verladetermin erst in der zweiten Hälfte des Monats lag. Gleichzeitig wartete die im Kampf stehende deutsche 164. Division auf ihre Fahrzeuge aus Italien. Auch von den rund 1 000 Ersatzfahrzeugen des DAK hatte noch kein einziges afrikanischen Boden erreicht.

Das Verhältnis 1 : 1 war im übrigen stark anfechtbar. Nahm man den Anteil der kämpfenden Einheiten als Schlüsselung, so hätten die deutschen Truppen ihren Transportraum auf 4 : 3 erhöhen müssen. Von den 146 000 italienischen Soldaten, die in diesem Spätsommer in Afrika im Felde standen, waren nur 54 000 der Panzerarmee unterstellt, während 77 000 zum Befehlsbereich des libyschen Oberkommandierenden, Bastico, gehörten und in der Cyrenaika sowie in Tripolitanien Sicherungsaufgaben erfüllten. Die 15 000 Mann der Luftwaffe und der Marine waren etwa zur Hälfte im Befehlsbereich der Panzerarmee eingesetzt. Hier befanden sich 90 000 deutsche Soldaten aller Waffengattungen mit etwa 12 600 Fahrzeugen gegenüber rund 62 000 Italienern mit 3500 Fahrzeugen. (An der Front hatte die Armee, einschließlich rückwärtigem Gebiet, im Juli 48 000 und im September 54 000 Mann.) Der Bedarf an Nachschubgütern aller Art war dabei an der Front naturgemäß ein ganz anderer als im friedlichen Libyen. Das alles war nicht berücksichtigt worden.

Die Versorgungslage im August ergab folgendes Bild: Vom 1. bis zum 20. August hatten die Italiener über 15 000 Tonnen erhalten, die deutsche Luftwaffe 3 261, die deutschen Verbände der Panzerarmee aber nur 5 271 Tonnen, davon 2 854 Betriebsstoff und 482 Munition. Das entsprach einem Verhältnis von 3 : 5, nicht aber von 1 : 1. Der laufende Verbrauch des DAK betrug täglich 490 Tonnen, so daß also tatsächlich 9 800 nötig gewesen wären, um den Bedarf der deutschen Verbände zu decken. Nicht nur war keine Bevorratung möglich, sondern die Gesamtbestände hatten sich sogar um 4 600 Tonnen vermindert. Das war in einer Zeit geschehen, in der neue Operationen befohlen worden und täglich Gegenangriffe des Feindes zu erwarten waren.

Insgesamt wurden im August 8 470 Tonnen den deutschen, 25 672 den italienischen Truppen zugeführt. Dieses krasse Mißverhältnis wurde kaum dadurch gemildert, daß die Italiener davon 800 Tonnen für die Zivilbevölkerung vorgesehen hatten und 950 Tonnen Verpflegung den Deutschen zur Verfügung stellten.

In den ersten sieben Monaten des Jahres 42 hatte die Armee 107 000 Tonnen bekommen. Das ergab einen Monatsdurchschnitt von 15 000 Tonnen, genau die Hälfte des Bedarfes.

Die Krise wurde damit unvermeidbar. Sie wirkte sich sogar auf die Verpflegung aus. Die Brotrationen mußten herabgesetzt werden und sofort nahm der Krankenstand der Truppe zu, mit eine der Folgen der schlechten Ernährung. Allein ein Regiment der 164. Division zählte zeitweise 1 000 Kranke.

Für den September hatte die Armee zur Sicherung ihrer Versorgung angefordert: bis zum 10. 9. 2 000 Tonnen Munition, 3 000 Betriebsstoff, 2 000 Verpflegung, bis zum 20. 9. 4 000 Munition, 5 000 Treibstoff und 2 000 Verpflegung und bis zum Monatsende weitere 3 000 Munition, 4 000 Benzin und abermals 2 000 Verpflegung. Zu Beginn des Monats verfügte die Armee nur über vier Versorgungssätze, das heißt rund 2 400 Tonnen Brennstoff. Am 28. August waren drei Dampfer versenkt worden und von 2 400 Tonnen trafen nur 100 ein.

Bis zum 2. September waren endlich 2 610 Tonnen Benzin und 443 Tonnen Munition ausgeladen worden. Die Versorgung war damit, wie wir schon gehört haben, bis zum 5. September gesichert. Wieder wurden 3 352 Tonnen Benzin und 350 Tonnen Munition versenkt, weitere 1 100 Tonnen gingen den Italienern verloren und am 4. 9. abermals 1 200 Tonnen Betriebsstoff. Insgesamt wurden in diesem Monat neun Schiffe mit 22 000 Tonnen auf den Grund geschickt.

Im Oktober standen nur noch vier schnelle große Schiffe und sieben bis acht langsamere Dampfer zur Verfügung. Aber selbst die schnellen Transporter konnten nur einmal im Monat ihre Route laufen, während die Fahrten der anderen Schiffe vom Geleitschutz abhingen und sie bei seinem ständigen Mangel oft bis zu einer Woche auf ihr Auslaufen warten mußten. In diesem Oktober sollten nun 8 435 Tonnen Treibstoff, 3 185 Tonnen Munition und 6 700 Verpflegung herangeführt werden. Das Commando Supremo teilte demgegenüber mit, daß es im September 33 Schiffe einzusetzen beabsichtigte, um mit ihnen unter anderem 9 300 Tonnen Betriebsstoff an die Front zu bringen. Eine Woche später aber meldete die deutsche Abteilung für Seetransporte in Rom, daß ein Überführungsprogramm angesichts der unübersichtlichen Schiffslage nicht aufgestellt werden könnte. Zugleich entschied Marschall Cavallero, daß im Oktober 7 500 Tonnen Brennstoff unter Einsatz der Tankerflotte nach Afrika verschifft werden sollten, ferner 200

Fahrzeuge statt 500 für die deutschen Divisionen. Die Küstenschiff-fahrt bis Marsa Matruch war in dieser Zeit völlig lahmgelegt, da die Italiener nur noch ein Torpedoboot als Geleitschutz für Tripolis hatten.

Am 23. Oktober, angesichts der erwarteten Offensive Montgomerys, antwortete die Luftwaffe auf einen entsprechenden Antrag vom Vortage, daß sie 100 Tonnen sofort nach Tobruk überfliegen würde, und daß beabsichtigt sei, in den folgenden Tagen laufend Brenn-stoff zu überfliegen. Die Armee hatte freilich um 1000 Tonnen gebeten, nämlich 30 Prozent ihres augenblicklichen Bedarfes.

General Stumme, erbittert über diesen Zustand, der nur in einer Katastrophe endigen konnte, stellte am Vorabend des englischen Großangriffes fest, daß die Armee von der Hand in den Mund lebte.

„Wir stopfen ein Loch, um ein anderes aufzureißen. Dabei kom-men wir nicht zur Bevorratung, die uns Krisen aus eigener Kraft überwinden läßt und uns eine operative Bewegungsfreiheit gibt, die für die Armee eine unabweisbare Lebensnotwendigkeit ist."

Rommel hatte noch am 11. September um Zuführung von 35 000 Tonnen Nachschub für den Oktober ersucht, um mit den im Sep-tember vergeblich erwarteten 30 000 Tonnen wenigstens eine Be-vorratung mit acht Munitionsausstattungen und 30 Versorgungs-sätzen Brennstoff durchführen zu können. Zum anderen hatte er die immer noch in Italien liegenden Verstärkungen von 5200 Mann und weiter 2000 Kraftfahrzeuge angefordert, ferner um den in Deutschland stehenden Ersatz von 6 000 Mann mit 1 200 Fahrzeugen gebeten. Ausgerechnet in diesem Augenblick hatte das OKH plötzlich – in bewunderungswürdiger Mißachtung der Lage und der Verhält-nisse – trotz der täglichen Berichte über die Transportverhältnisse an-geordnet, alle Soldaten, die länger als ein Jahr in Afrika Dienst taten, auszutauschen. Es hätten also neben den Ersatzmannschaften für die Fehlstellen im Zuge dieses Austausches weitere 17 000 Soldaten nach Afrika transportiert werden müssen.

Andererseits waren ohne Bedenken die Bataillone der Fallschirm-jäger-Brigade Ramke nach Afrika verlegt und sofort eingesetzt worden. Dabei handelte es sich um eine ausgesprochene Spezial-truppe, deren Ausbildung viel Zeit erfordert hatte und die nun ohne Rücksicht auf ihre besondere Eigenart als Infanterie ver-wandt wurde. Die Lehrbataillone bestanden zumeist aus besonders erfahrenen Fallschirmspringern und auch die Soldaten der anderen Bataillone hatten fast durchweg 20 Absprünge unter schwierigsten Verhältnissen hinter sich. Ohne Vorbereitungen, ja ohne Untersu-chung der Mannschaften auf Tropentauglichkeit waren sie im

August nach Fukka überflogen worden, also zur heißesten und damit ungünstigsten Zeit. Sie hatten keine Feldküchen und mußten lange Zeit auf warme Verpflegung verzichten. Nun hatte aber Afrika gelehrt, daß junge Soldaten für Krankheiten besonders empfänglich waren, weit mehr jedenfalls als ältere Männer. (Übrigens blonde mehr als brünette oder dunkle.) Das Alter der Fallschirmjäger lag zwischen 17 und 20 Jahren. So zählte die Truppe bereits im September 1041 Kranke, von denen 834 ins Lazarett eingeliefert werden mußten. Rund 12 Prozent fielen auf diese Weise ständig aus. Die Zahl war aber in Wirklichkeit deshalb sehr viel höher, weil die jungen Jäger sich in der Furcht, nach Europa zurückgeschickt zu werden, erst dann krank meldeten, wenn sie vor dem physischen Zusammenbruch standen. Bis zum 9. Oktober verzeichnete die Brigade 97 Tote, 214 Verwundete und 15 Vermißte, aber gleichzeitig 525 Mann in den rückwärtigen Lazaretten.

Auch die 164. Leichte Afrikadivision, die einzige Einheit, die als Festungsdivision Kreta von der Insel herübergeworfen worden und ohne Vorbereitung in den Sommer Afrikas gekommen war, hatte ungewöhnlich hohe Ausfälle durch Krankheiten. Alle Regimentskommandeure hatten die Front nach kurzer Zeit verlassen müssen und viele Kompanien wurden von Unteroffizieren geführt.

Die Panzerarmee ahnte bei diesen Zuständen leider nur zu sehr, was sie erwarten durfte. Um aber ihren Forderungen Nachdruck zu verleihen und auch einen Weg zu zeigen, der seiner Meinung nach gangbar war und zu wirklich umfassenden Maßnahmen hätte benutzt werden können, schlug Rommel vor, die Seetransporte zu verdichten, indem der Geleitschutz verstärkt wurde, was unter Heranziehung der italienischen Flotte möglich gewesen wäre. Zum anderen verlangte er eine Erhöhung der Überführungsquote, zum dritten den Einsatz aller verfügbaren U-Boote und Zerstörer für Transportzwecke und endlich die Errichtung einer zusätzlichen Nachschubbasis in Kreta und Südgriechenland. Doch Rommels Vorschlag blieb unbeachtet. Zwar wurden ihm neue Zusagen gemacht, aber – wie immer – nicht eingehalten. So kam der Oktober. Jetzt war es zu spät ...

„Es gibt kein Zurück!"

Es war zur düsteren Gewißheit geworden, daß man in Deutschland sehr falsche Vorstellungen von den Verhältnissen an der Front in Afrika hatte. Zwar kannte man im OKW und in den Stäben aller drei Wehrmachtsteile sehr wohl die Bedeutung des Nachschubes für die Panzerarmee, denn es gab keine Gelegenheit, bei der nicht auf sie hingewiesen worden wäre und überdies waren nach dem Motto „Jeder einmal in Afrika" immer wieder Beauftragte des OKW und des OKH erschienen, um sich an Ort und Stelle über die Verhältnisse zu informieren. Doch mit der dem ganzen System anhaftenden optimistischen Leichtfertigkeit hielt man die Kassandrarufe aus dem fernen Ägypten für „halb so schlimm". Gewiß, man wollte alles Erdenkliche tun, und irgendwie würde es schon gehen und werden. Das törichte Wort „Wir werden siegen, weil wir siegen müssen", aus dem Wortschatz schimmerloser Gauleiter in die Welt geschmettert, gab schließlich nur jener Stimmung Ausdruck, die jede Niederlage für „ausgeschlossen" und den Gedanken an sie bereits für ruchlosen Defaitismus ansehen wollte. Selbst Truppenführer, die aus den gewiß harten Kämpfen des Ostens kamen, mußten sehr schnell einsehen, daß sie sich ohne Grund über ein Kommando gefreut hatte, welches sie auf den Schauplatz eines frisch-fröhlichen Krieges hatte führen sollen.

In den meisten der schwierigen Lagen im Osten war es möglich gewesen, sich durch ein System der Aushilfen zum Herrn der Lage zu machen. Die endlosen Entfernungen, welche die Truppen in Rußland von der Heimat trennten und dem Nachschub schwere Aufgaben stellten, zeigten doch wenigstens den einen wichtigen Tatbestand, daß man einen Nachbarn hatte und nicht mutterseelenallein stand. Nachschub, der zur Front gesandt wurde, kam auch an. Es lag kein Meer zwischen Front und Heimat und es gab keine überlegene russische Luftwaffe, die auf den Rollbahnen den Nachschub hätte zerschlagen können. Zum dritten aber konnte die Truppe sich aus dem Lande ernähren.

Alles, was Afrika betraf und im Banne dieses Wüstenkrieges stand, ließ sich also ganz anders an und erlaubte keine Vergleiche mit anderen Fronten oder den Erfahrungen auf anderen Kriegsschauplätzen. Aber über diese gewichtige Tatsache sah man nicht klar oder wollte man nicht klar sehen.

Für alle Lagen hatte einst Clausewitz feste und gültige Regeln aufgestellt. Hitler hatte sie zwar durcheinandergebracht und gemeint, mit neuen Ideen, in die Form sprunghafter und verblüffender Entschlüsse gekleidet, auch neue Prinzipien der Kriegskunst aufgestellt zu haben, aber in Wahrheit waren sie nur ein dilettantischer Versuch, die immer deutlicher werdende Unterlegenheit hinwegzuleugnen. Auch jetzt wurden im Führerhauptquartier wieder irreale Pläne gemacht und Zusagen ohne Fundamente gegeben.

Man konnte und wollte nicht einsehen, daß Rommel zwar bisher die materielle und personelle Unterlegenheit durch taktische Führung und Leistung der Truppen auszugleichen vermocht, daß sich die Lage aber inzwischen von Grund auf verändert hatte. Die Panzerarmee kämpfte nicht mehr in der Weite des Raumes. Sie sah sich vielmehr zwischen Kattarasenke und Meer eingeengt und hier im absoluten Nachteil. Die Schlacht mußte der Gegner gewinnen, der materiell überlegen war. Den deutschen Truppen fehlte der Nachschub und es fehlte eine starke Luftwaffe. Das allgemeine Kräfteverhältnis wurde von Tag zu Tag ungleicher. Schon der Durchbruch am 1. September, der sich normalerweise auf die feindliche Front hätte auswirken müssen, bewies, daß man sich drüben stärker werden fühlte und entschlossen war, nicht zu weichen. Andererseits hätten zu einem taktischen Rückzug weder Hitler noch Mussolini ihre Zustimmung gegeben. War erst die Schlacht wieder entbrannt, so würde sie ohnehin zu spät kommen, denn neben der 164. Division und der Fallschirm-Jägerbrigade waren auch noch sechs italienische Divisionen nicht motorisiert und mithin unbeweglich. In der Tat gab es und blieb nur ein Weg: die völlige Neuordnung des Nachschubs, das sofortige Hineinpumpen von Material und Verstärkungen in die Alameinfront.

Mußte man so pessimistisch sein, wie Rommel sich gab? Er hatte sich übernommen, sagte man. Er hatte sich zuviel zugemutet... Er brauchte eine Ruhepause... Was er forderte, sicherte man ihm zu. Wozu die Aufregung? Er hatte doch soeben erst die 164. Afrikadivision erhalten und die Fallschirmjäger, eine ausgesuchte Truppe, bestimmt, den Ruhm der Luftwaffe Görings zu erhöhen! Fern vom Schuß konnte man sich keine Vorstellungen machen, selbst Kesselring auf seinen kurzen Flugbesuchen nicht die nüchterne Wahrheit erkennen. Es würde schon gehen, das Unmögliche möglich gemacht werden... Konferenzen, Befehle, Anordnungen folgten und damit hatte es sein Bewenden. Die kommenden Wochen blieben allen Vorstellungen zum Trotz ungenützt. Noch wäre Zeit gewesen, über Griechenland und die Inseln Material und Truppen zum Auffüllen der Lücken nachzuschieben und mit Ernst und Energie die Panzerarmee stark zu machen. Nach wie vor winkte Alexandria und lag das Nildelta in erreichbarer Nähe. Aber man versäumte die Zeit. Und lange ehe es die Strategen in der „Wolfsschanze" und andere in Rom ahnten, war der Krieg in Afrika verloren.

Wieder hatte sich der Gegner völlig anders verhalten. Rommels Sieg hatte London und Washington alarmiert. Weittragende Entschlüsse wurden gefaßt, und was beide Länder nur tun konnten, geschah. Stets noch hatte sich in Stunden äußerster Gefahr Englands Größe bewiesen. Es ergoß sich ein Strom frischer Truppen zum Nil. Panzer, Kanonen, Brennstoff, Flugzeuge, neue Ausrüstungen, Lebensmittel, Arzneien, Fahrzeuge wurden Tag und Nacht ausgeladen.

Mitte Oktober verfügte die 8. Armee wieder über 150 000 Mann vorderster Linie. Das X. Panzerkorps unter General Sir Herbert Lumsdon, aus der 1. und 10. Panzerdivision und der 24. Panzerbrigade bestehend, war voll aufgefüllt. Die Verbände des XXX. Korps unter General Sir Oliver Leese hatten ihre alte Kriegsstärke. Sie bestanden aus der 9. australischen, der 2. neuseeländischen, der 1. südafrikanischen und der 4. indischen Division, sowie der 9. Panzerbrigade und der 51. Hochländer-Division, die von Rommel einst, im Juni 1940, bei St. Valerie überrumpelt und zur Kapitulation gezwungen worden war. Das XIII. Korps unter General Horrocks zählte die alte 7. Panzerdivision, die 44. und die 50. englische Division in ihren Reihen. Dazu traten die 4. Leichte Panzerbrigade und die 1. französische Brigade. Vor allem aber besaß die 8. Armee 1114 Panzer, von denen 128 Grants, 267 Shermans und 105 schwere Kreuzer waren. Dazu kamen 2 182 Geschütze, von denen allein 832 ein Kaliber über 30 cm hatten und 858 Pak waren. Die Munition war unerschöpflich. Auf allen Flugplätzen standen Bomber und Jäger, aus England und USA frisch herangeführt, zum Massenangriff bereit, insgesamt 500 Jäger und 200 Bomber, ein Aufgebot, das bisher noch keine Front von der Größe Afrikas hatte aufweisen können und das der immer tiefer und tiefer absackenden deutschen Luftwaffe wahrlich überlegen war.

General Alexander, Oberbefehlshaber im Mittleren Osten, genoß das volle Vertrauen Londons. Er war durch mancherlei Beziehungen nicht ohne Einfluß und gehörte zu den seltenen Generalen, die ihre Fähigkeiten nicht überschätzen, um die anderer dafür um so nachdrücklicher zu unterschätzen. Er wußte, was er an der starken und eigenwilligen Person Montgomerys hatte. So war er klug und selbstlos genug, die 8. Armee operieren zu lassen, wie sie wollte. Wohl einzigartig war sein Auftrag zur Vorbereitung des Angriffs. Er besagte knapp und kurz, anzugreifen, den Feind zu schlagen und zu sagen, was die 8. Armee brauchen werde. London hatte gedrängt. Das Kriegskabinett wünschte, bereits im September die Gegenoffensive anrollen zu sehen. Montgomery meldete darauf, daß er natürlich im September angreifen könne, aber dann würde er geschlagen werden. Werde hingegen die Offensive im Oktober beginnen, so verbürge er sich persönlich dafür, den Feind zu schlagen. Und am Ende dieser Meldung stand die lakonische Frage, ob er nun im September oder im Oktober angreifen sollte.

Montgomerys Standpunkt, von Alexander geteilt, siegte. Und im Verlauf weniger Wochen war die Armee schlachtbereit und zum Angriff gerüstet, was von der Panzerarmee Rommels beim besten Willen nicht behauptet werden konnte. England war erneut am Zuge, und am 23. Oktober gab General Montgomery folgenden Tagesbefehl heraus:

1. Als ich den Oberbefehl über die 8. Armee übernahm, sagte ich, daß es meine Aufgabe sei, Rommel und seine Armee zu vernichten und daß dies durchgeführt werden würde, sobald wir fertig sind.

2. Jetzt sind wir fertig. Die Schlacht, die nun beginnt, wird eine der Entscheidungsschlachten der Geschichte sein. Sie wird den Wendepunkt des Krieges bilden. Die Augen der ganzen Welt ruhen auf uns. Gespannt erwartet man, zu wessen Gunsten die Schlacht verläuft. Wir können ihr sogleich die Antwort geben: „Sie wird zu unseren Gunsten verlaufen."

3. Wir haben die beste Ausrüstung, gute Panzer, gute Pak, reichlich Artillerie und reichliche Munition und hinter uns steht die beste, zum Zuschlagen bereite Luftwaffe der Welt. Jetzt braucht nur jeder von uns, jeder Offizier und jeder Mann, mit dem Entschluß zum Durchhalten in diese Schlacht zu ziehen, mit dem Entschluß, zu kämpfen und zu töten, um am Ende zu siegen. Wenn alle dies tun, dann kann nur eines geschehen: zusammen werden wir den Feind über den Haufen und aus Afrika hinauswerfen.

4. Je früher wir diese Schlacht, die der Wendepunkt des Krieges sein wird, gewinnen, je früher werden wir wieder zu Hause bei unseren Familien sein.

5. Möge daher jeder Offizier und Mann mit starkem Herzen und der festen Entschlossenheit in diese Schlacht ziehen, seine Pflicht bis zum letzten Atemzuge zu erfüllen. Kein Mann soll sich ergeben, solange er unverletzt ist und kämpfen kann.
Lasset uns zum allmächtigen Herrn der Schlachten beten, daß er uns den Sieg gebe.

Gegen 10 Uhr dieses gleichen Abends entfesselten tausend Geschütze die Hölle der Schlacht. Vom Mündungsschein eines noch nicht erlebten Trommelfeuers wurde die Nacht taghell erleuchtet. Die deutsch-italienische Panzerarmee, die mit einem Angriff gerechnet hatte, und der die Bereitstellung Montgomerys nicht verborgen geblieben war, befand sich in der denkbar ungünstigsten Lage.
Die 15. PD. verfügte über 3 940 Mann, die 21. PD. über 3 972, die 90. Leichte zählte 2 827 Gewehre, die 164. Division 6 343 und die

Luftwaffenbrigade General Ramkes 3 376 Fallschirmjäger. Mit der Heeresartillerie zu 2 331 Mann und der 19. Flakdivision zu 4 384 Mann, verfügte die Armee nur über 24 173 deutsche Soldaten der kämpfenden Truppe. Kurz zuvor waren die Panzer des DAK auf 230, des XX. Korps auf 300 aufgefüllt worden. Sieben Versorgungssätze Sprit und 3,8 Munitionsausstattungen befanden sich in Afrika. Von den 12 194 Fahrzeugen des DAK (einschließlich der Motorräder) waren 4081 Beutewagen, von den 3139 der Italiener 113 englische.

Die Divisionen waren über die ganze Front verteilt und mit italienischen Verbänden gemischt. Nur die 90. Leichte stand im Raume von el Daba. Bewegliche Reserven waren nicht vorhanden. War es ein Fehler? Man ist stets klüger, wenn man vom Rathaus kommt. Jedenfalls war die Front so dünn, daß die Führung sich gezwungen gesehen hatte, sogar die Panzerverbände einzusetzen, zumal sie befürchtete, der erste Stoß würde gegen italienische Frontabschnitte geführt werden.

Weit verhängnisvoller aber war, daß General Stumme den Schwerpunkt im Süden erwartete und sich durch Scheinangriffe täuschen ließ und daß er der Artillerie nicht den Befehl zu geben wagte, bereits die Bereitstellungsräume des Feindes unter Feuer zu nehmen. Er war vielmehr genötigt, die Munition für die Schlacht selbst aufzusparen. Es gab nur ein Entweder-Oder.

Mit anderen Worten: er konnte versuchen, die sich massierenden Verbände noch vor dem Angriff zu zerschlagen, dann hatte er im Augenblick einer gleichwohl losbrechenden Schlacht keine wirksame Waffe mehr. Oder er mußte auf den Angriff warten und dann der Bereitstellung tatenlos zuschauen. General Stumme entschloß sich zu diesem letzten Schritt.

Noch in der Nacht trat das XXX. englische Korps gegen den Nordabschnitt zwischen Meer und Straße an. Auf beiden Seiten der Fronten war ein Festungsgebiet entstanden, wie es in Afrika bislang noch nicht erdacht und erlebt worden war.*). Montgomery unternahm es, das deutsche zu zertrümmern. Seine Angriffstaktik entsprach den Gegebenheiten. Nachdem Artillerie und Bombengeschwader Minenfelder, Schanzen und Stellungen mürbe getrommelt hatten, traten die Infanteriedivisionen an, um in die Stellun-

---

*) Um den Umfang der Anlagen zu verdeutlichen, sei das Material erwähnt, das allein im Abschnitt der 164. Division eingebaut wurde. Bei einer Panzerminendichte von etwa einer Mine auf den Meter, waren 10 300 Panzerminen, für die S-Minenfelder bei der gleichen Dichte 11 400 S-Minen, ferner 1140 Bomben und 6000 Rollen Stacheldraht für einen durchlaufenden Frontalzaun und die Ringsumverdrahtung (im Abschnitt jeder Kompanie) benötigt worden. Auf 100 Meter Frontbreite entfielen zehn Beobachtungsbomben.

gen einzubrechen und durchzustoßen. War die Lücke geschaffen, sollten die Panzer durchrollen, um sich in den Rücken der Panzerarmee zu stürzen, die Front aufzurollen und zugleich Nachschub und rückwärtige Dienste durcheinanderzuwirbeln. Das zwischen Meer, Sümpfen und Kattarasenke eingeklemmte, freilich so in den Flanken geschützte Befestigungssystem mußte in direktem Angriff zerschnitten werden. Umgehung und Flankenstoß, das alte Spiel des Wüstenkrieges, war nicht möglich.

In der englischen Taktik zeigte sich daher nichts Neues. Neu war lediglich der Masseneinsatz schwerer Waffen, deren Feuer das Land in einen Vulkan des Schreckens verwandelte.

General Stumme war am Morgen des 24. Oktobers nach vorne gefahren und nicht mehr zurückgekommen. Erst am nächsten Tage wurde seine Leiche auf dem Schlachtfeld gefunden. General Ritter von Thoma, wie Stumme erst kurz in Afrika, Nachfolger General Nehrings, übernahm sofort die Führung. Als Rommel, der seine Kur abgebrochen hatte, auf afrikanischem Boden landete, war die Schlacht bereits verloren. Alles, was an Reserven nur hatte aufgetrieben werden können, war hineingeworfen worden und wurde zwischen den eisernen Hammerschlägen der Artillerie zermahlen. Es langte an allen Ecken und Enden nicht und Rommel mußte sehen, das Beste aus dem Schlechtesten zu machen. Noch im Sommer hatte er geglaubt – und er hatte einiges Recht zu dieser Meinung – die Armee werde gegen jeden Frontalangriff halten und ihn abwehren können, nachdem eine operative Umfassung durch die Kattarasenke nicht möglich war. Und die Front hätte auch gehalten, wenn sie stark gemacht worden wäre, wie Rommel es gefordert und Berlin es versprochen hatte. Aber der Panzerarmee fehlten zur Abwehr einer Großoffensive alle Voraussetzungen.

Hätte er aber, im Augenblick des Angriffsbeginns auf ägyptischem Boden anders handeln und andere Befehle erteilen können wie General Stumme? Diese Frage ist weder mit einem Ja noch mit einem Nein zu entscheiden. Bekannt ist nur, daß Rommel für den Fall eines Angriffes bereits seinen Plan gemacht hatte. Er wollte — und hätte es getan – alle beweglichen Kräfte aus der Front herausziehen, selbst um den Preis einer Schwächung der ersten Linie, die aber immerhin von einer halben Million Minen geschützt war, um den Durchbruch abzuwarten. War er erfolgt, hätte er sich mit geballter Kraft auf diesen durchgebrochenen Gegner gestürzt, um ihn zu vernichten. Jetzt war es zu spät. Der Marschall, der sofort nach vorne fuhr, sah Tausende von englischen Fahrzeugen und Panzern in den Minenfeldern des Nordabschnittes liegen.

Der erste Einbruch war gelungen und das X. englische Panzerkorps wartete nur darauf, ihn auszunutzen und durchzustoßen.
Sofort wurde die 90. Leichte, die auf einen Scheinangriff hin
nach el Daba verlegt worden war, herangezogen und zum Gegenstoß angesetzt. Noch immer hielt das Trommelfeuer an. Abschüsse
und Einschläge gingen ineinander über. Die Erde bebte in dumpfem
Grollen. Schwere Bomberverbände warfen in Abständen von fünf
Minuten ihre Lasten auf die 90. Leichte, die zwei Tage dem Gegner
standhielt, zum Teil im Kampfe Mann gegen Mann.
Die Munitionslage und die Betriebsstoffausstattung waren nach
wie vor erbarmungswürdig. Es befanden sich nur drei Versorgungssätze Benzin in Afrika. Der Feldmarschall forderte daher sofort,
die italienische Flotte und alle zur Verfügung stehenden U-Boote
zur Versorgung der Panzerarmee einzusetzen, eine radikale
Maßnahme, die aber allein jetzt noch hätte nutzen und dazu ver-
helfen können, ein Halten der Front zu erreichen. Die Forderung
blieb unberücksichtigt.
Am vierten Tage der Schlacht mußten Truppen aus dem Südabschnitt, ungeachtet der Gefahr, daß auch dort ein Schwerpunkt ent-
stehen konnte, herangezogen werden. Die Linien waren überall
dünn, denn die Abwehr hatte sich in erster Linie auf die vier deutschen Divisionen aufzubauen, die als einzige verläßlich waren. Die
Einbruchsstellen im Norden, durch die Verstärkungen und Panzer
sickerten, waren vorerst noch schmal. Sie waren auch abgeriegelt, aber
sie bauschten sich immer weiter auf. Beutekarten ließen erkennen,
daß das XX. Korps nach dem Durchbruch mit den kampferpro-
ten Neuseeländern in Richtung el Daba zur Küste vorstoßen wollte,
um im Nordabschnitt den ersten Kessel zu bilden.
In der Nacht zum 29. Oktober wurde ein Landungsversuch bei
Marsa Matruch abgewiesen, zum Glück, denn dieser Hafen war
der einzige im Frontbereich, über den noch bescheidene Transporte
aus Tripolis liefen. Freilich, auf Kraftstoff war auch weiterhin
keine Aussicht. Der Tanker „Proserpina" war versenkt worden,
und die „Louisiana", die darauf sofort die Anker lichtete, mußte
drei Tage später dieses Schicksal teilen. Eine alarmierende Meldung von italienischer Seite, zwei englische Divisionen seien durch
die Kattarasenke gestoßen und bereits 100 Kilometer südlich Marsa
Matruch im Anmarsch auf die Hafenstadt, erwies sich als Phan-
tasiegebilde.
Bis zum 26. Oktober zählte die Panzerarmee bei den deutschen
Verbänden bereits 148 Tote, 495 Verwundete und 1 057 Vermißte,
bei den italienischen Korps 195 Tote, 424 Verwundete und 1 372
Vermißte. Die 15. PD. verfügte noch über 39 Panzer von ursprüng-

lich 100, die 21. PD. über 98 von 106. Die italienischen Panzerdivisionen hatten demgegenüber geringe Einbußen zu verzeichnen. Die Trieste hatte nach wie vor 34 Kampfwagen, die Ariete 127 und zwei verloren, die Littorio indessen 56 Panzer eingebüßt und noch 60 zum Einsatz bereite. Diesen Verlusten standen 215 vernichtete Feindpanzer und 38 abgeschossene Spähwagen gegenüber. Am nächsten Tage aber sanken die Zahlen bei der Panzerarmee weiter. Das DAK besaß noch zusammen 114 Panzer, die italienischen mot. Korps 206. Am 28. Oktober meldete die 21. PD. noch 45 und die 15. PD. 21 Kampfwagen. Erst am letzten Tage des Monats erhöhte sich die Zahl der einsatzfähigen Panzer wieder. Die 21. PD. konnte 41 Panzer, die 15. PD. 50 Kampfwagen dem Feinde entgegenstellen, während die Trieste 27 Panzer, die Ariete 124 und die Littorio 38 melden. Die Verluste der 8. Armee betrugen in diesem Zeitraum, das heißt vom 23. bis 31. Oktober, 347 gemeldete Panzer, die vernichtet oder erbeutet worden waren, 21 Spähwagen, 56 Carretten, 6 Geschütze und 45 Pak, außerdem wahrscheinlich 137 weitere Kampfwagen.

Inzwischen aber war die Versorgung der Panzerarmee zu einer fast alles lähmenden Drohung geworden. Am 25. Oktober hatte sie noch 1,5 Versorgungssätze Brennstoff. Der Munitionseinsatz betrug im Verhältnis zum Feinde etwa 1:500. Auf einen dringlichen Hilferuf an die Luftwaffe war die Antwort erteilt worden, daß Mangelmunition zur Zeit nicht überflogen werden könne. Am 27. wurde der Treibstoff bei der Truppe noch einmal auf 1,6 Versorgungssätze aufgefüllt. Bis zum 2. November liefen nur zwei Schiffe mit 893 Tonnen Betriebsstoff ein, nachdem am 27. von Rom acht Schiffe mit zusammen 4 244 Tonnen zugesichert worden waren. Vom 23. bis 30. Oktober wurden an Munition lediglich 40 Tonnen herangeführt, zwei Schiffe mit 370 Tonnen aber versenkt.

Mitten in dieser Krise und zugleich auch durch sie verursacht, gelang es den Neuseeländern am letzten Oktobertage bei der Bahnlinie an der Küste sich bis in den Rücken eines Panzergrenadierregimentes durchzuarbeiten, das Regiment abzuschneiden und an die Küste vorzudringen. Die 90. Leichte mußte also wieder heran und, verstärkt durch eine Kampfgruppe der 21. Panzerdivision, die Lage bereinigen. Eine Feindgruppe wurde dabei eingeschlossen, 18 Panzer abgeschossen und das Regiment entsetzt, von dem zwei Bataillone ohne große Verluste die kritische Zeit hindurch ihre Stellungen gehalten hatten, während das dritte überrollt worden war, aber bis zur letzten Patrone gekämpft hatte. Der Feind meldete, daß unter den Gefangenen kein Soldat ohne Verwundung gewesen war.

Am 2. November entschloß sich Rommel, einen klaren Bericht ins Führerhauptquartier zu geben. „Die Kraft der Armee", so meldete er ohne jede Beschönigung, „ist nach zehn Tagen härtestem Kampf gegen vielfache britische Überlegenheit zu Lande und in der Luft trotz des heutigen Abwehrerfolges erschöpft. Die Armee wird daher nicht mehr in der Lage sein, einen heute nacht oder morgen zu erwartenden erneuten Durchbruchsversuch starker feindlicher Panzerverbände zu verhindern. Eine geordnete Rückführung der sechs italienischen und zwei deutschen nicht motorisierten Divisionen bzw. Brigaden ist aus Mangel an Kraftfahrzeugen nicht möglich. Ein großer Teil dieser Verbände wird voraussichtlich dem voll motorisierten Feinde in die Hände fallen. „Aber auch die schnellen Truppen sind so eng in den Kampf verstrickt, daß nur ein Teil von ihnen sich vom Feinde lösen können wird. Die noch vorhandenen Munitionsbestände liegen im Frontgebiet, während im rückwärtigen Gebiet ein nennenswerter Bestand nicht verfügbar ist. Die geringen Betriebsstoffbestände gestatten eine rückläufige Bewegung über größere Entfernungen nicht. Die Armee wird auf der einen zur Verfügung stehenden Straße bei Tag und Nacht von der britischen Luftwaffe angegriffen werden.

Bei dieser Lage muß trotz des heldenhaften Widerstandes und vorzüglichen Geistes der Truppen mit der allmählichen Vernichtung der Armee gerechnet werden."

Das war ein todernster Bericht und Rommel, der gewiß nicht zum Schwarzsehen neigte, konnte in der Tat nur noch sehr geringe Chancen für sich erblicken. Seine Armee wurde zwischen Masse und Material zerrieben.

Aber noch einmal wurde ein Erfolg errungen. Ein Landungsversuch bei el Daba wurde abgewiesen. Es schien, daß er einen neuen, massierten Angriff unterstützen sollte, der nach mehrstündigem Vernichtungsfeuer gegen das Hauptkampffeld der Nordfront losbrach.

Zwei starke Kolonnen drangen in die Linien ein, brachen sie auf und versuchten, in der Tiefe Raum zu gewinnen. Gleichzeitig tauchten am frühen Morgen des 2. Novembers Spähwagen und Carretten im rückwärtigen Gebiet auf, wo sie auf Troßfahrzeuge und Munitionswagen Jagd machten. Hinter ihnen jagten wiederum Kommandos deutscher Spähwagen und Panzerjäger her, ein wildes Durcheinander, das endlich mit der Vernichtung des Feindes endete. Doch die Lage wurde immer bedrohlicher. Die Bewegungen des Feindes und der eigenen Truppen gingen ineinander über und waren kaum noch zu übersehen.

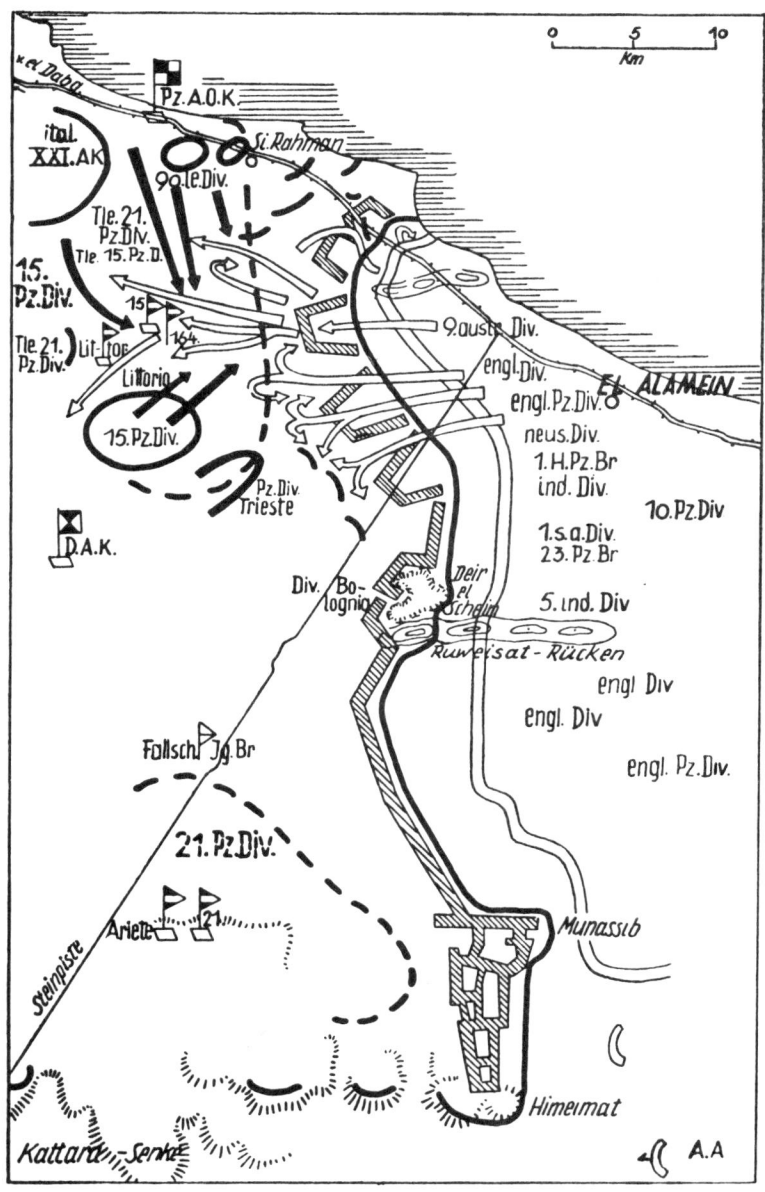

Der englische Durchbruch am 2. November

Die rechte der beiden durchgestoßenen Feindkolonnen wurde am Morgen zum Halten gebracht, gegen Mittag aber drangen weitere 400 Panzer langsam nach Westen vor, ein anderer Verband von 400 Kampfwagen wurde an den Minensperren gemeldet. Es war also das gesamte X. Korps zum Angriff angetreten. Rollende Bombenangriffe von besonders konzentrierter Heftigkeit verhinderten jeden Gegenstoß der deutschen Panzerdivisionen und setzten einen großen Teil der Flak außer Gefecht, so daß nur noch 24 Rohre den Abwehrkampf führen konnten.

So mußte die Südfront abermals entblößt und die Ariete mit der Armeeartillerie in Marsch gesetzt werden. Notfalls sollte auch noch die Fallschirmjägerbrigade Ramke zum Gegenstoß herangezogen werden.

Langsam, Schritt für Schritt, wich die Armee, dem übermächtigen Drucke nachgebend, zurück. Aber es war keine Sehne mehr, die wieder vorschnellen konnte. Der gesamte Nordteil der Alameinstellungen fiel vielmehr in die Hand des Feindes. Es mußte deshalb die noch intakte Südfront ebenfalls zurückgenommen werden, da sie sonst Montgomery ihre offene Flanke dargeboten hätte. Schon in den letzten Oktobertagen war Befehl vom Feldmarschall ergangen, eine Auffangstellung bei Fuka zu erkunden und vorzubereiten. Mit dem Durchbruch in breiter Front war nun die Stunde gekommen, um zu beweglicher Kampfführung überzugehen. Wie das allerdings ohne hinreichenden Betriebsstoff gemacht werden sollte, blieb zunächst ein Rätsel.

Am Abend meldete der Kommandeur der Heeresartillerie, daß er kein Benzin habe, um Munition von el Daba zur Front heranzuschaffen. Die Ausfälle an Fahrzeugen, Geschützen und Mannschaften wurden immer fühlbarer. Die Divisionen verfügten trotz energischer Auffüllung aus den Trossen nur noch über die Hälfte, ja teilweise nur über ein Drittel ihrer Kampfstärke. Panzer besaß das DAK nur noch insgesamt 30.

Auf einem Raum von drei Quadratkilometern, in dem die 90. Leichte in dieser Nacht stand, wurden rund 1000 Bomben abgeladen. Und während feindliche Spähwagen bereits den Versorgungsverkehr des X. italienischen Korps beunruhigten, tauchten auf der Küstenstraße plötzlich Panzer und Fahrzeuge der Division Littorio und der Trieste auf, dick mit Mannschaften bepackt. Die Truppe war nicht mehr in der Hand der Führung und lief auseinander.

Langsam wurde die rückläufige Bewegung eingeleitet, Nachschub und Trosse jenseits Fuka und in den Raum Marsa Matruch verlegt, eine nicht unerhebliche Aufgabe, da Straßen und Pisten Tag und Nacht gebombt und von Jägern kontrolliert wurden. Dabei war

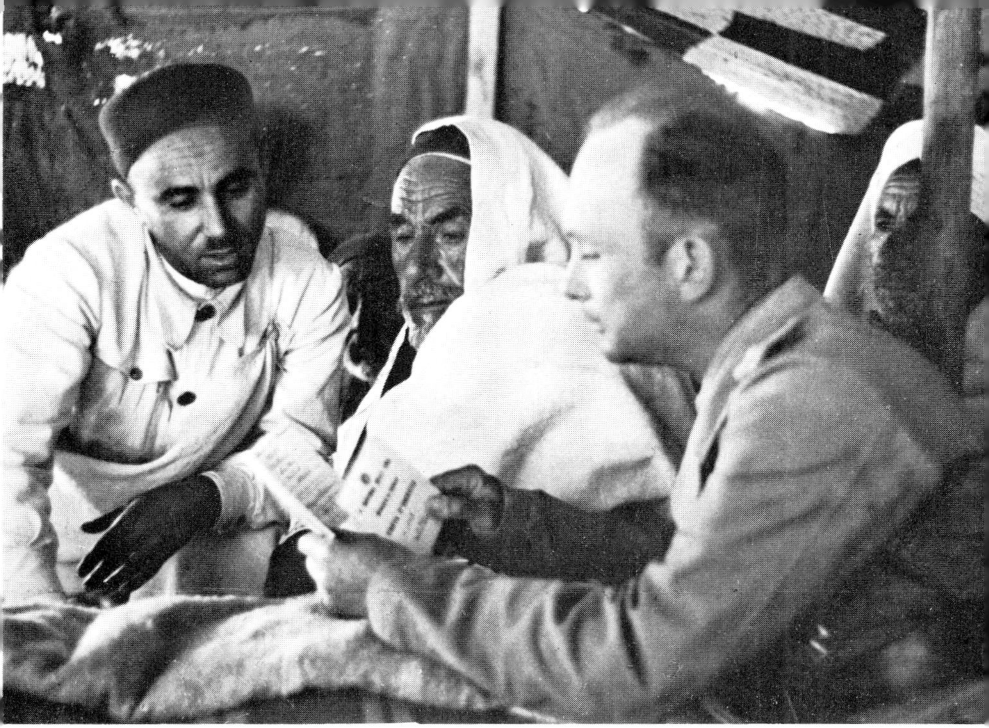

Oberleutnant Behrendt im Zelt des Muftis

Panzer Marsch!

Rommel mit seinem Dolmetscher Dr. Hagemann, Rom

Filmberichterstattung

Italiener im Angriff vor Tobruk

Auf dem Halfayapaß — 17. Juni 1941

Im Juli ist er wieder gewachsen

ein Drittel aller Fahrzeuge nur im Schlepp fortzubewegen, nachdem seit Monaten keine Motoren und keine Ersatzteile mehr zum DAK gelangt waren. Die schnellen Verbände erhielten genaue Anweisung, welche unbeweglichen Truppenteile sie bei der Zurücknahme der Front mitzunehmen hatten, und das X. Korps löste sich als erstes vom Feinde. Nur noch die Fallschirmjäger Ramkes hielten die südlichen Stellungen hinter dem Minengürtel.

Mitten in diese Bewegung aber platzte einer jener Führerbefehle, die im Verlaufe des zweiten Weltkrieges einige Berühmtheit erlangten:

„Mit mir verfolgt das deutsche Volk in gläubigem Vertrauen auf Ihre Führerpersönlichkeit und auf die Tapferkeit der Ihnen unterstellten deutschen und italienischen Truppen den heldenhaften Abwehrkampf in Ägypten. In der Lage, in der Sie sich befinden, kann es keinen anderen Gedanken geben, als auszuharren, keinen Schritt zu weichen und jede Waffe und jeden Kämpfer, die noch freigemacht werden können, in die Schlacht zu werfen. Beträchtliche Verstärkungen an fliegenden Verbänden werden in diesen Tagen dem OBS (Oberbefehlshaber Süd, Feldmarschall Kesselring) zugeführt werden. Auch der Duce und das Commando Supremo werden die äußersten Anstrengungen unternehmen, um Ihnen die Mittel zur Fortführung des Kampfes zuzuführen.

Trotz seiner Überlegenheit wird auch der Feind am Ende seiner Kraft sein. Es wäre nicht das erste Mal in der Geschichte, daß der stärkere Wille über die stärkeren Bataillone triumphierte. Ihrer Truppe aber können Sie keinen anderen Weg zeigen, als den zum Siege oder zum Tode."

Rommel gab sofort die entsprechenden Anordnungen.

„Auf höchsten Befehl ist die jetzige Stellung bis zum Äußersten zu verteidigen. Ihre Aufgabe darf daher nur mit meiner ausdrücklichen Genehmigung erfolgen. Die mit Funkspruch vom 3. 11. 13.40 Uhr befohlenen Vorbereitungen für das Zurückgehen in eine rückwärtige Linie haben daher zu unterbleiben."

Zum Glück war ein Offizier des Marschalls zum Führerhauptquartier unterwegs, denn bereits vor diesem Befehl hatten Anfragen und Anordnungen von dort deutlich gezeigt, daß man über den tatsächlichen Ernst der Lage in keiner Weise im Bilde war. In der „Wolfsschanze" wurde anscheinend auch dieses Mal wieder alles für „halb so schlimm" angesehen. Wurden die Lagemeldungen der Armee im Hauptquartier beschönigt? Wurden Rommels nüchterne Feststellungen Hitler vorenthalten? War die Tatsache der drohenden Niederlage bagatellisiert worden? Wie kam Hitler zu der Behauptung, daß „auch der Feind am Ende seiner Kraft sei"? Wollte sich die Panzerarmee erhalten und sollte der Krieg fortgesetzt werden können, so hatte sie nicht länger als 24 Stunden Zeit.

Die Steigerung der Luftangriffe an diesem 3. November kündigte bereits neue Aktionen an. Die Vorstöße Montgomerys würden also an Stärke und Heftigkeit eher zunehmen. Siebzehnmal erschienen Staffeln von je 18 Bombern innerhalb von vier Stunden über el Daba. Hundert Jabos hingen in ständiger Ablösung über den Kampfgruppen des DAK und etwa 300 dröhnten bis zum Anbruch der Nacht zwischen der Front und Fuka. Mit Einbruch der Dunkelheit warfen sie Leuchtfallschirme entlang der Küstenstraße, auf der Hunderte von italienischen Fahrzeugen die Straße hinter Fuka hoffnungslos verstopften. An diesem Tage wurden fünf deutsche Jäger über der Front gezählt.

Am 4. November gelang es, die Nordfront neu aufzubauen. Die 164. war zur Verstärkung nach vorne gesickert. Vor dem DAK, das noch 22 Panzer besaß, lag als Sicherung die 90. Leichte, in weitem Halbkreis den Angriff erwartend, zu dem sich 150 Panzer bereitgestellt hatten, darunter die neuen Sherman mit 7,5 cm-Langrohrgeschützen im Drehturm und einer Vierzentimeterkanone im Sockel. Auch überschwere Panzer mit einem 10,5-cm-Geschütz, einer Stirnpanzerung von 220 Millimetern und zehn Zentimetern Seitenpanzerung waren eingesetzt, die von unseren 8,8-Granaten nicht mehr durchschlagen werden konnten.

Der Tag versprach zunächst keine besonderen Überraschungen zu bringen, da offensichtlich die Artillerie noch nicht nachgezogen worden und ohne sie mit einem Angriff nicht zu rechnen war. Das stellte sich aber als Irrtum heraus, denn plötzlich rollten die Panzer an, stürzten sich auf die Ariete, vernichteten die Division mit ihren unzulänglichen, veralteten Kampfwagen und brachen dann mitten durch die Front des DAK.

Noch ehe diese kritische Situation entstanden war, hatte Rommel einen neuen Bericht an das Führerhauptquartier gerichtet. Er meldete, daß etwa 500 Panzer im Nordabschnitt im Laufe der letzten Tage das Hauptkampffeld in etwa zehn Kilometer Breite und bis zu 15 Kilometer Tiefe durchbrochen hatten und die Stellungen nahezu aufgerieben waren. Eine zusammenhängende Front bestände nicht mehr.

„Ich glaube, daß die vom Engländer angewandte Technik, einen Verband nach dem anderen durch schärfste Feuerzusammenfassung und dauernde Luftangriffe zu zerschlagen, sich gegen uns kehrt und unsere Kräfte zunehmend verbraucht. Ich sehe daher zur Zeit in

146

beweglicher Kampfführung, bei der dem Feind jeder Fußbreit Boden strittig gemacht wird, die einzige Möglichkeit, dem Gegner weiter Abbruch zu tun und den Verlust des nordafrikanischen Kriegsschauplatzes noch zu verhindern."
Werde dazu die Genehmigung erteilt, so würden die Truppen in die Fukastellung kämpfend zurückgehen, die etwa 70 Kilometer lang und in einer Breite von 30 Kilometern für Panzer nicht passierbar war.
Kesselring, der gegen neun Uhr auf dem Gefechtsstand eintraf, meinte, das Führertelegramm sei nicht bindend. „Ich an Ihrer Stelle würde handeln, wie es die Lage erfordert." Denn, so argumentierte der OBS, Hitler blickte nur auf den Osten, auf Rußland, und dort hätte er gesehen, daß verbissenes Festhalten sich bewährte und zum Erfolge führte. Rommel schüttelte den Kopf. Es gab keine Vergleichsmöglichkeit mit dem Osten und der Befehl Hitlers war eindeutig. Schließlich war Hitler ja darüber im Bilde, was auf dem Spiele stand. Was sollte und wollte also Kesselrings Rat? Er, der sich stets optimistisch zeigte, was von Rom aus vielleicht nicht einmal allzu schwierig war, hätte, wäre es ihm mit seinem Ratschlag ernst gewesen, längst bei Hitler ja einen entsprechenden Befehl erwirken können. Schließlich war Kesselring Oberbefehlshaber Süd. Allein es scheint, daß er nicht die Absicht hatte, gegen Hitlers Befehl als OB Süd zu opponieren, an dessen Ende klar und deutlich stand: „Sie können Ihren Truppen keinen anderen Weg weisen als zum Siege oder zum Tode."
Es ist müßig zu untersuchen, ob Rommel dem Befehl zu gehorchen verpflichtet war, zumal diese Frage, wenn überhaupt, nur aus der Perspektive des Jahres 42 beantwortet werden könnte. Er wußte aber zu dieser Zeit, daß sein Ordonnanzoffizier bereits bei Hitler sein mußte und eine neue Entscheidung zu erwarten war. Ein abermaliger Durchbruch hätte so oder so das Ende gebracht. „Der Feind könnte", kennzeichnete Rommel die Lage, „ohne wesentliche Gegenwirkung bis Tripolis durchrollen, da die Italiener von selber laufen. Die deutschen Truppen haben im rückwärtigen Gebiet keine Waffen außer dem Gewehr 98. Nein, aufgegeben haben wir nichts. Der Feind hat das von ihm besetzte Gelände erobert und mit seiner gesamten Überlegenheit Truppenteil um Truppenteil vernichtet. Es war ein Kampf wie vor Verdun im letzten Weltkrieg. Die Panzerarmee wird wie mit einem Riesenhammer zerschlagen." Und nach kurzer Pause fügte er hinzu: „Der Topf, aus dem die anderen schöpfen, ist leider viel größer als der unsere."
Am Abend dieses 4. Novembers traf endlich der neue Befehl als Antwort auf den Funkspruch des Morgens und auf den Bericht

des Offiziers ein, der am Vorabend im Hauptquartier angekommen war.

„So wie sich die Lage entwickelt hat, billige ich Ihren Entschluß", teilte Hitler dem Marschall mit. Entsprechende Befehle hätte Mussolini bereits durch das Commando Supremo gegeben. Sie würden also gleichzeitig bei der Armee einlaufen.

Die Entscheidung war damit gefallen, noch ehe Hitler über die verhängnisvollen Ereignisse des Nachmittags hatte unterrichtet werden können. Rommels Abgesandten gegenüber vertrat er jetzt die Auffassung, daß es notwendig sei, eine neue Abwehrfront zu bilden, gleichgültig, wo es geschehe. Zugleich gab er Befehl, alles für die Versorgung und sofortige Auffüllung der Armee zu tun, die gesamte erste Produktion der neuen 7,5 cm-Pak, die eben anlief und der neuen 8,8 cm 41 nach Afrika zu senden. Dieser Befehl hätte beruhigend wirken können, hätte man gewußt, daß er auch durchgeführt und zwar so schnell durchgeführt würde, wie es die Lage erforderte, um der Armee helfen zu können. Doch von Auffüllung oder neuen Waffen sollte noch sehr lange an der Front keine Rede sein.

Die Hauptsache war im Augenblick, daß die Panzerarmee volle Handlungsfreiheit erhalten hatte. Allerdings blieb der unselige Führerbefehl vom Vortage nicht ohne Folgen. Der komm. General des DAK, General Ritter von Thoma, geriet bei dem Durchbruch in Gefangenschaft und die Fallschirmjägerbrigade Ramkes im Süden wurde abgeschnitten und mußte verloren gegeben werden. Hinzu kam, daß sich in der Zwischenzeit große Teile der italienischen Korps ergeben hatten, abgeschnitten waren oder nicht mehr abtransportiert werden konnten, da sie keine Fahrzeuge besaßen. Die dem X. Korps zugesagten Lastwagen waren überhaupt nicht erschienen. Um den Preis der Rettung der noch intakten Kampftruppen mußte Rommel diese Verbände aufgeben. Das war gewiß ein bitterer Entschluß, aber er war notwendig, wollte er nicht das Schicksal der ganzen Armee aufs Spiel setzen und schließlich war er nur die zwangsläufige Folge vergangener Sünden. Man hatte seine Warnungen in den Wind geschlagen und seine Material- und Fahrzeuganforderungen nicht erfüllt. Dem Feldmarschall konnte man also keinen Vorwurf daraus machen, daß sich dieses Versagen der Nachschuborganisation nun rächte.

Nur Teile der Armee konnten sich daher nach dem Durchbruch des Vortages in die Fukastellung durchschlagen, ohne daß sie sich dort aber zu behaupten vermochten, denn Montgomery stieß sofort nach und durchbrach mit frisch herangeführten Kräften die Stellung an mehreren Stellen. Das X. Korps mit der Pavia, der Brescia und der

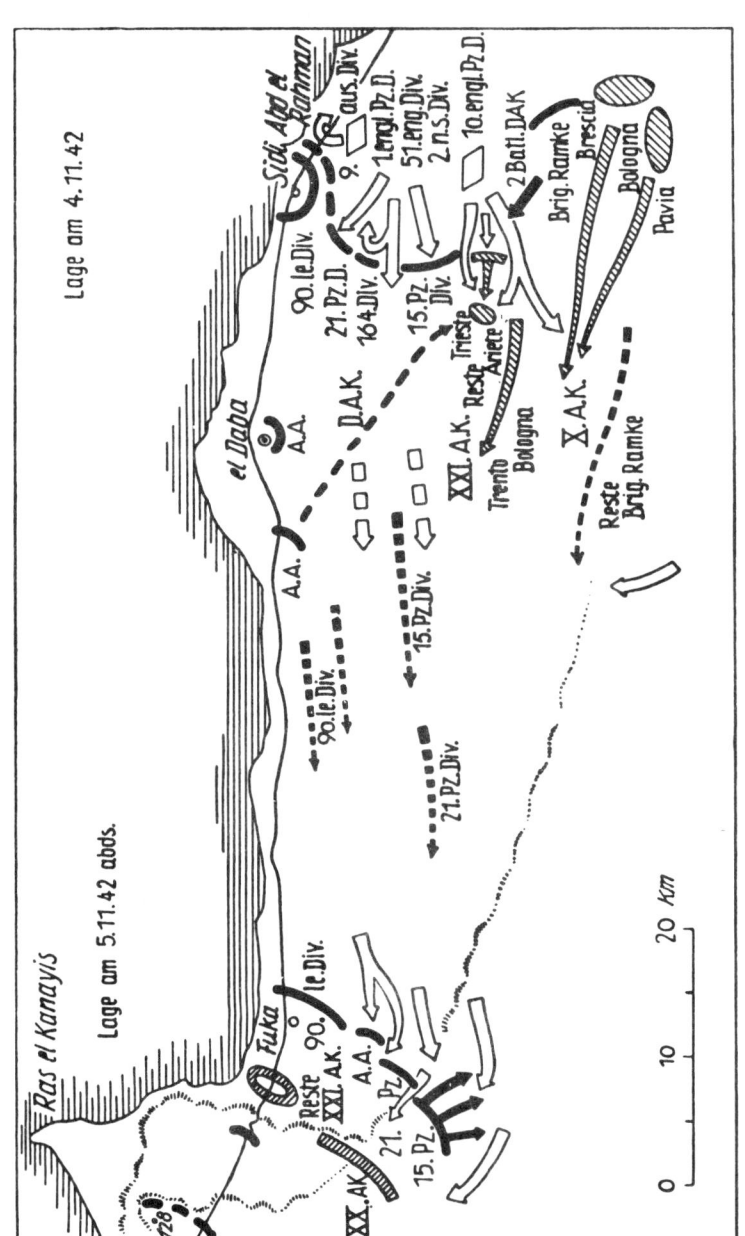

Rückzug von Alamein auf die Fukalinie

149

tapferen Fallschirmjäger-Division Folgore wurde dabei schon auf dem Rückzug von starken Panzerverbänden angegriffen. Es konnte sich zwar nach zäher Gegenwehr durchkämpfen, geriet aber in der Fukastellung fast geschlossen in Gefangenschaft, da das Korps keinen Betriebsstoff und auch kein Wasser mehr für die Truppen besaß.

Vom XXI. Korps hatte bereits zu Beginn der Offensive die Trento fast die Hälfte ihres Bestandes verloren. Ihr Rest und die Division Bologna waren am 5. November mehrfach durchbrochen worden und hatten schwere Verluste erlitten. Beim Marsch in die Fukastellung wurde das Korps nun vollends aufgerieben. Nur anderthalb Bataillone und zwei Artillerieabteilungen waren entkommen. Vom XX. mot. Korps war nur ein schwaches Bataillon ohne Panzer übrig. Die Littorio und die Trieste, zur Abwehr in der Nordfront eingesetzt, hatten sehr schwere Verluste erlitten, und die Ariete war beim Durchbruch völlig aufgerieben worden. General Ferrari-Orsi, der kommandierende General, und General Predieri von der Brescia waren vor Alamein gefallen.

Mit dem Rückzug aus der Fukastellung aber begann der zweite Teil der Schlacht. Sie selbst hatte Rommel verloren, jenen aber sollte er gewinnen. Denn was Montgomery nach seinem überzeugenden Siege bei el Alamein auch immer anstellte und sich erdachte, es erwies sich, daß er einen ebenso überlegenen wie entschlossenen Gegner hatte. Der 8. Armee gelang es nicht, Rommel zu fangen oder die Panzerarmee zu vernichten. Sie war nur noch ein Häuflein. Und es schmolz auf dem Amboß der 8. Armee und ihrer Luftstreitkräfte dahin. Aber es wurde nicht zertrümmert. Die deutschen Divisionen waren wie Stehaufmännchen. Immer wieder hielten sie. Immer wieder kämpften sie. Immer wieder warfen sie alle Berechnungen des Feindes über den Haufen.

In der Wüste bleichten überall die Gebeine deutscher Soldaten. Viele Generale und Truppenkommandeure lagen neben ihren Männern unter einem Haufen Kalksteine, über die der Wind sein singendes Klagen trug und über die der Ghibli den Sand anhäufte, der ihnen einst Gefährte gewesen war. Wie im Wunder geschah es, daß sich die Wüste plötzlich wieder belebte. Fahrzeuge tauchten auf, englische Lastwagen, deutsche Geschütze, amerikanische Panzer, darauf eine Handvoll deutscher Soldaten, von der Sonne ausgedörrt, von den Strapazen der letzten Wochen ausgezehrt, ein verschworener Haufe mit seinen Offizieren und seinem Marschall, ein Haufe, der kehrt machte, Front zum Feinde nahm, ihn aufhielt, ihm Wunden schlug und im gleichen Augenblick verschwunden war, in dem der Gegner seinen Aufmarsch vollzogen hatte.

Acht Tage nach der Aufgabe von el Alamein sammelte General Longershausen bei Sollum alle Truppen, deren er habhaft werden konnte und baute die Front neu auf. Langsam wichen das DAK, die 90. Leichte und der Rest der Italiener zurück, wobei das Afrikakorps sich am äußersten rechten Flügel bewegte, um jeden Umfassungsversuch abwehren zu können. An einem dieser Tage erschien eine lange englische Kolonne und als sie näher kam, entpuppte sie sich als ein Regiment Fallschirmjäger, das sich mit General Ramke in tollem, abenteuerlichem Zuge durch den Feind geschlagen hatte, nachdem durch einen Überfall auf englische Kolonnen die nötigen Fahrzeuge erbeutet worden waren. Es war ein großartiges Bravourstück, das General Ramke mit seinen Jägern vollbracht hatte. Die Truppe wuchs nach einigen Tagen wieder auf 2 000 Mann an. Viele Jäger, auf sich allein gestellt, hatten sich durch den Feind geboxt.

Noch einmal entstand auf dem alten Schlachtfeld des Jahres 41 eine kritische Lage, als die 8. Armee bei Sidi Omar vorstieß und versuchte, Niedersollum abzuschneiden. Es gelang auch dieses Mal, sich rechtzeitig der Umfassung zu entziehen und langsam auf die Gazalastellung auszuweichen. Wie dieser Rückzug ohne Betriebsstoff und Munition möglich geworden war, muß ewig ein Rätsel bleiben. Ein System gegenseitiger Aushilfen, ein Marschieren von Kanister zu Kanister, ein sorgsames und alle Zwischenfälle einberechnendes Erwägen der Marschstrecken hatte sich herausgebildet. Denn die Versorgung der Armeereste hatte sich nicht geändert. Sie lebten nach wie vor von der Hand in den Mund. Inzwischen war die „Segesta" versenkt worden und jetzt wurden in Tobruk und in Bengasi zwei Tankschiffe noch vor dem Einlaufen in Brand geschossen. Jede Planung war also unterbunden. Nicht die Feindlage entschied die Beschlüsse der Führung, sondern der Sprit, den die Fahrzeuge in ihren Tanks hatten. Und dieser lähmende, unhaltbare Zustand dauerte trotz aller Zusagen und neuer Versprechungen, die aus dem Führerhauptquartier gekommen waren, an.

Auch Rom hatte sich inzwischen gemeldet und Rommel zur Pflicht gemacht, alle noch übrigen nichtmotorisierten Teile der italienischen Einheiten mitzunehmen, also für ihren rechtzeitigen Abtransport beim Rückzuge zu sorgen. Dieser Befehl bedeutete eine völlige Verkennung der Lage – und in der Tat kam Marschall Cavallero auch der Bitte um eine Aussprache nicht nach –, denn er schien anzudeuten, daß man in Rom des Glaubens war, mit diesen Truppen Tobruk besetzen und die Festung mit ihnen verteidigen zu können. Rommel lehnte einen solchen Gedanken schroff ab, denn die Besetzung Tobruks hätte nur die völlige Einschließung zu Lande und zur See bedeutet und damit die Armeereste in wenigen Tagen vernichten müssen. Denn erst recht war eine Versorgung im isolierten Tobruk nicht zu erwarten. Der Marschall war der Ansicht, daß mit den verbliebenen Kräften und den wenigen Waffen nicht einmal die Cyrenaika gehalten werden konnte und deshalb schon jetzt ihre Räumung vorbereitet und in aller Ruhe und Gründlichkeit durchgeführt werden sollte. Die Marsa el Brega-Stellung kam als erster Haltepunkt in Frage, weil dort möglicherweise eine Auffüllung der Truppen durchzuführen war, vorausgesetzt, alle Kräfte würden für den Nachschub über Tripolis wirklich eingesetzt, und zwar bevor die überlegene englische Luftwaffe auch die Syrte beherrschte. War aber auch das nicht möglich, so konnte kein Sinn darin gesehen werden, die Armee erst in die wasserlose Syrte zu führen und es dann zu einem Wettlauf nach Tripolis kommen zu lassen. Dann wäre, wie der Marschall meinte, eine Abwehrfront in der Cyrenaika vorzuziehen, um von hier aus in den Nächten mit U-Booten, Kleinschiffen und Transportmaschinen alles an Soldaten nach Europa hinüberzuschaffen, was nur irgend möglich war, um sie für dort zu retten und bereitzustellen. Keine halben Maßnahmen mehr, sondern ganze und klare Entschlüsse.

Adolf Hitler, dem ein Offizier diese Gedankengänge vorgetragen hatte, teilte Rommel sofort mit, daß ein Einigeln in der Cyrenaika und ein Abtransport der Truppen nicht in Betracht kommen könnte. Das sei auch wegen der englischen Luft- und Seeüberlegenheit nicht möglich. Es werde aber alles getan werden, um die Armee sofort über Tripolis aufzufüllen und ihr zuzuführen, was sie immer brauchen würde. Es sollte deshalb schnellstens der Bedarf der Armee auf allen Gebieten angemeldet und nichts werde ihr verweigert werden. Auf Italien würde in der Seetransportfrage erneut energisch eingewirkt. Die Marsa el Brega-Stellung aber so lange wie möglich zu halten, sei notwendig, weil sie der Ausgangspunkt für eine neue Offensive werden könnte. Wenn es auch schwierig sei und vieles dagegen spräche, so müßte nun noch einmal alles versucht werden, einen großen Brückenkopf in Afrika zu halten.

Zugleich versicherte Hitler den Feldmarschall seines besonderen Vertrauens und erklärte sich tief beeindruckt von den Leistungen der Armee bei el Alamein, zumal im ganzen bisherigen Kriege deutsche Truppen noch keinmal einem derart konzentrierten Artilleriefeuer und einer derart konzentrierten Luftwaffe standzuhalten hatten. (Radio Kairo hatte am 8. November mitgeteilt, in den ersten zehn Tagen der Schlacht sei eine Million englichser Granaten verschossen worden.)

Doch es schien, daß auch jetzt diese Worte nur Worte waren und erst in der Zukunft eingelöst werden sollten. Auf dem Flugplatz Barce, auf dem der Marschall an seinem Geburtstag erschien, wurde ihm feierlich von der Luftwaffe eine Torte überreicht. Allein die süße Tortencreme konnte die Erbitterung dieses Mannes nicht lindern. Der Kampf, den er zu führen hatte, war schon fast kein Kampf mehr mit dem Feind, sondern fast ausschließlich ein fortgesetztes Ringen gegen europäische Etappe und oberste Führung um die Versorgung seiner Soldaten mit den laufenden Mitteln geworden, mit denen sie von einem Tage zum anderen ihr Leben fristeten.

So hatte ihm die Luftwaffe soeben 250 Tonnen Treibstoff zugesagt, tatsächlich aber nur 60 herangeführt. Rommel warf daher General Ritter von Pohl vor, ihn dauernd mit falschen Zahlen abzuspeisen. Er hätte – und seine Stimme war von gefährlicher Schärfe – von den zuständigen Stellen die Mengen verlangt, die für die Durchführung der Operationen notwendig waren. Der normale Weg sei sicherlich der Seetransport. Es wäre deshalb auch nicht gefordert worden, daß die Luftwaffe diese Mengen beförderte, da ihre Maschinen nicht ausreichten. Wenn aber die Luftwaffe von sich aus ihm die Überfliegung bestimmter Mengen zugesagt hätte, dann müßte er auch die Einhaltung derartiger Versprechungen verlangen. 250 Tonnen waren die Voraussetzung für die Bewegungen der Armee. Und nun brachte man ihm trotz besten Flugwetters 60 Tonnen. Konnte man nicht halten, was versprochen wurde, dann sollte man gar nicht erst etwas versprechen, sondern gleich sagen, welche Mengen transportiert würden, denn die Folgerungen seien für die Führung der Operationen entscheidend. Sprit wolle er, nicht leere Versprechungen. Und Rommel mag dabei daran gedacht haben, daß es sogar Zeiten gab, in denen die Zufuhr frischen Gemüses der Luftwaffe Kesselrings wichtiger erschienen war als Transportmaschinen voller Waffen. Denn auch das hatte sich ereignet*).

Alles schien dazu angetan, die Lage zu erschweren. Die Heeresartillerie meldete, daß sie keine Munition mehr habe. Ein Offizier

---

*) Schon in den kritischen Novembertagen 41 hatten die Panzerregimenter verzweifelt auf ihren Nachschub gewartet. Wochenlang lagen allein 280 Kisten mit sogenannten „Engpaßteilen", Panzer-Ersatzmaterial, auf den Flugplätzen Siziliens herum. Unverdrossen wurden derweilen täglich zwei Tonnen Obst und Gemüse für die Luftwaffe nach Afrika geflogen. Typisch für diesen Zustand war auch, daß eine Transport-Ju 18 Mann mit Handfeuerwaffen laden konnte, aber nur 12 bis 14 Soldaten der Luftwaffe, weil sie ein Vielfaches an persönlichem Gepäck mit sich führte.

des Armeestabes beschwerte sich, daß in Barce ein Lager mit den dringend benötigten Kalibern gesprengt worden war, ohne jede Prüfung der Frage, ob das DAK noch wesentliche Teile mitnehmen könnte. Auch ein Depot mit 4 000 Minen, die vorne dringend gebraucht wurden, war gesprengt worden. U-Boote und Zerstörer, die Bengasi anlaufen sollten, trafen nicht ein. Die U-Boote waren nach Tunis abgedreht worden und die Zerstörer mit ihrem Brennstoff wegen schlechten Wetters umgekehrt. Ein weiteres Schiff „Hans Arp" mit einer Teilladung Sprit wurde ebenfalls vor Bengasi umbefohlen und zwar nach Ras Ali, irgendwo an die Syrteküste, da die italienischen Hafenbehörden stillschweigend Bengasi verlassen hatten. Das Schiff, durch Funkspruch nach Bengasi zurückbeordert, wurde dicht vor dem Hafen erneut, dieses Mal durch einen Befehl aus Rom, nach Ras Ali umgelenkt und dort endlich mit seinen 700 Tonnen Benzin durch Torpedoschuß versenkt. Zu guter Letzt meldete auch noch die 15. PD., daß sie ohne einen Tropfen Brennstoff bewegungsunfähig sei. Aber da hatte der Himmel plötzlich ein Einsehen. Er öffnete seine Tore und über die Wüste strömte der Regen. Sie wurde zum Schlammfeld. In den Pisten blieben leichte und schwere Fahrzeuge stecken. Auf den Flugplätzen erstarb jede Bewegung. Weder hüben noch drüben konnte eine Maschine starten. Die Spitze der 8. Armee blieb bei el Adem hängen. Auch Montgomery war zur Bewegungslosigkeit verurteilt.

Dieser Wetterumschlag verhinderte eine andere drohende Gefahr. Schnelle englische Verbände waren nämlich von Girabub bereits durch die südliche Wüste vorgedrungen, um Agedabia zu erreichen und die Panzerarmee von hier aus von ihren rückwärtigen Verbindungen abzuschneiden und sie in der Cyrenaika einzukesseln. Kommandotrupps, die mit ihren schnellen, wendigen Spähwagen und Jeeps in der südlichen Cyrenaika aufgetaucht und auch bei Mechilli gesichtet worden waren, als noch die letzten Teile der 90. Leichten die Küstenstraße bei Tobruk entlang marschierten, während Montgomerys Truppen schon in Gambut saßen, waren von der Luftwaffe vernichtet worden. Jetzt waren plötzlich 20 dieser Spähwagen im Morast bei Msus steckengeblieben. Die Luftwaffe, die auf einem Platz noch starten konnte, eilte zu ihrer Vernichtung herbei und entdeckte dabei in der westlichen Wüste eine Ansammlung von 500 Fahrzeugen. Auch sie waren eingeschlossen. Soweit das Auge reichte, stand der Raum von Msus bis Antelat und Agedabia unter Wasser, nur die Berge von Sceleidima ragten aus dem riesigen See hervor.

Ungeachtet des Wetters, zu dem sich jetzt noch ein schwerer Ghibli gesellte, befahl die Armee die Räumung Bengasis und das Abfließen der Truppen entlang der festen Küstenstraße, um dem Vorstoß über Msus auf Agedabia zuvorkommen zu können. Zahlreiche Einheiten lagen indessen zwischen Bengasi und Agedabia fest, weil sie keinen Brennstoff hatten. Die Transportmaschinen, die endlich vom Festland eintrafen, brachten wieder weniger, als zugesagt worden war, nämlich 160 statt 400 Tonnen. Da wurde gemeldet, daß Zerstörer und U-Boote mit 500 Tonnen nach Bengasi unterwegs waren. Würden sie noch zur Zeit kommen?

Sie kamen überhaupt nicht, sondern drehten auch dieses Mal ab, weil Sturm herrschte. Ungeachtet dieses Wetters führte Montgomery aber seinen Nachschub bereits über See. 15 Geleitschiffe waren auf der Höhe von Derna gesichtet worden. Auch Siebelfähren, mit Panzern und Bergungsgut beladen, gingen von Bengasi aus mit dem Ziel Syrte in See.

Am 20. November wurde die Marsa el Brega-Stellung erreicht. Im Raume von Agedabia ordneten sich die Verbände zum ersten Male. Nachdem endlich noch acht mit Brennstoff landende Maschinen in Brand geschossen worden waren und der Tanker „Giorana" mit 3 900 Tonnen Betriebsstoff vor Misurata durch ein Torpedoflugzeug versenkt wurde, erstarrte die Front wieder im Schlamm.

Es regnete erbarmungslos und erbarmungsvoll vom Himmel herunter, als sollte der Durst eines langen, blutigen Schlachtensommers gestillt werden.

ZWISCHEN TUNIS UND MARSA EL BREGA

Düsterer November

Am 8. November, gerade in den Tagen, in denen sich die Truppen der Panzerarmee in die Sidi-Omar-Halfayapaßstellung zurückkämpften, waren die letzten alliierten Maßnahmen, während der britischen Alameinkrise getroffen, wirksam geworden.

In Algier und Französisch-Marokko landeten britische und amerikanische Divisionen. Sie waren bestimmt, eine außerordentliche Aufgabe zu übernehmen. Zunächst sollten sie über Tunis nach dem Osten antreten, die Hauptnachschubverbindungen der Achsenstreitkräfte in Tripolitanien abschneiden, die Vernichtung Rommels herbeiführen und der 8. Armee die Hand reichen. War ganz Nordafrika in den Besitz der Verbündeten gebracht, so war die Stunde für einen Angriff auf Europa gekommen. Die Landung sollte zu Beginn des Jahres 1943 erfolgen.

Eiligst nach Tunis mit Transportmaschinen geworfene deutsche Truppen, in den ersten Tagen ein wildes Durcheinander von verschiedenen Verbänden ohne schwere Waffen, sicherten handstreichartig die Hafenstadt, säuberten das Gebiet über Bizerta hinaus und bildeten einen von Tag zu Tag stärker werdenden Brückenkopf.

Es war ein Glück, daß die französischen Truppen in Tunis keinen Widerstand leisteten und daß ferner das feindliche Landungsunternehmen mit allen nur erdenklichen Vorsichtsmaßnahmen ablief. Ohne jedes Risiko wäre nämlich die gleichzeitige Besetzung von Tunis möglich gewesen und damit dann für die Achsentruppe eine völlig andere Lage entstanden. Tripolis war von den tunesischen Flugplätzen sofort auszuschalten. Ein Vorstoß entlang der Küste wäre keinem Widerstand begegnet und der Kampf um Nordafrika hätte noch in diesem Jahre 1942 ein Ende gefunden.

Nun erlaubte der langsam und sehr zögernd vorfühlende Gegner, in aller Ruhe eine Abwehrfront in Tunesien aufzubauen. Allerdings erreichten die Alliierten selbst dabei schon, was ihnen nützlich und wohl auch beabsichtigt war. Denn die Truppen und das Material, das die Panzerarmee benötigte, flossen jetzt nach Tunis, und was immer man Rommel in den vergangenen Monaten vorenthalten hatte, war plötzlich und verblüffend schnell zur Stelle. Welch schwere, verhängnisvolle Fehler auf deutscher wie auf italienischer Seite begangen worden waren, hier wurde es offenbar. Hätte man die Truppen, die Geschütze, die Panzer, den Brennstoff, die Pak und die Lebensmittel, die jetzt und im Laufe des Winters in Tunis zu landen ein bitterer Zwang geworden war, im Sommer nach el Alamein gebracht, die abgekämpften Divisionen mit dem Ersatz aufgefüllt und das Material in sie hineingepumpt, Ägypten hätte sich wahrscheinlich längst im Besitz der Panzerarmee befunden und die Katastrophe vom Oktober wäre vermieden worden.

Aber es war zu spät und es hatte auch keinen Sinn, darüber nachzudenken, warum Zusagen und Versprechungen Schall und Rauch geblieben waren. Jedenfalls stand fest, daß Rußland keineswegs alles, gewissermaßen bis zum letzten Hosenknopf, verschlungen hatte, und daß deshalb das Material für Afrika nicht ausgereicht hatte. Wenn Marschall Bastico, in der Erkenntnis der Unmöglichkeit, den libyschen Feldzug befriedigend abzuschließen, in tiefster Verbitterung feststellte, alle ihm von Rom gemachten Versprechungen ergäben zusammengenommen den höchsten Berg Afrikas, so hätte Rommel diesen Berg noch um ein Beträchtliches erhöhen können.

Am 23. Oktober hatte die Schlacht um el Alamein begonnen. Bis zum vierten November war die Front gehalten worden, der Munition, Brennstoff und 30 000 Mann Ersatz fehlten. Dann erfolgte der Rückzug in die Fukastellung, die am nächsten Tage vom Feinde durchbrochen und überflügelt wurde. Einige Tage konnte Montgomery vor den Minenfeldern von Marsa Matruch aufgehalten werden. Seine Luftwaffe stürzte sich in der Zeit auf die Kolonnen, die durch die Enge von Marsa Matruch und die Steilstraße bei Sollum gepreßt werden mußten.

Am 11. November gelang der 8. Armee der Durchbruch durch die Halfayastellung, bei der noch einmal zwei italienische Bataillone und eine deutsche Artillerieabteilung überrollt wurden. Es kam eine kurze Krise bei el Adem und Tobruk. Im Anhalteverfahren mußten die Truppen zurückgeschleust werden und die Kolonnen Zug um Zug in die Cyrenaika abfließen. In dieser Zeit hielten DAK und 90. Leichte die Gazalalinie. Und wieder ging es schrittweise zurück, bis am 24. November die letzten Nachhuten in die Bregastellung einrücken konnten.

In diesen kritischen Wochen hatten die Pioniere unter General Bülowius eine wahre Meisterschaft entwickelt. Sie waren es nicht zuletzt, die den Gegner immer wieder aufhielten. Jede Straße war fast Meter um Meter vermint. Scheinminen wechselten mit Kastenminen ab, die mit den Suchgeräten nicht gefunden werden konnten. Alle Steilstraßen waren gesprengt. An zusammengebrochenen Lastwagen, an Brunnenrändern, an Straßengräben, an Haustüren, unter Palmen, die zur Rast einluden, überall waren Minen angebracht. Es war eine der tollsten Verminungsgeschichten dieses Krieges, die hier geschrieben worden war und in manchem verriet sie den Erfindungsgeist Rommels.

Marschall Bastico hatte inzwischen bei Marsa el Brega die neue Front aufgebaut. Die Division Spezia im Norden, die Pistoia im Süden, dazwischen die aus Siwa zurückgezogene Division Jungfaschisten, war die Stellung 170 Kilometer lang – die ganze Alameinfront umfaßte 70 Kilometer – und daher in ihrem Hauptteil unbesetzt. In der Oase Marada, bestimmt den rechten Flügel abzuschirmen, lagen ein Eingeborenenbataillon und eine Batterie. Die ganze Widerstandslinie bestand aus einzelnen Stützpunkten, zwischen denen sich Lücken von vier bis sechs Kilometern befanden. Die Minenfelder waren dünn. Es waren 30 000 insgesamt verlegt worden, also nur der siebzehnte Teil jener Minen, die Alamein abgeschirmt hatten. In diesen Raum rückte nun die Panzerarmee. Aber was stand noch zu ihrer Verfügung?

Das DAK hatte die Kopfstärke eines verstärkten Infanterieregimentes, die 90. Leichte anderthalb verstärkte Bataillone, die 164. Division 3 000 Mann ohne schwere Waffen und zumindest auch ohne Gewehre. Die Fallschirmjägerbrigade zählte ein verstärktes Bataillon, die 19. Flakdivision ein Regiment und die Heeresartillerie noch acht von 17 Batterien. Das XX. italienische Armeekorps bestand aus einem schwachen Regiment ohne Artillerie und Panzer und sollte effektiv 550 Panzer und 220 Geschütze besitzen.

Besonders deutlich zeigte die Ausstattung der Truppen mit schweren Waffen den Ernst der Lage.

Das DAK besaß noch 35 Panzer (das Soll betrug 371), 16 Spähwagen (60), 12 Pak (246), 12 Haubitzen (60) und zwei 10-cm-Kanonen (8).

Die 90. Leichte Division hatte keine Panzer, sollte aber 70 erhalten, die noch auf italienischem Boden standen. Sie zählte im Augenblick vier Spähwagen statt 30, 31 Pak und nur sieben Haubitzen.

Die 164. leichte Division verfügte nur noch über zwei Pak statt über 200 und die Flakdivision über 40 Rohre 8,8 cm (72) und 60 Geschütze von 2 cm (225).

Die Fallschirmjäger meldeten 21 Pak (102) und zwei Geschütze (24), die Heeresartillerie 24 Rohre (56). Nur Basticos Infanteriedivisionen konnten noch eine nennenswerte Zahl von panzerbrechenden Waffen einsetzen. Die Truppen waren aber ohne jede Kampferfahrung. Erschwert wurde diese Lage wieder durch die anhaltende Nachschubkatastrophe. Eine halbe Tagesausstattung Munition befand sich bei der Truppe, eine knappe Tagesausstattung in Tripolis. Von allen wichtigen Munitionsarten aber war sogar weniger vorhanden. Der tägliche Betriebsstoffverbrauch belief sich jetzt auf 400 Tonnen. Vorhanden waren Vorräte für vier Tage, also 1 600 Tonnen. Die Verpflegung war so knapp geworden, daß die Truppe zum Teil eine Woche kein Brot mehr erhalten hatte.

Auf der Feindseite standen die 7. englische Panzerdivision im Raume Msus-Antelat und eine neuseeländische Division beiderseits der Straße von Agedabia. Bis Mitte Dezember konnte Montgomery, der die Nachführung seines Nachschubes sehr sorgsam und weit vorausschauend vorbereitet hatte, mit der Masse der 8. Armee, zumindest mit zwei Panzerdivisionen und vier motorisierten Divisionen zum Angriff wieder bereit sein. Das bedeutete, mit rund 400 Kampfwagen und 400 Geschützen sowie 500 Pak vermochte er die Offensive in einem Zeitraum fortzusetzen, in dem keine wesentlichen Verstärkungen für die Panzerarmee eingetroffen sein würden. Montgomery konnte, wenn er wollte, im Raume Marada die Panzerarmee umgehen, abschneiden und direkt auf Tripolis zu marschieren. Zog er es aber vor, völlig sicher zu gehen, so brauchte er nur um den Preis einer weiteren kurzen Verzögerung die Masse seines X., XXX. und XIII. Korps heranzuführen, um dann drei Panzerdivisionen und acht Infanteriedivisionen auf die Bregastellung loszulassen. Falls zur gleichen Zeit – und eine Übereinstimmung der Operationen mußte erwartet werden – auch die englisch-amerikanische Armee auf Tunis antrat, so war der Ablauf der Ereignisse unschwer vorherzusehen. Drüben standen zunächst zwei amerikanische Panzerdivisionen, vier Infanteriedivisionen und die 65. englische Divison an der Front.

Dieses Kräfteverhältnis, bei dem freilich erwähnt werden muß, daß auch die 8. Armee nicht ungerupft blieb, sondern zuletzt gerade durch Minen erhebliche Verluste verzeichnete, die sich aber laufend ergänzen ließen, muß berücksichtigt werden, will man die Tragweite der folgenden Entscheidungen beurteilen, die Vorschläge der Panzerarmee verstehen und dabei die Unmöglichkeit der Befehle, welche die Armee erhielt.

Für sie stand fest, ein entscheidungsuchender Angriff des Feindes mußte vollen Erfolg haben. Rommel hatte daher die Absicht, keine

Schlacht anzunehmen, sondern die unbeweglichen Truppen in eine neue Stellung, bei Buerat, zu transportieren und bei el Brega mit den Resten seiner motorisierten Divisionen hinhaltend und beweglich zu kämpfen, um dann entlang der Küstenstraße auszuweichen. Zwar gingen dann die Flugplätze der Syrte in den Besitz des Feindes über, der sich sofort auf den Hafen von Tripolis werfen würde, um ihn auszuschalten, allein da man Malta Gelegenheit gegeben hatte, sich wieder zu erholen und stark zu machen, so konnte dieses Argument gegen den Plan nicht entscheidend sein.

Maßgeblich war, daß nicht die Bregastellung gehalten, der Angriff abgewartet werden und die Armee sich gleichzeitig kämpfend absetzen konnte. Die Annahme der Entscheidungsschlacht mußte mit der Vernichtung der letzten Waffen enden und den Weg nach Tripolis sofort freigeben. Dann allerdings wäre auch der Brückenkopf in Tunis verloren gewesen. Hinhaltender Kampf, langsames Ausweichen unter Rettung der Fußtruppen bedeutete Zeitgewinn. Und das war viel, ja, das einzige, was die Armee überhaupt noch erreichen konnte.

Auch der kommandierende General des XXI. Armeekorps, der tapfere Navarrini, stimmte diesem Plan bei, zumal seine neuen, bisher der Heeresreserve angehörenden Divisionen kampfungewohnt waren und einen schweren Angriff nach dieses Generals Auffassung nicht durchstehen würden.

Die Frage einer Luftwaffenverstärkung war bei diesen Plänen Rommels übrigens bezeichnenderweise außer Betracht geblieben. Zwar waren seit dem Führerbefehl Anfang November noch einmal Verstärkungen angekündigt worden, aber es war kein Geheimnis, daß es an Maschinen fehlte, und daß kein Benzin vorhanden war, brauchte man der Panzerarmee nicht erst zu erläutern.

Die Entscheidung über die Frage der Abwehr, zwischen Bastico, als dem territorialen Oberbefehlshaber, dem die Panzerarmee jetzt wieder unterstand und der deutschen Führung auszutragen, wurde durch einen Befehl Hitlers und Mussolinis überflüssig, der kurz und bündig anordnete, die Marsa el Brega-Stellung zu halten. Der Bueratplan war damit abgelehnt und gegenstandslos geworden.

Mit dem Oberbefehlshaber Süd, Generalfeldmarschall Kesselring, mit Marschall Graf Cavallero und zahlreichen hohen deutschen und italienischen Offizieren fand darauf am Arco de Fileni in der syrtischen Wüste zum erstenmal wieder eine Besprechung statt, bei der Rommel erneut die Unmöglichkeit bewies, eine feste Verteidigung in der Bregastellung einzurichten und sich zur gleichen Zeit auf eine spätere bewegliche Kampfführung vorzubereiten. Auf das Wörtchen „gleichzeitig" kam es nämlich an und zwar jetzt, wie auch später bei ungezählten Beratungen und Entschlüssen, die klar zu entscheiden sich jedermann scheute.

Zunächst, wie so oft schon, ging das Thema um neue Panzer, Pak und Treibstoff. Cavallero, der wußte, daß die täglichen Zufuhren von 80 Tonnen bei dem 800 Kilometer langen Weg von Tripolis zur Front nicht einmal für Verpflegung und Wasser ausreichten, wollte die Versorgungsleistung wissen, wenn gleichzeitig die Vorräte aufgefüllt werden sollten.

Sie betrug eine bereits bekannte Zahl, 400 Tonnen für den Tag. Aber sowohl Cavallero wie Kesselring konnten sich nicht entschließen, auf den Kern der Dinge einzugehen. Cavallero wies immer wieder auf die Ausweichmöglichkeit hin, die durch die Bueratstellung gegeben war, obwohl er den Befehl allzugut kannte, daß die Bregastellung zu halten sei und auch wußte, daß beides zu tun, nicht durchzuführen war.

Kesselring erging sich in allgemeinen Betrachtungen, plädierte für die Bregastellung, betonte, daß auch der Feind bei einer Nachschubstrecke von 1 300 Kilometern versorgungsmäßig auf einen solchen Raum sich nicht vorbereitet haben könnte — was ein Irrtum war —, daß das X. Fliegerkorps mit zwei Geschwadern ständig die rückwärtigen Verbindungen angriffe und zum Teil bereits „vernichtende Erfolge" erzielte und daß man Verstärkungen an Jägern und Bombern haben müßte, um die Armee entscheidend zu unterstützen. Neue Waffen, die neue 8,8, Modell 41, und der Tigerpanzer, müßten „mit allen Mitteln" herangeschafft werden, ebenso der Sprit, den die Armee brauchte. Waffen und Pak für die unbewaffneten Soldaten der 164. Division könnte er überfliegen.

„Wenn aber der Entschluß fällt, Buerat und Tripolis zu verteidigen, wird es notwendig sein, alle Reserven nach Tripolis zu schaffen und dort eine Aufnahmestellung zu beziehen, bis über Tunis so viel herankommt, wie gebraucht wird, um die Front vorzuschieben." Er mache aber darauf aufmerksam, daß jeder weitere Rückzug sowohl für die Engländer wie für die Amerikaner das Angriffszeichen geben werde. „Die Katastrophe", erwiderte Rommel lakonisch, „kann genauso schnell kommen, wenn die Panzerarmee in der Bregastellung überwalzt wird. Mit 0,3 Sätzen Munition kann sie nicht viel anfangen."

Er sei ja gerade mit Marschall Cavallero hergekommen, entgegnete Kesselring, um zu besprechen, was zu geschehen habe, wenn man die Stellung nicht werde halten können.

Rommel hob die Schultern. Zu einer anderen Lösung sei es wohl zu spät, nachdem die Entscheidung gefallen und Befehl ergangen sei, die Stellung zu halten.

161

Kesselring eröffnete, daß er seit einigen Tagen von Hitler für den gesamten Nachschub verantwortlich gemacht worden sei und daher alles tun werde, um das Halten der Stellung zu ermöglichen. Gewiß, zunächst werde es nur tröpfeln, aber ein Anfang müsse gemacht werden und jede neue Waffe sei wichtig und entscheidend. Das alles war frontfremd und frontferne. Es waren im Grunde Redensarten, überflüssig und wertlos. Rommel wies denn auch darauf hin, daß die britische Luftwaffe nach den Erfahrungen von Alamein schon vor dem Antreten der Erdtruppen die Abwehrkraft der Armee wesentlich schwächen würde.

Sicherlich sei das richtig, entgegnete Kesselring, seine Meinung gehe dahin, daß er durch ständige Angriffe auf die feindlichen Flugplätze mit seiner verstärkten Luftwaffe die Wirkung des Feindes stark einschränke. Allein im Raum von Bougé habe er 80 Prozent der Maschinen auf den Plätzen zusammengeschlagen.

Rommels Erfahrungen an der Front waren andere. Er glaubte nicht, daß diese Einsätze — mit der ja noch gar nicht verstärkten Luftwaffe — die Lage der Erdtruppen entscheidend änderten, worauf es ihm allein ankam. „Der Feind erscheint mit solchen Massen, daß die Angriffe unserer Luftwaffe nur Nadelstiche bedeuten. Er wird schon jetzt mit seinen Tieffliegern unseren Nachschub zusammenschießen." Einlenkend fragte Cavallero, ob denn keine Verstärkung der Luftwaffe möglich sei.

Nein, sagte Kesselring plötzlich, für den Augenblick sei das nicht denkbar! Das X. Fliegerkorps und der Fliegerführer Afrika täten aber alles, um den Forderungen der Erdtruppen gerecht zu werden.

Schließlich stellte Marschall Rommel noch einmal seine alte Frage. „Was soll geschehen, wenn der Feind in den nächsten Tagen die Armee an der Front bindet und mit starken Kräften umfaßt?"

Betretenes Schweigen. Niemand vermochte eine Antwort zu geben. Cavallero ergriff als erster wieder das Wort und wies auf die Auslademöglichkeiten im Hafen von Tripolis hin, welche mit Rommels Frage kaum in Zusammenhang gebracht werden konnten. Endlich aber wurde doch noch eine befriedigende Formulierung gefunden, wobei jeder der Generale wußte, daß sie eben nur eine Formulierung war. Rommel bekundete darauf seine Absicht, die Stellung entsprechend den Befehlen zu halten. Sei aber ein Durchbruchsplan oder eine Durchbruchsmöglichkeit des Feindes zu erkennen, dann werde er die Schlacht abbrechen und bei einer Umfassung versuchen, die Truppe herauszuziehen.

In den nächsten Tagen gab es nur schlechte Nachrichten. Die 3000 Mann der 164. Afrikadivision lagen im strömenden Regen ohne Zelte. Sie wurden daher nach Tripolis zur Auffrischung und Aus-

162

rüstung zurückgebracht. Die Fallschirmjäger waren seit fünf Tagen ohne Brot. Der Dampfer „Algerino" mit Munition und Brennstoff wurde auf der Höhe von Buerat angegriffen und versenkt. Am nächsten Tage wurde gemeldet, daß mit der Zuführung von Verpflegung nicht vor einer Woche, also Anfang Dezember, zu rechnen war. Zugleich traf ein Befehl des OBS ein, Truppen zum Schutze von Gabes in Tunesien abzugeben, das Mitte November von Gaullisten besetzt worden war und jetzt von italienischen Bataillonen genommen werden sollte. Der Befehl wurde erfüllt, die Aufklärungsabteilung 3 in Marsch gesetzt. Nichts deutete auf eine Änderung der Lage.

So übergab der Feldmarschall die Armee General Fehn, dem neuen kommandierenden General des DAK, und flog ins Führerhauptquartier, um seine Auffassung zur Lage vorzutragen und für den Fall, daß die Operationen in Tunis ohne Erfolg blieben, wenigstens das wertvolle Menschenmaterial seiner Armee zu retten und die Tausende von Soldaten, die ohne Waffen waren, nicht dem Feinde auszuliefern.

Ein freundlicher Sonnenstrahl war zuvor aber doch noch auf das DAK gefallen. Er kam vom längst verschollenen „Hans Arp". Der größte Teil seiner Ladung – Verpflegung und Brennstoff – wurde nämlich unmittelbar im Frontgebiet angeschwemmt und konnte geborgen werden.

Am 28. November um zwei Uhr morgens verließ Rommel seinen Gefechtsstand. Am Nachmittag um 17 Uhr stand er vor Hitler.

War, was der Feldmarschall unternahm, nicht ein Kampf gegen Windmühlen? Mußte er nicht dasselbe erleben, was er nun schon gewohnt war, Versprechungen und Befehle, umhüllt von Zuversicht und der ganzen Atmosphäre „eiserner Siegesentschlossenheit", und dann das Ergebnis, daß alles beim alten blieb und nichts sich änderte, genau so, wie sich seit dem 4. November nichts gewandelt hatte, als Hitler seine Befehle erließ und seine Zusagen machte, alles an verfügbaren Waffen und Material der Panzerarmee ausreichend und schnell zu senden?

Der Kampf nach hinten war zermürbend und er war nervenaufreibender als Montgomerys Drohung mit seinen drei Armeekorps. Indessen der Marschall war fest entschlossen, noch einmal alles zu versuchen. Das war er seinen Soldaten schuldig, um deren Rettung es ihm ging.

Rommel entwickelte seine Ansicht, wie er sie immer vertreten hatte und vertreten würde. Man konnte sich ungefähr vorstellen, wie sie wirkte. Er sprang nicht als Löwe unter unwissende Schafe.

Kein Ungewitter brach über einen Tag heiteren Sonnenscheins. Es war vielmehr, als werde mit Kieselsteinen gegen Zementmauern geworfen. Die Atmosphäre der Siegeszuversicht war zu dicht und dick, als daß sie hätte zerrissen werden können. Keine Wirklichkeit fand in ihr Einlaß. Sie schien aus undurchlässigen Panzerplatten zu bestehen.

Der Feldmarschall erklärte zunächst, daß nach seiner festen Überzeugung Afrika ohne entsprechende Änderung der Transportlage nicht mehr zu halten sei. Selbst in guten Zeiten hatte es keine normale Bevorratung gegeben. Sei keine wirklich entscheidende Änderung zu erreichen, dann allerdings müßte mit dem Abtransport der deutschen Truppen begonnen werden. Die Armee in ihrer jetzigen Verfassung könnte Afrika nicht behaupten, zumal die italienischen Divisionen kriegsungewohnt und daher ohne jeden Kampfwert wären. Und er schilderte den Zustand der Armee.

Wiederholen wir die Zahlen, welche ihn charakterisieren. 10 000 Mann waren insgesamt ohne Waffen. Die Artillerie verfügte über 1,3 Munitionsausstattungen. Das DAK besaß jetzt 54 Panzer, 18 Spähwagen, 66 Pak und Geschütze, die 90. Leichte sieben Spähwagen, 43 Pak und Geschütze, die 19. Flakdivision 48 Kaliber 8,8 und 120 zwei-cm-Geschütze, die Heeresartillerie zwei 7,2, vier 8,76, sieben 10-cm-Geschütze, drei Haubitzen und acht Mörser zu 17 und 21 cm. Die Fallschirmjäger hatten 22 Pak und das Panzergrenadierregiment Afrika der 164. Division 15 Pak.

Auf afrikanischem Boden waren noch immer 69 365 Mann, davon 500 Marinesoldaten, 22 099 der Luftwaffe und 46 765 des Heeres. Von diesen 46 000 Mann zählte das DAK 21 924, die 90. Leichte 5 528 und die 164. 4 702. Der Rest von 6 590 Mann waren Versorgungstruppen und rückwärtige Dienste. Die Italiener hatten beim XXI. Armeekorps drei Spähwagen, 164 Pak, 218 Geschütze von 6,5 bis 15 cm, und die Reste des XX. Korps waren auf 42 Panzer, 19 Spähwagen, 15 Pak und sieben Geschütze wieder aufgefüllt.

Die Verluste vom 23. Oktober bis einschließlich 30. November betrugen:

	gefallen	verwundet	vermißt
Deutsche	1 122	3 886	8 050
Italiener	971	933	15 938

Demgegenüber stand der Feind mit rund 400 Panzern, 300 Spähwagen, 360 leichten und 48 schweren Geschützen sowie rund 500 Pak. Das war, ganz nüchtern, die Lage.

Und die Entwicklung des Nachschubs?

Am 17. November waren die Betriebsstoffbestände aufgebraucht. Die Bregastellung erreichten die Truppen mit leeren Tanks. Sie waren nach ihrem Eintreffen bewegungsunfähig. Eine Überfliegung von Brennstoff war bei der Entfernung nicht möglich. Zehn Tonnen waren unterdessen in Buerat eingetroffen, 400 Kilometer westlich der Front, 500 Tonnen in Tripolis. Der Antransport dauerte mehrere Tage. Am 29. November genügten die Bestände noch immer nicht. Die laufende Versorgung funktionierte nicht. Wasser und Lebensmittel blieben knapp. Die Panzer hatten für 30 Kilometer Brennstoff. Sieben Tage vorher war ein Funkspruch Generalfeldmarschall Keitels eingegangen, nach dem Hitler „voll und ganz" Mussolini zugestimmt hatte, die Widerstandslinie Agheila–Marada unter allen Umständen zu halten. Aber wie und mit welchen Mitteln? Auch darauf gab der Funkspruch Antwort:

„Hierzu werden nach Maßgabe der Transportverhältnisse alle nur irgend möglichen Verstärkungen, insbesondere an Panzern, Pak und Flak, zugeführt und die Luftwaffe im Rahmen der Möglichkeiten verstärkt."

Und wie sahen die Möglichkeiten aus?

Zunächst wurden die Entladungen im Hafen von Tripolis während der Nächte eingestellt, weil die Hafenarbeiter angesichts der ständigen Fliegerwarnungen nicht mehr erschienen. Überdies fehlten Motorprähme zur Ausschiffung und Lastwagen zum Abtransport der Güter von den Hafenmolen.

Am 1. Dezember zählte die 15. PD. 25, die 21. PD. 21, die Ariete 42 Panzer. Das war also eine Woche nach der Mitteilung Keitels, keine lange Zeit, aber für Afrika und für die Panzerarmee zählte jeder Tag. Denn jeder, der versäumt wurde, brachte sie auch der Katastrophe näher.

Sehr eingehend schilderte Rommel die Bedingungen der Bregastellung, deren Südabschnitt von Marada bis Maaten Giofer 90 Kilometer umfaßte, der Nordabschnitt von Giofer bis Brega 70 Kilometer. Die Stellungen waren schwach ausgebaut und ohne Tiefe. Da angenommen werden durfte, daß Montgomery beiderseits der Via Balbia wieder antreten würde, war zunächst nur der Nordabschnitt besetzt worden. Dabei entfielen auf jedes Bataillon drei Kilometer Frontabschnitt. Diese dünne Besetzung und die Möglichkeit eines feindlichen Ausholens in allgemeiner Richtung en Nufulia zwangen, die schwachen mot. Kräfte hinter der Front zusammenzufassen. Zur Verstärkung der Front wurden bereits am 16. November, also vor dem Einrücken des DAK in die Endstellungen, 50 Pak 7,5 cm und 50 Panzer IV, sowie 78 Geschütze von zehn bis

17 cm mit Zugmaschinen, Munition und Bedienungen angefordert, von denen aber nichts eintraf.

Rommel wies in diesem Zusammenhang auf die Unhaltbarkeit der Lage hin. Gezwungen, mit unbeweglichen Infanteriedivisionen, deren Moral kaum einer Probe standhalten würde, die Bregastellung zu behaupten, war die Armee praktisch gelähmt. Angegriffen oder umgangen, konnte sie die nichtmotorisierten Truppenteile nur ihrem Schicksal überlassen oder die ganze Armee mußte sich opfern. Der Ballast dieser Infanterie sollte deshalb im Raum Buerat abgeworfen und die Bregalinie so lange gehalten werden, wie es die schwachen Kräfte der schnellen Truppen zuließen.

Hitler lehnte zunächst jeden Gedanken eines Abtransportes von Truppen nach Europa schroff ab. Er erklärte, die Stadt Tripolis werde gehalten und müßte gehalten werden. Schon aus politischen Gründen sei es notwendig, einen großen Brückenkopf in Nordafrika zu behaupten, weshalb eine Aufgabe Tripolitaniens überhaupt nicht in Frage kommen könnte. „Die Armee wird so viel Waffen erhalten, wie sie braucht."

Als Bekräftigung dieser Zusicherung gab er den Befehl, unter Einsatz aller Mittel – ein dehnbarer, aber in jener Zeit beliebter Ausdruck – Munition und Waffen nach Afrika zu überführen und die erste Serie des neuen 8,8-Geschützes 41 von 20 Stück an die Panzerarmee zu senden, nicht aber nach Tunis, wohin sie vorgesehen war.

Die Feststellungen Hitlers waren klar und deutlich. Der Feldmarschall mußte annehmen, daß seine Wünsche damit erfüllt waren. Denn wer besaß schließlich mehr Macht, seinen Willen durchzusetzen und Entschlüsse auszuführen als dieser Mann und wer mehr Autorität als der oberste Befehlshaber der Wehrmacht? Rommel sah sich daher in der zwiespältigsten Lage. Er hatte beabsichtigt, seinen Vortrag mit einem zweiten Vorschlag zu beenden, den er sehr lange schon durchdacht und verarbeitet hatte. Er wollte die Vereinigung seiner Armee mit den in Tunesien stehenden Kräften fordern, um die Lage in Westafrika zu bereinigen, dann aber sich wieder nach dem Osten zu wenden. Für ihn war der Zweifrontenkrieg in Nordafrika eine einzige Front, die einheitlich geführt werden und operieren mußte. Durch die Erklärung Hitlers, Tripolitanien müßte und könnte gehalten werden, war dieser Vorschlag indessen gegenstandslos geworden. Er konnte nicht einmal mehr vorgetragen werden.

Der Gabesplan

Hatte auch der Verlauf der Besprechungen im Hauptquartier erneut höchst befremdliche Vorstellungen über die Lage an der Front gezeigt, so war es doch ein Erfolg, daß Rommel gemeinsam mit Reichsmarschall Göring zu Mussolini entsandt wurde, um dort weitere Einzelheiten festzulegen. Als wichtigste Entscheidung wurde in Rom die Aufgabe des Bregaplanes erreicht. Mussolini erklärte plötzlich, keineswegs die Annahme einer Entscheidungsschlacht in der Bregastellung zu wünschen. Die Armee sollte vielmehr beizeiten auf die Bueratlinie ausweichen, wodurch zwischen Feind und eigene Stellung die Syrte gelegt werde, die größte und längste Durststrecke Afrikas.

Rommels Gedanken aber kreisten weiter um jene Idee, aus den beiden Kampffeldern eine Front zu machen. Je mehr er über die Ergebnisse nachdachte, welche die Besprechung bei Hitler gezeitigt hatten, um so magnetischer zog es ihn zu seinem Plan, mit einer anderen Lösung einen völlig neuen Anfang zu machen. Ging man auf die Bueratstellung zurück — und etwas anderes zu tun blieb keine Wahl —, rückte damit nun Tripolis in die unmittelbare Reichweite der englischen Luftwaffe im libyschen Frontgebiet und wurden folglich Tunis und Bizerta die Hauptversorgungshäfen auch der Panzerarmee, warum dann nicht gleich radikale und wahrhaft wirksame Maßnahmen? Gabes, am Golf der kleinen Syrte gelegen, hervorragendes Sperrgebiet inmitten des tunesischen Dschebels und in der Flanke gedeckt durch den Schott el Djerid, soeben von gaullistischen Truppen entsetzt, war die ideale Auffanglinie.

Denn auch die Bueratstellung würde auf die Dauer nicht zu halten sein, ja überhaupt keine Stellung, wenn nicht Waffen, Munition und Sprit so reichlich und schnell kamen, daß die Armee ihre volle Handlungsfreiheit wiedergewann.

Die Vorteile der Bueratstellung lagen im Zeitgewinn, zum anderen in der Überlassung der versorgungsmäßig ungünstigen Syrte an den Feind, der Möglichkeit der Abwehr in schmäleren Stellungen, weiter in der Verkürzung des eigenen Nachschubweges und der Verlängerung des feindlichen und endlich eines verstärkten Wirkens der deutschen Luftwaffe, da die 8. Armee durch zahlreiche Salzseen und Sümpfe im wesentlichen an die Küstenstraße gebunden war. Die Bueratstellung konnte aber nicht das Endziel sein. Es mußte weitergedacht und es mußte eine Widerstandslinie vorbereitet werden. Sie aber war die Gabesenge.

Für den Gabesplan sprach als das Wesentliche, daß Tripolitanien – entgegen der Ansicht Hitlers – nicht zu halten war. Mit einer beweglichen oder gar offensiven Kampfführung konnte, wie auch die Besprechungen in Rom eindeutig zeigten, nicht mehr gerechnet werden. Tripolis mußte als Hafen ausfallen. Es besaß zwei Millionen Dattelpalmen, aber leider nichts anderes und nicht genug anderes, um seine Bevölkerung aus dem Lande zu ernähren, geschweige denn eine Armee. Überließ man es dem Feind, zerstörte man seinen Hafen, so mußte Montgomery von Bengasi über 1200 Kilometer seinen Nachschub auf dem Landwege nachziehen. In Tunesien konnte die Panzerarmee mit einem gesicherteren Versorgungsweg rechnen, weil der Geleitschutz auf diese eine Route konzentriert wurde. Die Luftwaffe vermochte von Tunis aus ihren Schwerpunkt nach allen Seiten zu legen. Küstenschiffe und Siebelfähren konnten in den flachen tunesischen Randgewässern ohne Gefährdung durch U-Boote die Versorgung bis Sousse, Sfax oder gar bis Gabes selbst bringen. Der Kolonnenraum, mit dem bis jetzt noch immer über 800 Kilometer der Nachschub vorgefahren werden mußte, wurde weitgehend entlastet und zum Teil frei. Zudem konnte sich die Truppe bei einer Operation gegen den Westen – und sie hätte das nächste Ziel sein müssen – weitgehend aus dem Lande ernähren. Sie, wie jede Operation von Tunis aus, rechtfertigte auch die Preisgabe Tripolitaniens und würde diesen Verlust in Italien überschatten.

Nur einen Fehler hatte dieser Plan. Er setzte nämlich voraus, daß die deutsch-italienische Luftwaffe den Hafen von Tripolis unter ihrer Kontrolle halten würde. Das war ihr aber, wie sich sehr bald ergeben sollte, nicht mehr möglich. Vielleicht deshalb hatte auch Kesselring die stärksten Bedenken gegen Gabes, während sowohl Mussolini wie Cavallero dem Vorschlag zuneigten, obwohl er doch die Preisgabe Tripolitaniens beinhaltete. Zunächst aber wurde Rommel in allen Forderungen insofern nachgegeben, als Befehl erging, die italienischen nichtmotorisierten Divisionen sofort in die Bueratstellung zu bringen und auf sie bei einem Angriff mit den beweglichen Teilen zurückzugehen, ohne sich auf eine Schlacht einzulassen.

In einer Sitzung, die am 1. Dezember im italienischen Oberkommando unter Vorsitz des Reichsmarschalls stattfand, und an der neben Kesselring und Rommel sowie Cavallero Vertreter der beiden Kriegsmarinen und der deutsche Reichskommissar für die Seeschiffahrt, Gauleiter Kaufmann, teilnahmen, wurde von Göring auf Tunis als den derzeitigen Schwerpunkt in Afrika hingewiesen. Die Entscheidung, ob der Brückenkopf zu halten sei, werde sehr bald fallen. Bis dahin müßte die Panzerarmee die Bueratstellung behaupten, denn er bekenne sich deshalb gegen den Gabesplan, weil sich durch ihn ein feindliches Luftdreieck Algier–Malta–Tripolis ergäbe, dem die Häfen Tunis und Bizerta nicht würden standhalten können. Die bisherige Form des Nachschubs für die Panzerarmee aber sei unmöglich. Der Hafen von Tripolis müßte rücksichtslos frei gemacht und viel mehr an Schiffen eingesetzt werden als bisher. Göring schwebte dabei eine „Teilung des Mittelmeeres" vor. Zwischen Tunis und Sizilien wollte er dazu eine doppelte Minensperre legen, um den Schiffsverkehr wenigstens U-Boot-sicher zu machen und im übrigen Nachtjäger einsetzen. Er verwies dabei auf die durchlaufenden Minensperren, welche von der Themse entlang der Küste bis Schottland reichten und hinter denen sich der englische Geleitverkehr in völliger Ruhe abspielte.

Bedenken, die der italienische Admiral Riccardi vorbrachte, schob Göring beiseite. Was sich in den Gewässern der stürmischen und strömungsreichen Nordsee durchführen ließe, das würde wohl erst recht im Mittelmeer gehen. Die Marine stecke voller Vorurteile und ihre Ansichten seien veraltet.

Das Laden und Löschen der Schiffe müßte auf neue Grundlagen gestellt und weit besser organisiert werden. Kaufmann hätte zwar die besten Spezialisten aus Hamburg herangezogen, aber nun wäre es an den Italienern, Wehrmacht und faschistischer Partei, dafür zu sorgen, daß auch hier die besten Kräfte eingesetzt würden. Es müßte in drei Schichten gearbeitet werden. Zur Sicherung der Häfen würden zuästzlich hundert deutsche Batterien eintreffen.

In der Tat hatte Göring mit diesen Worten einen wunden Punkt des ganzen Systems berührt. Durch die Verzögerung bei den Ausladungen war viel wichtiges Gut verloren worden. Die arabischen Hafenarbeiter verließen bei den geringsten Alarmzeichen panikartig die Schiffe und kehrten oft erst nach Stunden zurück. Andere Arbeiter aber gab es nicht.

Nachdem der Reichsmarschall der italienischen Marine und zugleich der Partei ihre Lässigkeit bescheinigt hatte, wandte er sich der Schiffsraum- und Nachschubfrage zu. Von den 20 neuen 8,8-Geschützen, die für die Panzerarmee bestimmt worden waren – „ich habe sie", sagte er, „der Panzerarmee geschenkt" —, waren bereits zwei nach Tunis gesandt worden. So sollte Rommel nun wenigstens die restlichen 18 haben, aber da ergab sich, daß inzwischen noch vier weitere Geschütze nach Tunis gekommen waren und der Rest ebenfalls zur Verladung nach dort bereitstand.

Kesselring erklärte auf Befragen, er wollte sie auf dem Landwege von Tunis der Panzerarmee zuführen. Göring verbot diese umständliche Maßnahme mit dem Hinweis, der Landweg sei keineswegs gesichert und ordnete an, die in Tunis liegenden Geschütze auf Siebelfähren nach Tripolis zu schaffen.

Als Cavallero eröffnete, in den nächsten Tagen sei mit vier Schiffen für Tripolis zu rechnen, teilte Reichskommissar Kaufmann mit, daß 760 000 Tonnen Handelsschiffraum auf dem Verhandlungswege von Frankreich übergeben werden würden, von denen bereits 100 000 Tonnen von deutschen Mannschaften übernommen und in Marsch gesetzt worden seien. Die Schiffe seien der Kriegsmarine zum Einsatz seeklar gemeldet.

In ihrem Namen erklärte Admiral Weichhold, das ginge nicht so einfach; er könne die Schiffe erst verwenden, wenn eine Übernahme stattgefunden habe.

Wie, rief Göring aus, als habe er nur auf ein Stichwort gewartet, aller Welt brenne es unter den Nägeln und da komme die Bürokratie der Kriegsmarine, starr an veralteten Vorschriften festhaltend, und verlange feierliche Übergabeverhandlungen? Schon beim Einsatz für Tunis seien völlig unzulängliche Vorkehrungen getroffen worden, und jetzt sträube man sich aus Zuständigkeitsgründen gegen die Hilfe des Reichskommissars. Dann nahm sich Göring Marschall Cavallero zum Ziele. Er verlangte moderne Bewaffnung für die italienischen Divisionen. Könnte Italien sie nicht liefern, so müßten sie in Deutschland bestellt werden. Außerdem könnte aus der versenkten französischen Flotte in Toulon Schrott besten Stahles für Tausende von Geschützen gewonnen und endlich müßte die U-Bootflotte in den Dienst der Seetransporte gestellt werden. Das Argument, man könnte sie im Mittelmeer nicht fahren lassen, da sie aus der Luft zu sehen seien, hätte die Engländer nicht gehindert, mindestens 100 U-Boote ständig einzusetzen. Was die Engländer könnten, könnten auch die Italiener, zumal die U-Boote eine der wichtigsten Voraussetzungen für die Versorgung der Panzerarmee bildeten.

Die Besprechung, welche die Möglichkeit ganzer Maßnahmen erkennen ließ, hatte zwei Nachteile. Sie blieb ohne Wirkung und sie war genau anderthalb Jahre zu spät gekommen. Alles blieb Theorie, genauso wie Görings Luftwaffenmacht nur in der Theorie bestand.

Am Nachmittag, kurz vor dem Rückflug zur Front, stellte sich noch heraus, daß der Dampfer „Gualdi", mit Brennstoff und Nachschubgut für die Panzerarmee beladen, von Kesselring nach Tunis abgedreht worden war. Sofort verwahrte sich Rommel gegen diese Maßnahme, aber noch während der Unterhandlung lief die Meldung ein, daß das Schiff aus unbekannter Ursache explodiert und im Hafen von Palermo in die Luft geflogen war. Ferner traf ein Funkspruch der Panzerarmee ein, der Brennstoff werde in fünf Tagen aufgebraucht sein. Die italienischen Truppen hatten bereits am Abend des 3. Dezember ihre Vorräte erschöpft.

Auf diese Weise ergab sich bei Rommels Rückkehr die Tatsache, daß ein sofortiges Zurücknehmen der unbeweglichen Armeeteile auf die Bueratstellung gar nicht möglich war. 500 Kraftfahrzeuge, die Marschall Bastico bis zum 7. Dezember der Front zum Abtransport der Italiener überlassen wollte, kamen, hatten aber keinen Brennstoff zur Rückfahrt. Die laufende Zufuhr langte gerade für jeweils drei Tage, jedoch nicht für irgendwelche Truppenbewegungen. Bastico funkte in melancholischer Kürze nach Rom, „solange kein Benzin, solange keine Bewegung". 1 200 Tonnen wurden gebraucht, um die 300 Kilometer bis zur neuen Auffanglinie zurücklegen zu können.

Endlich fand sich ein Ausweg. Die Räumung der Versorgungslager wurde aufgeschoben und dafür mit dem Abtransport der Infanteriedivisionen begonnen. Als Termin wurde die Nacht vom 5. zum 6. Dezember in Aussicht genommen. Bastico schloß sich den Stellungsvorschlägen der Panzerarmee an und griff jetzt ebenfalls den Gedanken der Gabesstellung auf. Er sah die größte Gefahr aus Tunis kommen, da feindliche Kolonnen abermals im Anmarsch auf Gabes und Sfax gemeldet wurden. Ein luftleerer Raum zwischen den Tunisdivisionen und der Libyenfront mußte auf die Dauer höchst bedenklich erscheinen. Besetzte Bastico die Enge von Gabes nicht, für welches Gebiet er als Territorialbefehlshaber zuständig war, so konnte die Verbindung nach Tunis durchschnitten werden. Er stimmte Rommel zu, der Nordafrika als einen einzigen Kriegsschauplatz betrachtete und deshalb die Vereinigung beider Armeen wünschte.

In der Nacht zum 6. Dezember begann der Abtransport in die Bueratstellung. Am Vortage hatte von fünf angemeldeten Schiffen eines Geleitzuges nur ein Dampfer mit Waffen und Fahrzeugen Tripolis erreicht. Brennstoff war nicht angekommen.

Es war Neumond und die Italiener fuhren mit offenen Lichtern und einem Heidenlärm nach hinten, obwohl der Feind sich in unmittelbarer Nähe befand.

General Navarrini wollte sofort einschreiten. Er hatte ausdrücklichen Befehl gegeben, sich in völliger Lautlosigkeit vom Feinde zu lösen und auf Fahrzeuge mit Licht sofort zu schießen. Dessen ungeachtet fuhren auch in der folgenden Nacht die Italiener wieder im strahlenden Schein aller Lichter. Doch der Gegner schien mit Blindheit geschlagen. Obwohl rund 7 000 Fahrzeuge vor der Front lagen, hörte und sah die 8. Armee nichts von dem, was doch in aller Stille und Dunkelheit vor sich gehen sollte. Auch die Oase Marada war, unbemerkt vom Feinde, geräumt worden, nachdem sich zuvor noch der Kampfeifer der dort liegenden Truppen auf höchst originelle Weise erwiesen hatte. Beim Herannahen einer deutschen Kolonne öffnete die Besatzung die Hindernisse, winkte die Spitze heran und erkundigte sich eingehend, ob es sich um Deutsche oder Engländer handelte. „Offiziere und Soldaten waren hocherfreut", berichtete der deutsche Spähtruppoffizier, „daß wir keine Engländer waren."

Am 12. Dezember meldete sich Montgomery. In der Nacht setzte sein Artilleriefeuer ein und mit dem Morgen begannen die ersten Angriffe, die in beweglicher Kampfführung abgewiesen wurden. Verschiebungen nach dem Süden bewiesen, daß die 8. Armee zur Umfassung ausholte und einen neuen Großangriff plante. Es war jetzt Winter geworden. In den Nächten herrschte bittere Kälte und oft wurden nicht mehr als zwei Grad Celsius gemessen. Es regnete und die Wüste verwandelte sich von neuem in ein Schlammfeld.

In der Nacht zum 13. setzten sich die schnellen Truppen planmäßig ab. Der Feind, zunächst die Stützpunkte weiter unter Feuer haltend, trat erst am Nachmittag vorfühlend an. Er fand die Bregalinie leer. Ohne einen Mann Verlust hatte die Armee sie rechtzeitig aufgegeben.

Gegen die Enge von Mugta, auf die das DAK ausgewichen war, griffen am 15. Dezember zwei Divisionen frontal an, in der ersten Welle 60 Shermanpanzer. Die 7. englische Panzerdivision und die 2. neuseeländische Division stießen im Flächenmarsch durch die Wüste südlich vor, um en Nufilia zu gewinnen. Das DAK war damit überflügelt, für irgendwelche offensive Abwehr kein Brennstoff vorhanden. General Fehn, der geglaubt hatte, es komme wie in Rußland lediglich auf ein Halten der Stellung an, mußte schließlich froh sein, sich im letzten Augenblick aus der Schlinge ziehen zu können.

Die beiden Panzerdivisionen waren am Abend nahezu ohne Brennstoff. Endlich gelang es, wenigstens die 21. PD. wieder flott zu machen, aber die 15. PD. lag fest und erhielt erst im Morgengrauen Benzin. Beide mußten sich durch den Gegner, der sie eingeschlossen hatte, durchkämpfen. Sie zerschlugen die englischen Panzerspitzen, schossen mehrere Kampfwagen ab und entkamen.

Der Feind bog von neuem aus, machte einen Schlenker durch die Wüste und stieß zur Küste vor. Ein Auge auf den Feind, das andere auf die Benzinuhren gerichtet, brachen die Divisionen immer wieder aus und durch, nicht ohne der 7. PD. wütende Schläge zu versetzen. Es herrschte in diesen Tagen eine entschlossene, wilde Kampfstimmung, angefacht erst recht durch die Unterlegenheit und die tausend Schwierigkeiten, welche dem Gegner unbekannt waren. Freilich mußten viele gute Gelegenheiten versäumt werden, die feindlichen Angriffsspitzen nach dem alten Muster anzufallen und zu vernichten. Und dieses Spiel ging weiter, wahrhaftig kein fröhliches oder unterhaltendes Spiel. Zu jeder Stunde gewärtig, ohne Brennstoff festzuliegen, war es ein verzweifeltes Lavieren der Führung und der Truppe, aber kein planmäßiger und vorbereiteter Abwehrkampf mehr.

Radio Kairo meldete, die Flasche, in der sich Rommel mit seiner Armee befand, würde jetzt von Montgomery zugekorkt werden. Rommel lächelte. Die Flasche werde leider leer sein, wenn nur die Benzintanks noch einmal voll würden.

Und darum ging es allein. Seit dem 20. November war nur ein einziges Tankschiff in Tripolis eingelaufen. Acht waren versenkt worden. Was von Sousse und Tunis auf dem noch offenen Landwege kam, war nur ein Tropfen auf den heißen Stein. 300 Tonnen wurden allein bei dem Transport von 1100 Tonnen aufgebraucht. An Pak, Geschützen oder Panzern war nichts eingetroffen.

Am 16. Dezember stand das DAK vor en Nufilia wieder ohne Brennstoff, der erst für den nächsten Tag erwartet wurde. So aber konnte es nicht weitergehen. Rommel, diese Entwicklung voraussehend, wollte den Gabesplan schon im Führerhauptquartier vortragen, weil die Entscheidung für die Bueratstellung bereits zu spät kam und überholt war. Alle diese Pläne und Anordnungen gingen ja stets davon aus, daß erfüllt werden würde, was man der Armee versprochen hatte, nämlich Panzer, Waffen, Mannschaftsersatz und vor allem Betriebsstoff. Wo war das alles geblieben? Die Lage hatte sich nicht geändert und würde sich nicht ändern. Die Voraussetzungen für ein Halten Tripolitaniens waren jedenfalls nicht geschaffen worden.

Die englische Luftwaffe dominierte und beherrschte das Feld. Von einer deutschen Verstärkung war nichts zu spüren. General Navarrini hatte in einem Anflug von Verzweiflung gefordert, endlich solle die italienische Kriegsmarine auf der Bühne erscheinen. Sie könnte den Nachschub sichern und mit einem Schlage alles zuführen und die Verhältnisse entscheidend wandeln. Aber er glaubte selber nicht an die Verwirklichung dieser oft genug erhobenen Forderung. Gott allein mochte wissen, wofür die Flotte bestimmt war und warum sie aufgespart wurde.

Was sollte aber werden? Etwa in den ersten Tagen nach dem 20. Dezember mußte Montgomery die Bueratlinie erreicht haben. Dabei war es durchaus möglich, daß er das DAK ausmarschierte, wenn es wieder bewegungsunfähig war. 38 Panzer befanden sich noch bei der Truppe, 12 in Buerat, 10 in Tripolis, diese 22 ohne Betriebsstoff. An Munition verfügte das DAK über 0,3 Sätze. Tausende von Soldaten besaßen nur Gewehre und Maschinengewehre, aber keine schweren Waffen. Womit sollte eine Abwehrschlacht geführt werden? Der Weg nach Tripolis war praktisch frei. Die 8. Armee brauchte nur loszumarschieren, nur schnell und entschlossen zuzustoßen. Zum Glück zog es Montgomery noch immer vor, mit allen Sicherungen und Sicherheiten die Beute einzubringen.

Der einzige Ausweg bestand im Ausweichen auf die Gabesstellung. Görings Einwand und auch Kesselrings Bedenken, die Preisgabe von Tripolis bringe den tunesischen Brückenkopf in die tödliche Umklammerung eines feindlichen Luftdreieckes, war nicht mehr von Belang, ja, war es eigentlich nie gewesen, da beide von der Voraussetzung ausgegangen waren, die schönen Reden, die alle Entscheidungen begleiteten, würden auch Folgen haben.

So entschloß sich Rommel in Übereinstimmung mit Bastico zu einem energischen Vorstoß in Berlin und Rom.

Bei der starren Abwehr würde ein Frontalangriff der vier englischen Divisionen schnell zu einem Durchbruch führen, erklärte der Marschall. „Angesichts der geringen Stärke der Armee, insbesondere an panzerbrechenden Waffen, Artillerie und Munition (die aus Treibstoffmangel jetzt nicht einmal mehr von Tripolis bis Buerat vorkam), sowie der durch die Spritlage bedingten Unbeweglichkeit der mot. Verbände und die Schwäche der Stellungen selbst, wird ein Abwehrerfolg nicht mehr zu erreichen sein. Zwangsläufig wird die Armee in wenigen Tagen eingeschlossen und vernichtet werden. Damit wäre Tripolitanien mit einem Schlage verloren, der Weg für den Feind nach Tunesien frei. Letzteres kann nur verhindert werden, wenn die Panzerarmee im Rahmen des tropfenweise ankommenden Betriebsstoffes weiterkämpfend auf ihre Versorgungsbasis in Richtung Tunesien ausweicht, um damit Zeit für die Räumung Tripolitaniens, für die Zerstörung der wichtigsten Anlagen und für die Heranführung der nötigsten Waffen, Munition und Versorgungsgüter zu gewinnen.

„Da nach den bisherigen Erfahrungen jetzt und in absehbarer Zeit es nicht gelingen kann, auch nur annähernd die Auffüllung und Versorgung der Armee in Tripolitanien sicherzustellen, bleibt nur übrig, die Armee, sofern es die Betriebsstofflage gestattet, von Widerstandslinie zu Widerstandslinie kämpfend allmählich nach Tunesien zurückzunehmen." Und Rommel forderte die Vereinigung der dortigen Truppen mit seinen Verbänden, um mit zusammengefaßter Kampfkraft zunächst Tunesien zu verteidigen, den Nachschub heranzuführen und zu gegebener Zeit nach wirksamer Auffüllung und Bevorratung zum Angriff anzutreten. Wahrhaftig bot die bereits ausgebaute Gabeslinie die besten Voraussetzungen. Sie war so etwas wie ein westliches Gegenstück zu el Alamein, eine Enge, die nur geringe Umfassungsmöglichkeiten bot und der Truppe bei ihrem derzeitigen Zustand weitaus bessere Kampfbedingungen gewährte, als es die Wüste zu tun vermochte. Denn die Infanterie konnte mit ihren leichten Waffen in den sich anschließenden Gebirgen eingesetzt und tatsächlich verwendet werden.

Eine Entscheidung zu fällen, drängte allerdings, denn in der Bueratstellung lagen — wie zuvor in der Bregafront — 10 000 deutsche und 30 000 italienische Soldaten unbeweglicher Divisionen. Sie mußten frühzeitig zurückgenommen werden können.

Zwei Tage später, am 19. Dezember, traf die Entscheidung Mussolinis ein, daß die Bueratstellung „bis zum letzten Mann" zu halten sei. An Marschall Bastico erging sogleich die Anfrage, wie der Kampf geführt werden sollte, falls der Feind gar nicht angriff, sondern, die Stellung ausmarschierend, in weitem Bogen auf Tripolis stieß.

Der italienische Oberbefehlshaber bat in seiner Antwort, den Kampf so zu führen, daß nicht noch einmal die Fußtruppen geopfert würden. Was er damit sagen wollte, blieb unklar. Sollten nämlich die italienischen Divisionen gerettet werden, so mußte das ein Halten der Stellung bis zum letzten deutschen Soldaten bedeuten. Jedenfalls war diese Bitte keine Antwort auf die Frage der Panzerarmee. Sie wurde daher wiederholt und jetzt war die Antwort deutlich ausweichend.

Selbstverständlich, erklärte der Oberbefehlshaber, gelte der Befehl des Duce, die Stellung bis zum Äußersten zu halten. Was aber bei einer Umfassung geschehen sollte, wurde wieder nicht beantwortet. Auf eine dritte Anfrage erklärte Bastico endlich, bei einem Umfassungsversuch sei noch immer Zeit genug, dem Feinde mit beweglichen Teilen in die Flanke zu stoßen. Da er aber wußte, daß, wenn es überhaupt noch bewegliche Truppen gab, sie von einem überlegenen Feinde sehr schnell aufgerieben werden würden, so schien das Oberkommando die Absicht zu haben, der deutschitalienischen Panzerarmee zwar eine Aufgabe zu stellen, für ihre Durchführung aber nur einen Weg offen zu lassen und dabei die Verantwortung allein auf die Armee abzuwälzen. Statt klarer Befehle gab man Orakelsprüche.

Am Weihnachtsabend trat der Feind aus dem Raume en Nufilia mit rund 4 000 Kraftwagen wieder an. Die 15. Panzerdivision setzte sich langsam aus der Syrte ab und rückte in die neue Front ein. Die 90. Leichte folgte ihr nach kurzer Feindberührung. Die Luftaufklärung, die an manchen Tagen hatte ausfallen müssen, da auch die Luftwaffe keinen Brennstoff mehr besaß, ergab, daß die Masse von vier Divisionen auf der Küstenstraße im Anmarsch war. Gleichzeitig traf die Meldung ein, daß zwei Kampfgruppen der ersten britischen Armee in Tunesien von Gafsa auf Gabes vorrückten, keine sehr achtungsgebietende Macht, da sie von einer Handvoll Italiener zum Glück zurückgeschlagen wurde. Immerhin war die Lage deshalb bedenklich, weil in Tunis Brennstoff für die Panzerarmee eingetroffen war.

Am 29. Dezember waren die Bewegungen vor der Front abgeschlossen, die Sicherungen zurückgezogen. Langsam schob sich der Feind an die Bueratfront heran.

„Ich habe keine Lust mehr..."

Am letzten Tage dieses ereignisreichen und verhängnisvollen Jahres überbrachte General Gandin im Auftrage des Commando Supremo in Rom neue Anordnungen. Wären sie gekommen, als Rommel sie erbeten hatte, wäre es klüger gewesen. Kein Wunder, daß die Stimmung gereizt war, hatte doch die mangelnde Einsicht in die tatsächliche Lage und den furchtbaren Ernst der Stunde immer neue Schwierigkeiten gebracht und sich nicht gerade erleichternd oder ermutigend auf Führung und Truppe der Armee ausgewirkt.

Marschall Bastico, der die Besprechung einleitete, begründete zunächst noch einmal, warum die Bueratstellung bis zum Äußersten gehalten werden sollte. Man sollte, so erklärte er, zur Besserung der allgemeinen Lage in Tunis beitragen und zum anderen könnte man aus der Bueratstellung offensiv werden. „In Anbetracht der Mittelmeerlage und des zur Zeit eben nicht in vollem Maße möglichen Nachschubs ist das Commando Supremo zu diesem Entschluß gekommen, wobei die zeitliche Dauer des Widerstandes nicht klar befohlen worden ist. Bei einer Beurteilung der Lage in Tunis und der augenblicklichen Lage der Panzerarmee muß dieser Widerstand jedoch mindestens mehrere Wochen dauern."

Rommel widersprach sofort diesen Feststellungen, die offensichtlich an die Adresse Gandins gerichtet waren. Mehrere Wochen die Bueratstellung zu halten, hinge zunächst einmal vom Willen des Feindes ab. Zum anderen sei ein solches Unternehmen bei der Versorgungslage an sich völlig unmöglich.

Gandin interpretierte den Befehl darauf dahin, daß „der Widerstand bis zum Äußersten" nicht an die Bueratlinie selbst gebunden

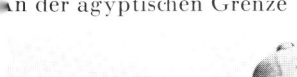

Rommel mit Aldinger vor Tobruk

An der ägyptischen Grenze

Lyrisches Intermezzo

Rommel am Halfayapaß

Unser braver Volkswagen hatte 24 Einschüsse. Aber er fuhr.

Bereitstellung der Panzer zum Angriff

Rommel mit Hauptmann Bach, dem Verteidiger des Halfayapasses

sei. Die Zeit der ein bis zwei Monate, die Bastico im Auge gehabt habe, beziehe sich vielmehr auf den Gesamtwiderstand in Libyen.

In der Tat sah der Befehl, den Gandin mitgebracht hatte, wesentlich anders aus. Er besagte, die Panzerarmee sollte bei drohender Vernichtung hinhaltend Widerstand leisten und nach Westen ausweichen. Für die Durchführung des Befehls wurde Rommel verantwortlich gemacht, der Beginn der Ausweichbewegungen sollte dagegen von Bastico befohlen werden. 500 Fahrzeuge waren für den Abtransport der Italiener vorgesehen. Die nächste Linie sollte nach Mussolinis Befehl Homs–Tarhuna sein. Für ihren Ausbau stand allerdings kein Material zur Verfügung. Als entscheidend wurde bezeichnet, Zeit zu gewinnen, um die italienischen Lager und Werkstätten in Tripolis abbauen und sprengen zu können, wofür zwei Monate vorgesehen worden waren. Von der Möglichkeit, Tripolis zu halten, wurde nicht mehr gesprochen.

Rommel betonte in seiner Stellungnahme, daß die zeitliche Dauer eines Haltens der Bueratstellung oder jeder anderen vom Feinde abhinge und fügte dann gereizt hinzu, wenn befohlen werde, es nicht zur Vernichtung der Armee kommen zu lassen, so bedeute die Durchführung dieses Befehls ein Kunststück. Die letzten Kämpfe hatten erwiesen, daß Montgomery unter Bindung der Front die Panzerarmee außerhalb ihres Feuerbereiches zu umfassen versuchte. Um einer solchen Umfassung zu begegnen, hätte die Armee, an die Bueratlinie gebunden, keine Truppen.

Wieder stand man, genau wie bei Marsa el Brega, vor der gleichen Frage, wann nämlich die nichtbeweglichen Truppen aus der Front herausgenommen werden sollten. Englische Aufklärungseinheiten waren bereits in Richtung Bu Ngem erschienen, so daß sich die neue Umfassung deutlich anzeigte. Wollte man warten, was sich entwickelte, würden die Fußdivisionen nicht mehr abtransportiert werden können, weil auch sie auf die einzige Küstenstraße angewiesen waren. Sie konnten also nur sofort und zwar ohne jedes Zögern verlegt werden. Es blieben die viel zu schwachen mot. Divisionen in der Stellung, um sie „bis zum Äußersten" zu halten.

Es war immer dasselbe, und man mußte sich nachgerade fragen, ob diese italienischen Truppen, die in Brega auf 30 000 Mann aufgefüllt worden waren, ohne dabei die entsprechenden Waffen zu erhalten, überhaupt noch einen Kampfwert besaßen und nicht einen unmöglichen Ballast für die Panzerarmee bedeuteten. Schon bei Marsa el Brega pflegten die meisten Soldaten ein weißes Tuch griffbereit in den Taschen mit sich zu führen. Die Verpflegung war unzureichend und blieb sogar manchmal völlig aus, während die Offiziere in ihren Kasinos hundert Meter rückwärts kaum Mangel zu leiden hatten. Gewiß gab es Ausnahmen, aber bei den Verhältnissen im italienischen Heer konnten es auch nur Ausnahmen bleiben. Die kriegerischen Reden eines Römers vom Balkon des Palazzo Venezia änderten an diesem System so wenig, wie die Versprechungen Hitlers etwas an der nordafrikanischen Lage geändert hatten.

Jedermann wußte – von Navarrini bis Rommel und Bastico –, daß diese schlecht ausgebildeten, kampfungewohnten Divisionen einer Belastung nicht gewachsen waren. Sie würden vor dem Feinde versagen. Allein sie wurden trotzdem eingesetzt. Im Falle eines Rückzuges, und um etwas anderes konnte es sich ja nicht mehr handeln, durften diese Truppen nicht im Stich gelassen werden. Das bedeutete, daß sie jedesmal noch vor der Schlacht herausgezogen und nach hinten transportiert werden mußten. Der Brennstoff, der dafür benötigt wurde, fehlte den schnellen Truppen. Er hätte ihnen die Bewegungsfreiheit gegeben, unter Ausnutzung aller Möglichkeiten in ständigen Gegenstößen dem Feinde Schläge zuzufügen und seinen Vormarsch aufzuhalten, also Zeit zu gewinnen. Da anderer Brennstoff nicht mehr vorhanden war, so mußte jede offensive Handlung unterbleiben und Rommel war gezwungen, von Stellung zu Stellung zurückzuhinken, immer in der Sorge um den rechtzeitigen Abtransport der Fußdivisionen, für die er verantwortlich gemacht worden war.

Im Dezember ergab sich folgendes eindeutige Bild:

Art in Tonnen:	Tagesbedarf	Tagesleistung
Treibstoff	400	152
Munition	50	16
Verpflegung	50	12,5
Sonstiges	50	11

Versenkt wurden 5 883 Tonnen Brennstoff, 262 Munition, 447 Verpflegung und 321 Tonnen sonstiges Material, insgesamt also 6 913 Tonnen. Noch immer fehlten 80 Prozent der Pak und der Panzer, 70 Prozent der Geschütze, 40 der Lastwagen und 75 der Zugmaschinen. 17 Pak, 14 Panzer und 18 Geschütze waren im Dezember im Kampf verloren worden. Der personelle Fehlbestand betrug nach wie vor 50 Prozent. Daß es noch zu keiner neuen Katastrophe gekommen war, lag lediglich an der zögernden Führung Montgomerys und der geringen taktischen Wendigkeit der 8. Armee.

Besonders scharf wandte sich Rommel gegen die Anordnung, daß Bastico den Zeitpunkt des Absetzens festlegen sollte. Er betonte, zwar mit dem Oberkommando darin übereinzustimmen, die Buerat-stellung so lange zu halten, wie es irgend zu verantworten sei, daß aber das Ausweichen der schnellen Truppen nur durch den Truppenführer bestimmt werden könnte, weil nur er in der Lage sei, im richtigen Augenblick auch richtig zu handeln.

Bastico wünschte einen schriftlichen Vorschlag, wie sich die Panzer-armee die Zurückführung der unbeweglichen Teile dachte.

Rommel, der den Befehl des Duce eindeutig darin sah, diese Trup-pen zu retten und der sich nicht einem späteren Vorwurf aussetzen wollte, er hätte sie geopfert, fragte, von wann ab der neue Befehl Mussolinis Geltung hätte. Der Befehl sei bereits in Kraft, ant-wortete Bastico. Schön, sagte Rommel, dann werde er handeln und nicht erst schriftliche Vorschläge einreichen und auf ihre Genehmi-gung warten. Entweder ließe man sich in der Bueratstellung tot-schlagen oder aber man begänne sofort mit dem Abtransport.

Bastico lenkte sofort ein und betonte, lediglich den Weisungen zu folgen, die ihm von Rom gegeben würden. Er teile innerlich durch-aus die Ansichten des Marschalls, es käme ihm tatsächlich nur dar-auf an, Zeit für die Räumung Tripolitaniens zu gewinnen. Aber Rom...

Gut, unterbrach Rommel, dann werde um so mehr die Entschei-dung des Commando Supremo sofort herbeigeführt werden müs-sen, wann mit dem Abtransport zu beginnen sei.

Da erklärte plötzlich Gandin, leichtes Erstaunen in der Stimme, es sei doch gerade befohlen worden, daß Marschall Bastico den Zeitpunkt des Ausweichens bestimme.

Doch Bastico wies wieder auf Rom. Dort läge allein die Entschei-dung über den Termin der ersten Räumung. Da Rommel auf einem sofortigen Befehl für diesen Abtransport bestand, so kam eine Einigung nicht zustande. Immerhin war sie wenigstens allgemein über die weitere Kampfführung erzielt worden, und auch das be-deutete schon einen Fortschritt.

Am 2. Januar erließ Bastico seinen Befehl zum Abtransport der italienischen Verbände, wobei er verlangte, daß die 8. Armee min-destens drei Wochen bis zur Linie Homs–Misurata und weitere drei Wochen in dem Raume vorwärts Tripolis–Garian aufgehalten würde. War schon der Abtransport von 30 000 Italienern und 10 000 Deutschen, der unbemerkt vom Feinde vor sich gehen mußte, ein Kunststück, zumal für die Italiener nur 500 Fahrzeuge bereitstan-den, so waren diese zeitlichen Bindungen völlig widersinnig. Wie lange hinhaltend gekämpft werden konnte, war nicht durch einen Befehl zu regeln. Es hing schon lange nicht mehr von der deutsch-italienischen Armee ab. Aber wenigstens war ein Anfang gemacht und sogar der Gabesplan mit der in Aussicht genommenen Aufgabe Tripolitaniens angenommen worden. Der Vereinigung der beiden deutschen Fronten stand nun nichts mehr im Wege.

In der Nacht zum 3. Januar begannen die ersten Rücktransporte. Das XXI. Korps verlegte nach Homs, und nur das XX. mot. Korps und das DAK blieben in der Front. Für einige Zeit wurde jetzt auch die deutsche Luftwaffe wieder aktiver. Da die 8. Armee ihre neuen Feldflugplätze noch nicht hatte bauen oder wiederherstellen können, ergab sich sogar eine deutsche Überlegenheit. Am 7. Januar traf ein Schiff in Tripolis ein und brachte 14 deutsche und 14 italienische Panzer, sowie 400 Tonnen Material.

Rommel aber beschloß, abermals einen Offizier ins Führerhauptquartier zu entsenden, um die Frage des Nachschubs erneut vorzutragen und dabei darauf hinzuwirken, daß rechtzeitig und in ausreichendem Maße schwere Waffen in den Raum der Gabesfront gebracht würden, die dort die Armee zur Auffrischung erwarten sollten.

Die Sorgen um den Bestand der Front wurden in der Tat von Tag zu Tag größer, zumal die auffällige Zunahme der feindlichen Lufttätigkeit den Fortgang der Operationen ankündigte und gleichzeitig Marschall Graf Cavallero die Inmarschsetzung der 164. Division zur Verteidigung nach Sfax erbat. Die Armee sollte also die Bueratstellung bis „zum Äußersten" verteidigen, die 8. Armee um zwei Monate aufhalten, gleichzeitig die italienischen Infanteriedivisionen retten und nun auch noch eine Division abgeben, ohne daß sie neue Waffen, Munition oder Truppen zur Auffüllung der Panzerdivision erhalten hatte.

Der Vortrag im Hauptquartier Hitlers führte zu dem Entschluß, die 21. Panzerdivision in den Raum von Sfax zu verlegen, aber ohne Waffen, die zur Auffrischung der 15. PD. an der Front blieben. Zugleich ließ Hitler dem Marschall bestellen, er möge beruhigt sein, nur das beste Material werde nach Afrika gelangen und die 21. PD. als erste Division völlig neu ausgestattet werden. Uneingeschränkt ständen die modernsten Waffen zur Verfügung. Kesselring habe scharfe Weisungen erhalten, das Äußerste zur Regelung der Seetransporte zu unternehmen, nachdem es an Tonnage nicht mehr fehle. Die Schiffsraumfrage sei nur ein Geleitschutzproblem. Im übrigen verkenne er die großen Schwierigkeiten nicht, insbesondere hinsichtlich der Befehlsverhältnisse, aber wie auch er oft politische Rücksichten zu nehmen gezwungen sei, so bitte er den Feldmarschall, sie zu üben. Der Verlust Tripolitaniens werde am italienischen Volke nicht spurlos vorübergehen. Es sei nicht zu verkennen, daß die italienischen Stellen in Afrika natürlich ihre

Gefühle sprechen ließen, während die deutschen Entscheidungen allein vom Verstande geleitet würden.

Nachdem am Vortage starke feindliche Kräfte im Flächenmarsch, einen Schleier von über 100 Panzerspähwagen vor sich, auf den Südteil der Bueratstellung losgegangen waren und andere Einheiten sich entlang der Küste zum Angriff bereitgestellt hatten, lag am 15. Januar als erste die 15. Panzerdivision wieder in schweren Kämpfen, wobei es ihr gelang, bei nur zwei eigenen Verlusten 32 Kampfwagen abzuschießen. In der Nacht wich die Division aus, und am nächsten Tage begannen die Angriffe auf die Bueratfront sich von Stunde zu Stunde an Heftigkeit zu steigern. Zum ersten Male wurde bei der Abwehr eine Batterie der neuen 8,8-Flak 41 mit ihrem längeren Rohr und ihrer größeren Geschoßrasanz eingesetzt.

Langsam gingen XX. Korps und DAK zurück, dessen Führung Oberst Liebenstein übernommen hatte, da General Fehn bei einem Bombenangriff verwundet worden war. Die 15. PD schoß wieder 20 Panzer ab und mußte ihren alten Raum notgedrungen gegen alle Angriffe halten, weil die Aufklärungsabteilung der Division ohne Brennstoff liegengeblieben war und erst in der folgenden Nacht wieder flott gemacht werden konnte.

Mühsam kämpften sich die Divisionen bis Tarhuna zurück. Mussolini hatte am 16. erneut ersucht, die Schwierigkeiten nicht durch reine Abwehr, sondern durch eigene offensive Handlungen zu lösen. Aber man war froh, den Raum Homs–Tarhuna nch zwei Tage halten zu können. Das Kräfteverhältnis war zu ungleich und der Betriebsstoffmangel erschwerte die Lage zu einschneidend, um irgend etwas unternehmen zu können. Die Centauro hatte sogar wegen Spritmangels 18 Panzer sprengen und zahlreiche Fahrzeuge dem Feinde überlassen müssen. Die Panzerkämpfe steigerten sich noch einmal zu großartiger Wildheit. Entschlossen, endlich sein Ziel zu erreichen, griff der Engländer rücksichtslos an und fuhr mit seinen Shermanpanzern stellenweise bis auf 30 Meter an die deutschen Stellungen heran. 28 von den überschweren Kampfwagen wurden dabei eine leichte Beute der 8,8-Flak.

Die Dschebelanstiege von Tarhuna boten ausgezeichnete Verteidigungsmöglichkeiten. Sie konnten erlauben, hier so lange zu halten, bis alle Truppen nach hinten geschleust worden waren. Von den Höhen der Bergränder sah man den anmarschierenden Feind in breiter Front, dabei eine Panzerdivision, im Vorgehen auf die Straße Tarhuna–Garian. Die gesamte Artillerie, die 164. Afrikadivision und die Fallschirmjägerbrigade wurden ihm entgegengeworfen. Da der Feind durch die Berge nach Nordwesten zu kommen strebte, wurde Tarhuna selbst aufgegeben und die Paßstraße gesichert. Die 15. Panzerdivision, die Aufklärungsverbände und die Division der Jungfaschisten wurden in die Tiefe gestaffelt und auf diese Weise alle um und durch Tripolis führenden Straßen gesichert.

Am 20. Januar begann der Angriff auf die Paßstraße. Über Azizia und Tripolis standen bereits die Flammenzeichen gesprengter Anlagen und Lager. Noch während der Schlacht, die von den Truppen die Anspannung aller Kräfte forderte, traf ein Schreiben Marschall Cavalleros ein, nach dem Mussolini die Maßnahmen zum Schutze des Raumes von Tripolis nicht billigte und an die Weisung erinnerte, die Tarhuna-Homs-Linie mindestens drei Wochen zu halten. Die von der Panzerarmee getroffenen Maßnahmen seien übereilt.

Das war ein starkes Stück, und wenn man im fernen Rom schon kein klares Bild der Lage zu gewinnen vermochte, so konnte man sich immerhin unterrichten lassen, ehe gegen die tapfere, ihre harte Pflicht erfüllende Truppe und vor allem gegen ihre Führung derartige Vorwürfe erhoben wurden. Tatsächlich hätte die Armee zu einer Besetzung der Stellung – die Infanterieverbände mußten ja gerettet werden und befanden sich in etappenweisem Zurückgehen auf Gabes – das Zehnfache an Truppen benötigt. 23 deutsche und 16 italienische Panzer waren die ganze Herrlichkeit, die dem Gegner entgegentreten konnte. So aber vermochte die Armee nur eben noch die Straßen durch das Gebirge zu sperren, sich gleichzeitig gegen eine Umfassung von Süden sichernd.

Mittlerweile war durch erbeutete Befehle bekannt geworden, daß Montgomery auf Zaunia zielte, um die Küste westlich Tripolis zu erreichen und mithin den gesamten Raum um die Stadt und alle noch hier stehenden Verbände der Armee abzuschneiden. So hätte also Rommel nach Mussolinis Ansicht den Raum Homs–Tarhuna völlig widersinnig decken müssen, indessen der Feind einfach an ihm vorbei oder durch die Lücken der Front hindurchmarschiert wäre, um die Armee innerhalb 24 Stunden einzuschließen.

„In der Rolle eines Rennfahrers soll ich mit einem Museumsauto ein Rennen gegen modernste Rennwagen gewinnen", erklärte der Marschall und stellte Cavallero sowie Bastico, die er zu einer Besprechung gemeinsam mit Kesselring in der Bürgermeisterei von Bianchi vorfand. Es kam zu einer heftigen Aussprache, die damit endigte, daß Rommel um klaren Befehl ersuchte, was er nun eigentlich zu tun habe: in der Tarhunalinie einen Entscheidungskampf herbeizuführen oder die Armee in die Gabeslinie zurückzubringen? Eines von beiden sei nur möglich.

Damit es an einer wirksamen Illustration der Lage nicht fehlte, kam noch während dieser Aussprache die Unheilsmeldung, daß von 14 Siebelfähren 10 soeben durch Schnellboote westlich Tripolis versenkt worden waren. Und damit war die Spritlage abermals in ein kritisches Stadium getreten.

In der Nacht zum 22. stießen starke Kolonnen südlich der Paßstraße mit 600 Fahrzeugen in Richtung Azizia durch, und zwar durch das Wadi Medinin, das gleiche Wadi, das, wie übrigens auch andere Täler und Wüstenstrecken, von eigens eingesetzten italienischen Offizierspatrouillen geprüft und als völlig unpassierbar gemeldet worden war. Der 15. PD. und Aufklärungskräften gelang es, den Gegner zurückzudrängen, da er sich aber laufend verstärkte, konnte er bei einem starken Angriff den Westausgang der Paßstraße gewinnen. Er hätte damit die dort stehenden Verbände abgeschnitten. So mußte auch diese Stellung geräumt werden. Die Bewegungen verliefen planmäßig.

Am 22. Januar bestätigte die Aufklärung, daß die 8. Armee in verschiedenen Marschgruppen westlich des Gebirges vorging, weitere Kräfte hinter sich herzog und die Richtung Zaunia einhielt. Die Armee mußte sich deshalb zur sofortigen Preisgabe von Tripolis entschließen. Schweren Herzens unterzeichnete Rommel den Befehl. Er war sich des Schmerzes bewußt, den er den Italienern zuzufügen gezwungen wurde, aber er würde, so meinte er, noch größer sein, wenn Tripolis erst am 25. in die Hand des Feindes fiele und dafür auch noch die Armee vernichtet wäre.

Am Abend dieses denkwürdigen Tages kam eine Anfrage des Oberkommandos der deutschen Wehrmacht, ob der Marschall nach dem Erreichen des tunesischen Gebietes gesundheitlich in der Lage sei, die Armee weiterzuführen. Sie ging auf eine Äußerung Hitlers zurück, Rommel die Gesamtführung in Tunesien zu übertragen, wenn er die Aufgaben zu übernehmen vermochte. Die Antwort besagte, daß seine Gesundheit es kaum zulassen werde, die Armee nach ihrer Rückführung in die neue Stellung noch längere Zeit zu führen.

Rommel, dessen Gesundheit in der Tat den Strapazen seit den Kämpfen vor el Alamein manches Opfer hatte bringen müssen und der Ende Oktober, ohne völlig wiederhergestellt zu sein, in den Kreis seiner Pflichten zurückgeeilt war, hatte eine Zeit der Ruhe bitter nötig. Er wünschte sie sich auch. Die unklare und verworrene Befehlserteilung hatte ihn verbittert, die immer versprochene, aber stets ausgebliebene Unterstützung entmutigt. Immer sollte er die Verantwortung tragen, indessen andere die Befehle erteilten und sie ohne Kenntnis der Lage erließen. Alle großen und herrlichen Schlachten seiner Soldaten blieben unausgenutzt. Wieviel Blut hatte dies Land getrunken, wieviel Kreuze lagen unter dem Staub der Wüste verweht! Allein auf sich gestellt, einen harten, tapferen und zähen Gegner unter fähigen Generalen vor sich, der über unerschöpfliche Reserven an Kriegsmitteln gebieten konnte, hatte der Marschall fast alle seine alten Gefährten verloren. Dreimal war ihm der Fahrer seines Wagens am Lenkrad abgeschossen worden. Adjutanten, Ordonnanzoffiziere, Kommandeure seiner Kampfstaffel, Chef, Ia, treffliche und erfahrene Generale wie Prittwitz, Neumann-Silkow, Bismarck, Sümmermann waren gefallen, andere verwundet worden oder in Gefangenschaft geraten. Aber nicht nur er hatte diesen bitteren Geschmack auf der Zunge. Auch unter den italienischen Generalen war so mancher, wie Navarrini, der erkannte, was alles durch Lässigkeit, durch falsche Befehle, Zaudern, leere Versprechungen, Rivalitäten und Ruhmredereien versäumt und vergeudet worden war.

Mit seiner Antwort forderte Rommel wieder einmal die Zuführung neuer Waffen, vor allem schwerer Artillerie, in die neue Stellung, die als Marethstellung in die Kriegsgeschichte einging. Denn auch hier war endlich nicht die Gabesfront der Armee zugewiesen worden, die schmalste Stelle zwischen Schott und kleiner Syrte, sondern eine östlicher bei Mareth vor dem Schott verlaufende Linie, also südlich dieses größten afrikanischen Salzsees, der unpassierbar war und sich an steile Gebirgszüge anlehnte.

In den letzten Tagen des Januars wurde die Grenze von Tunis überschritten. Ohne Störung vollzog sich der Rückmarsch. Der 8. Armee gelang an keiner Stelle die Umfassung oder Gefangennahme größerer Verbände. Auf tripolitanischem Boden blieben nur die Sicherungen der Armee, nachdem am 31. auch Zuara geräumt worden war. Erst am 12. Februar, dem zweiten Jahrestage der deutschen Landung, wurden die vorgeschobenen Stellungen geräumt. Damit war der Kampf um Libyen abgeschlossen.

Das Wunder, die deutsch-italienische Armee über Hunderte von Kilometern ohne Brennstoffvorräte und ausreichende Munition kämpfend zurückgeführt und ihr die Kampfkraft dabei erhalten zu haben, war vollbracht worden. Es war, würdigt man die Schwierigkeiten der Armee, ihre Opfer und die ungleichen Kräfteverhältnisse auf beiden Frontseiten, eine Leistung, die es verdiente, ruhmvoll in der Geschichte dieses Krieges verzeichnet zu werden.

Als der Marschall in der Marethstellung eintraf, erwartete ihn die Meldung, daß noch keine Waffen nachgeführt worden waren und nur wenige Minen für den Stellungsbau bereitstanden. Stacheldraht fehlte völlig. Ein Panzergraben war im Bau. Bunker, die von dem alten französischen Stellungssystem herrührten, waren veraltet oder gesprengt worden. Am gleichen Tage teilte das Commando Supremo mit, daß der Feldmarschall zur Wiederherstellung seiner Gesundheit von der Führung der Panzerarmee entbunden werden könnte, sobald er selbst den Termin für seine Ablösung durch den italienischen General Messe nennen würde. Rommel ersuchte, General Messe, der bisher ein italienisches Korps in Südrußland geführt hatte, schnellstens zu ihm zu entsenden, um sich einzuarbeiten. Er selbst fühle sich „bei den augenblicklichen Führungsverhältnissen der Führung der Armee nicht mehr gewachsen".

Als der Feldmarschall diesen Satz noch einmal durchlas, stutzte er. Dann nahm er einen Bleistift, strich die letzten Worte aus und schrieb mit seinen energischen Handzügen an den Rand „... zur Führung der Armee keine Lust mehr habe ...".

IN DER FESTUNG TUNIS

Vorstoß nach Tebessa

Bereits in Marsa el Brega hatte Marschall Rommel in Erkenntnis der Unhaltbarkeit der Lage den Plan für die Gabeslinie ausgearbeitet. Ihm schien der letzte Weg durch die Ereignisse in Tunis klar aufgezeigt. Hier, im westlichen Brückenkopf, mußte man alle Kräfte zusammenfassen, um ihn nach Süden und später nach Westen auszuweiten und dadurch die Häfen Tunis und Bizerta für die Neubewaffnung und die Versorgung beider Armeen zu sichern. Mit den Infanteriedivisionen wollte er sofort in die Gabesfront einrücken, mit den schnellen Truppen, ungehindert durch den Ballast der unbeweglichen Infanterie, der 8. Armee das Leben erschweren.

War diese Aufgabe erfüllt, so sollte von Tunis her durch eine massierte Luftwaffe die Bucht von Tripolis überwacht und verhindert werden, daß Montgomery den Hafen für seinen Nachschub benutzen konnte. Trotz aller eigenen Schwächen glaubte Rommel, die Luftwaffe könnte wenigstens diesen einen Hafen unter Kontrolle halten. Die 8. Armee wäre dann auf den endlosen Landweg von Bengasi durch die Syrte angewiesen worden und das wäre für sie kein leicht zu lösendes Problem gewesen.

Nach der Wiedergewinnung seiner alten Kampfkraft aber wollte Rommel in den Rücken der englisch-amerikanischen Front in Tunesien stoßen, dann die vordersten Divisionen der 8. Armee überrennen, die im Raume vor Tripolis liegenden Versorgungslager wegnehmen und den Gegner in die Wüste zurücktreiben. Dieser Plan, der auch den Rückzug nach Tunis der Welt in einem neuen Lichte hätte zeigen müssen, war seinerzeit von Berlin und Rom verworfen worden. Und jetzt, in der Marethstellung, stellte sich heraus, daß bereits am 1. Februar englische Leichter ihren Nachschub völlig ungestört vor Tripolis ausluden. Damit hatte Montgomery die 1600 Kilometer Landweg von Tobruk und die 1200 Kilometer von Bengasi überbrückt. Er hatte vortrefflich vorgesorgt ...

186

In der Marethstellung stand nicht alles zum besten. Sie war vom Oberkommando befohlen und der Panzerarmee zugewiesen worden, weil hier die alte französische Linie aus dem Jahre 40 verlief, die nach dem Waffenstillstand allerdings zu einem großen Teile zerstört worden war. Vor allem konnten die Stellungen im Süden umgangen werden. Zwischen Küste und dem Dschebel Csour gelegen, waren verhältnismäßig starke Kräfte für den Schutz der tiefen Nordwestflanke vonnöten, um die Gebirge in Verlängerung des rechten Frontflügels zu sichern. Auch der Raum von Gafsa, nördlich des Schott Djerid, mußte durch bewegliche Reserven überwacht werden, da Gafsa vom Feinde besetzt war und die Möglichkeit bot, von hier aus im Rücken der Armee zu operieren.

Die Hauptfront, die alte französische Linie, aus Mangel an Zeit und an Arbeitskräften in dem unzulänglichen Zustande übernommen, in dem sie vorgefunden wurde, befriedigte also keineswegs. Wenige Kilometer vor der Hauptkampflinie lag ein Höhenzug, der jeden wirkungsvollen Artillerieeinsatz behinderte, für den Feind aber, sobald er ihn besetzt hatte, von Vorteil werden mußte. Die Höhen zwangen daher die Armee, sie als vorgeschobene Stellungen zu sichern und stark zu besetzen. Dem Feind, dem dieses Gelände kaum unbekannt sein durfte, bot sich eine gute Aussicht. Er konnte von Norden den Südabschnitt aufrollen oder, nach Ausschaltung der Vorstellungen, in ihrem Schutz den Durchbruch versuchen.

Insgesamt bildeten 65 deutsche und 340 italienische Geschütze die Hauptabwehrkraft der Front, die vom XX. Korps und der 90. Leichten besetzt wurde. Ferner verteilten sich auf die Front 18 schwere und 18 leichte italienische Flakbatterien, sowie 12 Batterien der 8,8, zwei der 8,8 Modell 41 und zehn leichte Batterien der 19. Flakdivision. Die 15. PD. stand als Reserve bereit, ohne Aussicht auf eine Auffrischung, ebenso wie die 90. Afrikadivision, deren Regimenter etwa je 350 Mann bei mangelhafter Pakausstattung zählten.

Zur Sperrung der Ost-West-Pässe bei Kreddache und Hallouf war die 164. Division vorgesehen, die zwar nur noch eine leichte Batterie besaß, im Dschebel aber ihre Infanterie voll in der Abwehr verwenden konnte. Sie würde nur bei einer Umfassung aus dem Westen gefährdet werden.

Die Armee hatte zunächst reine Abwehraufgaben, da zu einem Angriff alle Voraussetzungen fehlten. Auch der Januar war verstrichen, ohne daß irgend etwas geschehen war, die Armee in ihren alten Zustand zu versetzen. Alles war eitles Geschwätz geblieben, wie die Waffenbilanz für den Monat Januar – ausschließlich der Tunis-Armee – zeigte.

Art	neuzugeführt	versenkt	Verlust beim Rückzug
Panzer	19	6	6
Spähwagen	24	7	–
Pak	39	21	17
Geschütze	8	4	5
Fahrzeuge	71	16	136

Art	Bestand der deutschen Verbände am 10. 2.	Fehlender Nachschub entspr. d. Soll	
Panzer	129	257	
Spähwagen	78	177	
Pak	182	565	
Geschütze	86	106	einschl. Mörser
Fahrzeuge	7 073	5 794	
Zugmaschinen	302	938	
Kräder	480	1 839	
MG	1 411	2 386	
Granatwerfer	111	94	
Offiziere	1 841	788	
Mannschaften	60 685	31 036	einschl. Versorgungstruppen

Dieser Nachschub konnte wirklich nicht als Auffüllung bezeichnet werden.*). Er machte zum Teil nicht einmal die Verluste des Januars wett und war vielleicht der schlimmste Rückschlag, den die Armee erfahren konnte. Denn sie hatte gehofft, bei Gabes würde sie die Fülle jenes Materials und jener modernen Waffen erwarten, die ihr verheißen waren. Griff bei dieser Lage die 8. Armee frontal vom Osten her an und zugleich umfassend aus dem Raum um Gafsa, so war die Marethstellung wiederum nicht zu halten und nicht einmal an einen bescheidenen Abwehrerfolg zu denken.

---

*) Im Jahre 1942 betrugen die deutschen Verluste insgesamt 3520 Tote, 13 093 Verwundete, 8627 Vermißte, zu denen noch 63 787 Kranke kamen, die aber zum Teil nach ihrer Wiederherstellung zur Truppe zurückkehren konnten. Vom Beginn der Alameinschlacht bis zum 30. November verlor die Armee 13 058 Deutsche und 17 904 Italiener. Young, der englische Militärschriftsteller, gibt demgegenüber allein für die Alameinschlacht die Zahl der Verluste mit 59 000 Mann an, unter denen er 34 000 Deutsche zählt. Da nur 24 000 Deutsche an der Front standen, ergibt sich die Unrichtigkeit dieser Angaben von selber. Die englischen Verluste in Alamein beziffert er auf 13 500; trotz der materiellen Überlegenheit waren sie also höher als die deutschen Verluste.

Von all diesen Sorgen der Führung unbelastet, waren die Truppen nach Tunesien gerückt. Bei schneidendem Wind und beißender Kälte hatten sie die Grenze überschritten. Nun meinten sie, aus einem Traume zu erwachen. Unversehens zeigte sich ihnen ein Afrika, von dem sie bisher nichts gewußt, ja nicht einmal es sich vorzustellen gewagt hatten. Soweit das Auge reichte, zog sich am Horizont eine malerische Gebirgslandschaft hin, schneebedeckte Berggipfel leuchteten in der Sonne. An Olivenkulturen vorbei, betraten sie Medenine, eine alte Arabersiedlung, in der mehrstöckige Tonnenhäuser zu engen Gassen zusammenwuchsen. Wälder, Felder, grünende Matten, Wasser, soviel das Herz immer begehrte. Die Soldaten eines zweijährigen Wüstenfeldzuges konnten es nicht fassen. Und doch vermochte das Entzücken über das reiche, im Frühlingsschmuck üppig emporwuchernde, fruchtbare Tunis ein Gefühl des Heimwehs nicht zu unterdrücken, das sie sehr bald ankam. Denn so gelobt dieses Land in seiner schweren Fruchtbarkeit auch immer erschien, so süß die Wiesen im brennenden Rot tausender Mohnblüten flammten und im leuchtenden Gelb der Millionen Arnika dufteten, diese Soldaten trugen die Weite der libyschen Wüste in sich, die Unendlichkeit einer unmeßbaren Ebene, das Brausen des Ghibli, die Stille der Nächte und jenes unwägbare Etwas eines Landes, über dem fremde Götter und schreckliche Dämonen herrschten. Hier war die große Stille gewesen, hatte das Schweigen gelebt, die erhabene Einsamkeit des ersten Schöpfungstages. Diese Vergangenheit unterschied sie von den Soldaten der 5. Panzerarmee, denen sie nun endlich die Hand reichten. Jene konnten weder den Einfluß zweier langer Wüstenjahre begreifen, dem die Afrikaner erlegen waren, noch die Bedingungen, welche die Schlachten dieser Zeit mit sich gebracht hatten. Denn in Tunis galten völlig andere Regeln und Grundsätze. Hier segelten nicht feindliche Schiffe durch die Räume aufeinander zu, aneinander vorbei und durcheinander, hier wurde nach den alten Regeln der Kriegskunst der Kampf geführt, und in den wild zerklüfteten Ausläufern des Atlas hatten sich die Infanteristen eingegraben und trugen nun wieder die Hauptlast des Kampfes.

Auch die Araber unterschieden sich von den nomadisierenden Beduinenstämmen der Wüste. Sie waren wohlhabend. Es gab reiche Grundbesitzer und eine gebildete Schicht. Sie waren ansässig und offensichtlich voller Sympathien für die deutschen Truppen. Durch sie gelang gleich in den ersten Tagen ein guter Fang. Oberst David Stirling, Kommandeur der Special Air Service, hatte bei verschiedenen Sonderunternehmen auch die Long Range Desert Group geführt. Dieser tollkühne, verwegene Haufen ausgesuchter Soldaten operierte seit Monaten im Rücken der Panzerarmee, überfiel Flugplätze, schoß Kolonnen zusammen und durchschnitt Kabel. Seinen Minen fiel Ende Dezember der Kommandeur der 21. Panzerdivision, General von Randow, zum Opfer. Stirling war nun eines Tages überrascht und von Flaksoldaten gefangen genommen worden. Aber der Oberst entwischte in der folgenden Nacht, wandte sich an Araber, die ihn zur englischen Front durchschleusen sollten. Er bot ihnen reiche Belohnung, wurde aber ausgeliefert. (50 Kilo Tee war die Anerkennungsgebühr, die den Arabern später überreicht wurde.)

Mit der Gefangennahme Stirlings hörten die Sabotageakte im Gabesraum auf, nachdem die Kampfstaffel des Marschalls kurz zuvor Funkwagen, Fahrzeuge und Soldaten der Gruppe in arabischer Kleidung gefangengenommen hatte, auch einen angeblichen Neffen General Alexanders in deutscher Uniform. Der sogenannte Kommandobefehl, der Angehörige der Sabotagetrupps zu erschießen befohlen hatte, wurde, genau wie an anderen Fronten, übrigens auch in Afrika nicht befolgt. Rommel hatte den Befehl Hitlers vor el Alamein erhalten und auf dem Gefechtsfeld sofort verbrannt.

Ähnliche Stoßtrupps, zum Wirken hinter der feindlichen Front bestimmt, hatte auch das DAK ausgebildet. Viele der alten Afrikaner, die sich bereits einmal, manche sogar zwei- und dreimal in englischer Gefangenschaft befunden hatten, wußten ein Lied dieser Unternehmen zu singen. Doch eine Spezialtruppe wie die Long Range Desert Group und ebenso der Special Air Service war eine englische Erfindung, unter Lawrence im ersten Weltkrieg bereits erfolgreich verwandt. Sie setzte sich aus sorgsam ausgesuchten, trainierten und mutigen Burschen zusammen, die Wochen, ja Monate unterwegs waren und ebenso schnell auftauchten, wie sie wieder verschwanden. Abgeschnitten von ihrer Welt, völlig auf sich allein gestellt, hatten sie unter Major Bagnold und späterhin unter Oberst Prendergast großartige Leistungen bei ihren Kreuz- und Querfahrten durch die Wüste vollbracht.

Das tollste Unternehmen, das durchzuführen Stirling unternommen hatte, sollte im September 42 der Panzerarmee einen tödlichen Stoß versetzen. Am 1. September waren verschiedene Gruppen von Ägypten aufgebrochen und hatten die Alameinfront weit im Süden umgangen. Mit der Hälfte seiner 500 Jeeps, ausgestattet mit zwei gekoppelten Vickersmaschinengewehren und mit Sprengstoff reich beladen, wollte Stirling nach Bengasi ziehen, um die wichtige Hafenstadt zu erobern, den Hafen zu zerstören, Schiffe zu versenken, Depots in Brand zu stecken und eine allgemeine

Panik auszulösen. Die andere Hälfte sollte unter Führung Oberst Hazaldines Tobruk überrumpeln, eine dritte Gruppe Barce überfallen und eine vierte auf Benina mit seinem Flugplatz losgehen. Praktisch sollte also mit einer Handvoll Männer die ganze Cyrenaika zu Fall gebracht und die rückwärtige Verbindung der Panzerarmee durchschnitten werden.

Stirlings Unterfangen mußte scheitern. Es hatte die Lehrsätze seines Meisters, T. E. Lawrence, vergessen oder nicht beachtet, daß irreguläre Truppen keine festen Plätze angreifen konnten, also auch Entscheidungen nicht zu erzwingen vermochten, daß sie zum Angriff nicht geeignet waren und daß ihr Wert allein in der Tiefenwirkung lag, nicht in ihrer Stoßkraft. Schon unterwegs wurden die Trupps zum Teil aufgerieben, andere durch die Strapazen der langen Wüstenmärsche lahmgelegt. Oberst Hazaldine fiel. Zweifellos sollte das englische Landungsunternehmen, das Mitte September gegen Tobruk durchgeführt wurde und ziemlich kläglich scheiterte, im Zusammenwirken mit Hazaldine erfolgen. Hätte er mit 200 Jeeps zur richtigen Zeit eingreifen können, wäre zumindest in Tobruk eine örtliche Krise entstanden und wären schwere, für die Panzerarmee empfindliche Verluste an Material und Nachschubgut verursacht worden.

Wie dem auch sei, Stirlings tapfere Truppe genoß beim Afrikakorps hohes Ansehen und Bewunderung. Der Oberst selbst wurde wie ein Fabeltier angestaunt. Aber nun war es vorbei, und die Long Range Desert Group in alle Winde zerstreut.

Mit dem Eintreffen General Messes änderte sich auch im italienischen Oberkommando einiges. Graf Cavallero wurde durch General Ambrosio ersetzt und Bastico trat nach der Räumung Tripolitaniens vom Schauplatz der Ereignisse ab und kehrte nach Italien zurück.

Am Tage des Zusammenbruches von Stalingrad marschierte zum ersten Male die neu ausgerüstete 21. Panzerdivision dem Feinde entgegen. Sie nahm den Paß von Faid, machte 1000 Gefangene und schoß 19 Panzer ab. Und jetzt wurde energisch ein Unternehmen gegen Gafsa vorbereitet. Das Commando Supremo stimmte dem Plane zu, machte aber zur Bedingung, daß die Nachhutkräfte der Armee nicht verwandt würden. Nach neuerlichen Verhandlungen wurde die Einsetzung aller verfügbaren schnellen Truppen beider Armeen verfügt und Rommel mit der Durchführung beauftragt.

In einer Besprechung, an der neben Kesselring auch Generaloberst von Arnim, Oberbefehlshaber der tunesischen 5. Panzerarmee, teilnahm, betonte der OBS, das deutsche und italienische Oberkommando hätten die völlige Vernichtung der 1. amerikanischen Armee als nächste Aufgabe vorgesehen. Nachdem aber die Masse

der amerikanischen Truppen nach Speitla und Feriana zurückgenommen worden sei, müßte man sich darauf beschränken, einmal
Sidi Bouzid wegzunehmen und dabei möglichst viele amerikanische
Truppen einzuschließen, zum andern das Becken von Gafsa und
Touzeur auszuräumen. Die 5. Armee sollte daher gegen Sidi Bouzid
antreten, während die 1. deutsch-italienische Armee den Stoß zur
Sicherung der Nordwest- und Westflanke führen würde, um alsdann die mot. Einheiten schnellstens wieder in die Marethfront
zurückzuwerfen. Für die Sicherung des neuen Raums wurde eine
Luftwaffenbrigade vorgesehen. Dabei wurde erneut festgestellt, daß
die Auffüllung der Truppen und die Neuausrüstung noch immer
nicht möglich waren. Selbst der neu aufgestellten 21. PD. fehlten
zahlreiche Fahrzeuge.

General Messe aber ließ erkennen, daß mit ihm ein frischer Wind
in die italienischen Reihen gekommen war. Er teilte mit, die Truppe
zunächst aus den rückwärtigen Diensten auffüllen zu wollen. Bei
30 000 Italienern der Frontverbände zählte der rückwärtige Dienst
55 000 Mann. Das müßte anders werden. Selbst in Rußland hätte
man nur ein Verhältnis von 5:1 und nicht von 1:2 gehabt.

Am 14. Februar lief in der Morgenfrühe das Unternehmen gegen
Sidi Bouzid an. Es wurde ein voller Erfolg, unter dessen Eindruck
die Engländer Gafsa freiwillig aufgaben. Sofort wurde nachgestoßen und Gafsa besetzt. Es war eine eigenartige, wilde Gebirgslandschaft, welche die Truppen hier empfing, im Nordwesten schnee-
deckte Bergrücken, im Süden, bis an den Schott Djerid vorstoßend,
ein durchlaufender Gebirgszug, von vielen Wadis durchschnitten und
steil abfallend, ein natürliches Hindernis für jeden Angreifer.

Während dieser Zeit geriet die 15. PD. – sie verfügte jetzt über
52 Kampfwagen — bei Medenine, südostwärts der Marehtstellung,
in schwere Kämpfe mit überlegenen Feindkräften, denen sie weichen mußte. Fallschirmjäger mit Artillerie und Flak wurden sofort
in Marsch gesetzt. Die Kampfstaffel des Marschalls stieß indessen
bei Gafsa weiter vor, erreichte Touzeur, das sie ebenfalls geräumt
fand. Auch Feriana wurde vom DAK genommen und damit die
Paßstraße nach Tebessa in deutsche Hand gebracht. Der Vorstoß
hatte den Gegner völlig überrascht, denn den Truppen fielen auf
den Flugplätzen unzerstörte Maschinen und viel Material als Beute
zu. Da die 15. PD. bei Medenine in guten Stellungen alle weiteren
Angriffe abgewiesen hatte, beschloß Rommel, sofort einen zweiten,
schnellen Schlag zu führen und auf Tebessa loszugehen.

Immer wird es ein Risiko geben, sagte der Feldmarschall. Er habe
sich jedoch niemals dazu hergegeben, Vabanque zu spielen, sondern
selbst bei den gewagtesten Unternehmen so viel in der Hand ge-

habt, um jeder Lage gewachsen zu sein. Inzwischen aber habe sich die Lage von Grund auf geändert und man müsse noch mehr wagen als bisher, um die Lage ändern zu können. Ein Stoß auf Tebessa und von dort eine starke Aufklärung nach Norden könnten sehr wohl die ganze Front von Tunis zum Einsturz bringen. Bedrohe er nämlich das Straßenkreuz Souk el Arba, so bleibe dem Feinde nur der Weg über Bône offen und das bedeute eine so starke Nervenbelastung für die gegnerische Führung, daß sie sich zur Räumung des Sackes um Tunis werde entschließen müssen.

Rommel wollte mit der Kampfgruppe des DAK, der 21. und der 10. Panzer-Division der 5. Armee den Stoß führen. Er war entschlossen, alles zu wagen. Und noch einmal leuchtete am Horizont ein Strahl auf. Es war der letzte Abendschein, der ausgenützt sein wollte. Der alte Wagemut und der in den Bewegungsschlachten zweier Jahre erprobte Kampfgeist des Afrikakorps loderten hell empor.

Aber das AOK 5 war nicht einverstanden. Es hatte Bedenken gegen den Plan und wollte seine auf Sbeitla vorgetriebenen Truppen bereits in die Ausgangsstellungen zurücknehmen. Die neuen Vorschläge wurden daher dem Oberbefehlshaber Süd übermittelt, um eine Entscheidung durch Mussolini herbeizuführen. Noch in der Nacht traf sie ein. Und wieder war es das alte Lied.

Glaubte man bisher, der Panzerarmee Aufgaben stellen zu können, denen sie ohne den lebensnotwendigen Nachschub nicht gewachsen war, sie an zeitliche Termine binden zu müssen, deren Einhaltung nicht von ihr, sondern allein vom Verhalten des Feindes und den im Augenblick gegebenen Umständen abhing, so schien man jetzt ihre Schlagkraft zu unterschätzen oder gar Furcht vor jedem Risiko zu haben. Welch eine Idee war das aber auch ... in den Rücken des Feindes ... seine Lebensadern abschneiden ... den Aufmarsch gegen Tunis zerstören ... englische und amerikanische, aufs beste ausgerüstete Verbände zerschlagen ..., einen großangelegten Plan Eisenhowers und Andersens über den Haufen werfen ... wo Sieg winkte, ihn in eine Flucht umkehren ... Das war zuviel des Wagnisses für einen Generalstab, der immer am Formalen hängengeblieben war und von den starren Dogmen der französischen Schule gelebt hatte.

Rommels Vorschlag wurde abgeändert. Vielleicht hatte man in Rom auch das Gefühl, selbst in dieser Stunde wieder klüger als die Frontführung sein zu müssen und als der Gescheitere und Weitblickendere jeden Plan umwerfen zu sollen, der an der Front aus der gegebenen Lage entstanden war und daher auch dort allein auf seine Durchführbarkeit beurteilt werden konnte. Kurzum, der Stoß auf Tebessa wurde zwar genehmigt, aber er sollte nicht in dieser Richtung, sondern auf Le Kef angesetzt werden, für welchen Zweck auch die 10. Panzerdivision der 5. Panzerarmee Rommel unterstellt wurde.

Rommel sah voraus – und gab dem auch Ausdruck – daß Le Kef als Ziel viel zu frontnah lag und ein solcher Vorstoß aller Wahrscheinlichkeit nach auf die Reserven Andersens treffen mußte, wie es nachher auch geschah. Das Unternehmen könnte infolgedessen weder die beabsichtigte Wirkung haben, noch etwa die Verwirrung auslösen, die das Ziel der ganzen Operation war. Tatsächlich verlief sie denn auch „nach dem Programm", d. h. genauso wie Rommel es erwartet hatte. Die letzte große Chance wurde damit vertan, vergeudet, verspielt. Denn wie sich später herausstellte, verursachte das Auftauchen deutscher Panzer bei Le Kef und Thala schwere Krisen und es hätte nicht viel – eben der Stoß auf Tebessa – gefehlt, und aus diesen Krisen wäre mehr geworden. Ohne Zweifel, er hätte jene Wirkung gehabt, die Rommel vorgeschwebt und die er beabsichtigt hatte.

Der neue, verwässerte Plan lief also an. Schon in Kasserine hatte der völlig überraschte Feind schwere Verluste. Bis in den Raum von Sbeitla wurden vier Flugplätze überrannt und neben kostbarem Material noch kostbarerer Brennstoff weggenommen. Der Kasserinepaß mußte jetzt gesichert werden. Aber da die 10. PD. auf der Straße von Kairuan noch auf dem Marsche war, entstand eine Verzögerung und schwere Kämpfe entwickelten sich um den Besitz des Kasserinepasses. Als die Panzerdivison eintraf, sollte der Durchbruch erzwungen werden. Im letzten Abendlicht entwickelte sich eine erregende Panzerschlacht. Höchste Eile war geboten, denn der Feind verstärkte sich von Stunde zu Stunde. 22 Panzer wurden im Verlauf dieses dramatischen Kampfes abgeschossen, 30 gepanzerte Transportwagen erbeutet, zahlreiche Gefangene gemacht und der Paß in Besitz genommen. Dabei hatte auch die Infanterie entscheidend mitgewirkt und ein italienisches Bersaglieriregiment sich besonders ausgezeichnet.

Während die 21. PD. über Sbeitla nach Sbiba im Norden Boden gewann, entschloß sich Rommel sofort, an Tebessa vorbei in Richtung Thala - Djerda weiterzustoßen. Er setzte die 10. PD. an, die Thala erreichte, zahlreiche Panzer vernichtete und englische Pak überrollte. Die Panzer fuhren mit aufgesessener Infanterie weiter, nachdem der Feindwiderstand sichtlich schwächer gworden war.

Beim DAK hatten sich mittlerweile heftige Artilleriekämpfe entwickelt, so daß die Stoßgruppen nicht vorwärts kamen. Aber auch die 10. Panzerdivision mußte jetzt nach Süden ausweichen. Sie hatte zehn Panzer verloren und war mit ihren Spitzen glücklich durch den Paß südlich Thala gekommen, als sie in einen Hinterhalt geriet. Die hier eingesetzten englischen Bataillone hatten die Panzer in aller Ruhe durchgelassen, um sie dann von hinten zusammenzuschlagen. Sie wurden jedoch ausgehoben und 700 Gefangene eingebracht. Doch verstärkte sich der Gegner laufend mit seinen nahen Reserven.

Am Mittag des 22. Februars traf Kesselring auf dem Gefechtsfeld ein. Inzwischen hatte sich die Lage an der Marethfront noch einmal zugespitzt, da die 15. PD. schweren Entlastungsangriffen der Divisionen der 8. Armee ausgesetzt war. So wurde auf Rommels Vorschlag das Unternehmen abgeschlossen und langsam auf die Ausgangsstellungen zurückgewichen, wobei das gesamte Gelände vermint und alle wichtigen Anlagen zerstört, die Brücken gesprengt und die steilen Paßstraßen unbrauchbar gemacht wurden.

Bei dieser Gelegenheit erkundigte sich Feldmarschall Kesselring, ob Rommel angesichts seiner Absicht, nach dem Südosten noch einmal offensiv zu werden, wohl gesundheitlich in der Lage wäre, in Tunis durch die Bildung einer Heeresgruppe wenigstens vorläufig den Gesamtoberbefehl zu übernehmen.

In der Tat konnte es sich nur um eine vorübergehende Regelung handeln, denn die Ärzte hatten dem Marschall die Frist von einem Monat noch einmal zugestanden. Dann sollte er sich für mindestens acht Wochen einer Kur unterziehen. Aus Rom traf bereits am 23. Februar der Befehl zur Bildung der Heeresgruppe Afrika ein, der sämtliche Verbände des Heeres, der Flakartillerie und die italienischen Truppen unterstellt wurden. Rommel wurde der Oberbefehl übertragen.

Die Differenzen mit dem Commando Supremo hörten aber damit nicht auf. Hatte es eben noch erklärt, die libyschen Grenzstellungen seien ohne Grund aufgegeben worden, obwohl sich kein einziger italienischer Soldat in diesem Raume oder ostwärts der Marethlinie befunden hatte, der die Lage hätte beurteilen können, so mischte sich das Commando Supremo nun wieder in den Bereich der 5. Armee, die einen Angriffsplan zur Wegnahme des Beckens von Medjez el Bab ausgearbeitet hatte. Einen Tag nach der Bildung der Heeresgruppe erhielt Arnim den Befehl, den Angriff am 26. Februar durchzuführen, also zwei Tage später, aber nicht auf Medjez, sondern auf das weiter westlich gelegene Beja. Erst am 25. erfuhr Rommel von dieser Anordnung, obwohl ihm die 5. Armee unterstand. Für ein so weitgespanntes Unternehmen waren aber die Kräfte viel zu gering. Die schnellen Verbände der deutsch-italienischen 1. Panzerarmee konnten sich nicht beteiligen, nachdem von Rom bereits für Anfang März ein Angriff aller zur Verfügung stehenden Truppen gegen die Front der 8. Armee befohlen worden war.

Der Angriff auf Beja mit ungenügenden Kräften scheiterte denn auch und mußte liquidiert werden, nachdem eine Panzerabteilung völlig aufgerieben war und neun kostbare Panzer der schweren Tigerabteilung verloren gingen. Wieder war damit durch eigene Schuld ein Fehlschlag erlitten worden. Vielleicht hätte er vermieden werden können, hätte Rom die verschiedenen Pläne aufeinander abgestimmt. Aber es war Rommel, gegen den späterhin der Vorwurf erhoben wurde, es nicht getan zu haben.

Träume um Casablanca

Anfang März ergab sich für die Heeresgruppe Afrika folgende Lage:

Bei einer Frontlänge von 455 Kilometern waren 34 deutsche und 14 italienische Bataillone eingesetzt (das Bataillon gerechnet zu tausend Gewehren), was eine Front von zehn Kilometern für jedes Bataillon ergab. Dabei standen 49 Batterien an der Front, von ihnen 33 leichte.

Zum Schutze der Küste mit ihren 400 Kilometern verfügte die Heeresgruppe nur über zwei deutsche, zwei italienische und ein arabisches Bataillon, zu denen noch 15 ortsfeste Beutebatterien traten.

Demgegenüber zählte die 1. englische Armee zwei Infanteriedivisionen, eine Panzerdivision und zwei Sonderbrigaden mit zusammen 50 000 Mann, gegliedert in 28 Bataillone, 240 Geschütze, 400 Pak und 166 Panzer. Die amerikanische Armee besaß rund 40 000 Mann mit 21 Bataillonen, 200 Geschützen, 200 Pak und 200 Panzer. Dazu traten drei französische Divisionen von rund 40 000 Mann und durchschnittlich schwacher Bewaffnung. Sie alle standen der deutschen 5. Armee gegenüber. Vor der Marethstellung der deutsch-italienischen 1. Panzerarmee stand die 8. englische Armee mit etwa 80 000 Mann in 39 Bataillonen mit 400 Geschützen, 550 Pak und 900 Panzern. Das waren acht Divisionen.

Die Heeresgruppe zählte 80 000 deutsche und 40 000 italienische Soldaten der ersten Linie. Die rückwärtigen Dienste, einschließlich Luftwaffe und Marine, ergaben 230 000 Mann, von denen 150 000 Italiener waren.

196

Dieses Kräfteverhältnis bedeutete, daß die Stellungen einer Linie von Feldwachen entsprachen, die ohne tiefen und genügenden Artillerieschutz war. Zwar waren sie durch die Gebirgszüge zu einem großen Teil abwehrmäßig günstig und das Gelände ließ die Verwendung von Panzern nur stellenweise zu, aber diese dünne Front konnte jederzeit von Infanterie durchstoßen oder die Front durch ein Einsickern des Feindes umfaßt werden. Es war anzunehmen, daß der Gegner seinen Angriff, war er erst so weit, an allen Frontabschnitten zugleich beginnen und dann die ebenso lange wie dünne Front zerschlagen würde. Zwar standen der Heeresgruppe Reserven für diesen Fall zur Verfügung, waren sie aber erst eingesetzt, so waren sie damit auch an einer Stelle gebunden, ganz abgesehen davon, daß eine Verschiebung von Truppen vom Abschnitt einer Armee zum Abschnitt der anderen bis fünf Tage und eine Brennstoffbevorratung erforderte, die nicht vorhanden war.

Die einzige Aufgabe, welche die Heeresgruppe jetzt zu übernehmen in der Lage war, bestand in dem Versuch, durch einzelne kraftvolle Angriffe die Vorbereitungen für den feindlichen Großangriff immer wieder zu stören und zu zerschlagen. Eines Tages würde aber ungeachtet solcher Versuche die Offensive nicht mehr aufgehalten werden können und dann in sehr kurzer Zeit die deutsche Front durchbrochen und dabei die 1. Panzerarmee im Süden abgeschnitten sein. Die Heeresgruppe mußte, um dieser Entwicklung zuvorzukommen, ihre Front verkürzen, auch wenn das die Aufgabe eines Teils der tunesischen Flugplätze bedeutete. Eine kurze Front konnte lange oder doch länger gehalten werden als die gegenwärtig bezogene, die beim ersten starken Ansturm zerbrechen mußte.

War diese Entwicklung nicht vorauszusehen gewesen? Sollte sich jetzt auch im tunesischen Kampfgebiet die ganze sinnlose Tragödie eine Armee ohne genügende Kräfte und ohne hinreichende Mittel wiederholen? Warum hatte man sich überhaupt auf das Abenteuer in Tunis eingelassen, wenn schon die erste Prüfung der Verhältnisse die ganze Unzulänglichkeit der Maßnahmen ergab und deutlich zeigte, daß eine Niederlage nur um den Preis neuer Opfer hinausgeschoben wurde, aber nicht mehr vermieden werden konnte! Noch immer glaubte man, mit dem Geist gegen stärkere Bataillone bestehen zu können und Berlin begann bereits, den großen Friedrich zu beschwören, aber keine Elisabeth war vorhanden, um zur gelegenen Zeit zu sterben und erst recht kein Friedrich. „Alle Räder rollen für den Sieg" konnte man auf den deutschen Lokomotiven lesen. Doch selbst im März war keine Änderung der Nachschublage in Aussicht, und seit Hitlers Zusagen im Oktober waren immerhin fünf Monate vergangen. Nur ein Bruchteil der laufend benötigten Menge wurde überführt, und von der davon unabhängigen Anlage etwa eines eisernen Bestandes war keine Rede. Auch die Auffüllung der Truppen mit Mannschaften und Waffen war weit hinter dem erforderlichen und erwarteten Maß zurückgeblieben.

Da infolgedessen auf lange Sicht eine erfolgreiche Kriegsführung nicht möglich war, die voraussetzte, daß entweder die 8. Armee oder die englisch-amerikanische Operationsgruppe ausgeschaltet, das heißt geschlagen und vernichtet wurde, so erbat die Heeresgruppe im Führerhauptquartier und beim Commando Supremo klare Entscheidung, wie die weitere Kriegsführung in Tunesien eigentlich gedacht war. Auch Generaloberst von Arnim hatte die Lage seiner Armee bereits dargestellt und dem Oberbefehlshaber Süd gegenüber ungeschminkt zum Ausdruck gebracht. Tunis, so hatte er dabei betont, war eine Festung ohne Munitions- und Verpflegungsvorrat. Entscheidend für die Kriegführung waren zwei Fragen:

1. Reichten die eigenen beweglichen Kräfte aus, um eine der beiden Feindgruppen zu vernichten, so daß sie praktisch aus dem Kampfe ausscheidet? und
2. kann Tunesien laufend versorgt und darüber hinaus bevorratet werden, wie es in einer Festung notwendig ist?

In Berlin wie in Rom stellte man nach wie vor einen durch nichts gerechtfertigten Optimismus zur Schau. Als in der Zeit der Alameinkrise Hitler erklärt hatte, „ich glaube Mussolini mehr als meinen deutschen Generalen", hatte Rommel ihn aufgefordert, sich über die Lage in Afrika persönlich zu informieren. Aber wie immer seit 1941 fand Hitler nicht an die Front, wo er sich wahrlich einen klaren Überblick hätte verschaffen können. Jetzt hatte wahrscheinlich der halbe Erfolg des verwässerten Tebessaplanes sogar den Eindruck hervorgerufen, die Heeresgruppe sei stärker und kampfkräftiger als sie es selbst von sich glaubte. Aber Arnims beide Fragen brauchten nur beantwortet zu werden, und der Nebel wäre zerrissen worden, mit dem man sich nur zu gerne die klare Sicht trüben ließ. Beide Fragen konnten nur mit einem Nein beantwortet werden.

Eindeutig ergab sich auch die kampf- und kriegsentscheidende Bedeutung der Luftwaffe. Nur sie wäre in der Lage gewesen, die freie Schiffahrt zu garantieren. Aber sie konnte es nicht mehr. Ihre Unterlegenheit war eine Tatsache, mit der sich der Soldat abzufinden hatte. Selbst der tapferste und unermüdlichste Einsatz der fliegenden Verbände, die in diesen Zeiten das Letzte aus sich herausholten und willig hingaben, vermochte eben über die Wirklichkeit nicht hinwegzutäuschen oder sie auszugleichen. Es blieb eine hoffnungslose Minderheit, die in todesverachtender Pflichterfüllung gegen einen Feind antrat, der mit seinen Jägern, Jagdbombern und Bombengeschwadern in jeder beliebigen Menge zu jeder beliebigen Zeit von jedem beliebigem Flugplatz aus aufwarten konnte. Und wie einst die Eroberung Kretas ohne jede praktische Bedeutung oder Auswirkung blieb, so erwies sich jetzt als nicht wiedergutzumachender Fehler, daß die Niederhaltung Maltas, durch eine Monate während Bombung erreicht, ebenfalls ohne Konsequenzen geblieben war. Die Insel hatte sich längst wieder erholt und aufgerüstet.

Alle Siege und alle Erfolge, die der Soldat auf dem Kriegsschauplatz des Mittelmeeres erkämpft hatte, waren von der höchsten Führung nicht ausgenützt, sondern schmählich vertan worden. Mit der Gewißheit, daß „der Soldat den Boden nicht preisgibt, auf dem er steht", oder mit jenem anderen Wort „wir werden siegen, weil wir siegen müssen", waren alle Warnungen, alle Hilferufe und alle nachdrücklichen Berichte über die Schwierigkeiten einer Kriegsführung ohne Material bagatellisiert und ohne Ernst behandelt worden. Auch jetzt, in der Auswirkung der Lage vom März 43, dachte Rommel wieder an die Möglichkeit, in letzter Stunde wenigstens an Soldaten zu retten, was nur irgend zu retten war. Er wollte vor allem die schwer zu ersetzenden Spezialtruppen aus Tunis abziehen und ferner alles zum europäischen Festland sofort herüberschaffen, was für die Endkämpfe nicht unbedingt erforderlich, sondern eine Belastung für die Festung durch überflüssige Esser war.

Zunächst aber sollte ein Unternehmen an der Südfront durchgeführt und der Aufmarsch der 8. Armee gestört werden. Nachdem der Vorstoß auf Tebessa, durch die unsinnige Einmischung von oben, zwar den Gegner in Gefahr gebracht, aber doch ohne jede Nachwirkung geblieben war, sollte Rommel nun in die Bereitstellungsräume der 8. Armee stoßen und unter den Truppen Montgomerys Verwirrung stiften. Erstes Angriffsziel sollte Medenine sein, alsdann bis Ben Gardane, nahe der tripolitanischen Grenze, vorgerückt werden, da in diesem Raume die Masse der 8. Armee, die 44. Division des XII. Korps, sowie zwei Panzerdivisionen und eine Panzerbrigade des X. Korps lagen. Die deutschen Panzertruppen sollten sich dabei im Schutze des welligen und unübersichtlichen Geländes der Gebirgsränder an den Feind heranpirschen, zangenartig vom Süden vorbrechend, die zweite Stoßrichtung vom Norden her in den Feind führen.

Inzwischen hatte General Messe als Nachfolger Rommels den Oberbefehl über die 1. Panzerarmee übernommen. Er war ein Mann der Tatkraft, ein Offizier, der den Durchschnitt der italienischen

Generale überragte. Als kommandierender General des Expeditionskorps in Rußland, hatte er die Möglichkeit gehabt, vielerlei Erfahrungen zu sammeln. Befangen, wie die Mehrzahl der italienischen Offiziere, in veralteten Ideen, beeinflußt von den starren
Dogmen der französischen militärischen Schule, hatte er doch die
Bedeutung taktischer Fragen erkannt und sich manche der neuen
Erkenntnisse zu eigen gemacht, welche der Ostfeldzug bei seiner
chronischen Menschenknappheit gezeitigt hatte. Er übersah auch
den unheilvollen Einfluß eines mangelhaft ausgebildeten Unter-
führerkorps in der italienischen Armee nicht. So versuchte er, den
Geist der Truppe systematisch zu beeinflussen, ohne freilich, wie es
bei der deutschen Armee gebräuchlich war, in einen unmittelbaren
Kontakt mit der kämpfenden Truppe zu treten. Die psychologische
Führung der Truppe lag ihm wohl auch deshalb besonders, weil er
einer der wenigen Offiziere war, die aus dem Unteroffizierkorps
stammten. Ehrgeizig, nicht frei von Eitelkeit, bildete sein wacher
Unternehmungsgeist seine größte Tugend.
Messe nun hielt Rommels Plan für undurchführbar. Ein Antreten
vom Norden erschien ihm zu schwierig und zu riskant. Dafür gab
es tatsächlich einige Gründe. Der Norden war durch die Pioniere
des Generals Bülowius so gründlich und systematisch mit Minen
verseucht worden, daß sie zum Teil nicht aufgenommen und ent-
schärft werden konnten. Sie hätten also gesprengt werden müssen.
Das alles hätte nicht geschehen können, ohne die Aufmerksamkeit
des Gegners zu erregen. Auch andere Truppenkommandeure schlossen sich der Meinung Messes an, brachten ihre Bedenken vor und
betonten die Unmöglichkeit, in mondlosen Nächten, in denen das
Unternehmen anlaufen sollte, Minengassen zu schaffen. Rommel,
obwohl anderer Ansicht und entsprechend seinen Grundsätzen gegen jeden frontalen Angriff in der Küstenebene, ließ sich überzeugen, daß ein Zangenangriff vom Norden her unter den gegebenen
Verhältnissen nicht ratsam war. Er ließ von der Armee neue Vorschläge ausarbeiten und entschied nach ihnen. So erlebten die Engländer zum erstenmal die ihnen schwer erklärbare Tatsache eines
direkten Stoßes gegen ihre Front.
Am 6. März traten die Divisionen des DAK und die 90. Leichte
unter General Cramer, dem gerade eingetroffenen neuen kommandierenden General des Deutschen Afrikakorps, in der Küstenebene
an. Cramer, in der Panzerschlacht bei Sollum schwer verwundet,
Vorbild eines Panzerführers, unerschrockener und überlegter Soldat,
kam nicht weit. Vor Metameur blieb der Angriff bereits im konzentrierten Abwehrfeuer Montgomerys liegen. Gefangenenaussagen
und Beutepapiere ergaben, daß ihm das Unternehmen vorher in al-

len Einzelheiten bekannt geworden war und er daher seine Vorbereitungen hatte rechtzeitig treffen können. Es blieb also ohne jede Wirkung und verursachte nur sehr hohe Verluste unter den Panzerdivisionen. Bis zum Nachmittag hatten sie 55 Panzer, 500 Tote und Verwundete erreicht.

Rommel aber übergab jetzt Generaloberst von Arnim als seinem Stellvertreter die Heeresgruppe, um im Führerhauptquartier persönlich über die Lage zu berichten, dabei die dringenden Entscheidungen zu fordern, die seit langem ausstanden und um festzustellen, woran die Heeresgruppe war. Denn sollte die Festung Tunis bis zum Herbst oder gar noch länger gehalten werden – und alle Nachrichten aus Rom und aus Berlin deuteten darauf hin, daß man dort in dem Wahne lebte, es zu können – sollte also für dieses Jahr 43 eine Invasion im europäischen Süden verhindert werden, so mußte gehandelt werden.

Außerdem bedurften auch die immer unerträglicher werdenden, verworrenen Befehlsverhältnisse einer Regelung, nachdem in jüngster Zeit, ein einzigartiger Vorgang, der Heeresgruppe unterstehende Generale ohne Kenntnis des Oberbefehlshabers zu Besprechungen nach Rom befohlen worden waren.

Am 9. März meldete sich der Marschall bei Mussolini, der wiederum alles zusagte und alles tun wollte, damit Tunis gehalten werden konnte, dessen Verlust, von Rommel als zwangsläufig bei der gegenwärtigen Lage dargestellt, „für Italien von sehr schweren Folgen sein muß".

Vier Tage später fiel die Entscheidung im Hauptquartier Hitlers. Sie lag im Sinne der Vorschläge Rommels, ohne doch dessen Plan zu verwirklichen. Sie war eine Teillösung.

Die unbeweglichen Truppen der 1. Armee sollten sofort aus der Marethstellung herausgenommen und in die Schottstellung, die alte Gabeslinie, in Marsch gesetzt werden. In der Marethfront blieben nur die schnellen Truppen, die sie erst bei Gefahr des Durchbruches oder der Umfassung räumen durften. Die Front war damit verkürzt und die neuen Stellungen konnten dichter besetzt werden. Für den Nachschub, die Auffrischung der Truppen und die Bevorratung sollte „alles geschehen". Entsprechende Befehle wurden erteilt.

Was aber hatte Rommel zu erreichen gehofft?

Sein Vorschlag war gewesen, alle Infanteriedivisionen im Bergland von Tunis in Stellung zu bringen, diese Stellungen systematisch auszubauen, die gesamte unbewegliche Artillerie aus der Marethstellung ebenfalls zurückzuschaffen und planmäßig um die Tunisfront zu gruppieren.

Dadurch wollte der Feldmarschall freiwillig – und ohne erst durch den Feind zu einer verspäteten Handlung gezwungen zu werden – die Front auf 150 Kilometer verkürzen, die nichtmotorisierten Truppen in bessere Stellungen für den Endkampf führen, den Nachschubweg in Tunis vereinfachen und auch die 300 italienischen Geschütze zweckmäßig in die Hauptkampflinie einbauen, die bei ihrer geringen Reichweite in der Marethfront ohne Nutzen, in den Gebirgszügen um Tunis aber eine durchaus wirksame Abwehrkraft waren.

Dabei blieb die alte Linie von den schnellen Truppen gesichert. Sie würden erst beim Anrollen der neuen Offensive Alexanders zurückgehen, wobei an allen nur irgend günstigen Stellen Gegenstöße unternommen und die angreifenden Truppen durch Minensperren aufgehalten werden konnten.

Mit diesen Maßnahmen wäre es gegebenenfalls möglich gewesen, beim Gegner einiges auszurichten, zumindest ihn aufzuhalten, Zeit zu gewinnen, und im Zusammenhang seiner Verbände Verwirrung zu stiften, noch ehe er die tunesischen Bergstellungen erreichte. Zudem hätten die englischen und die amerikanischen Verbände ihre unter großen Mühen ausgebauten Artilleriestellungen nicht mehr benutzen können. Sie mußten also entweder ohne hinreichende artilleristische Unterstützung die mit ausgeruhten Truppen besetzten Stellungen angreifen, wobei ihnen kaum ein Erfolg beschieden gewesen wäre, oder sich entschließen, auf ihre Artillerie zu warten. Das hätte lange Wochen beansprucht und auch sie wären für die deutsche Planung ein wichtiger Gewinn gewesen.

Freilich war damit keine Wende in Afrika zu erwarten. Aber man konnte inzwischen – und das vor allem war Rommels Forderung – alles an Mannschaften aus Afrika abtransportieren, was nicht zur kämpfenden Truppe gehörte oder an der Front notwendig war und was ohne Waffen eine schwere Belastung der Heeresgruppe bedeutete. Rommel sah nach Lage der Dinge und der zwangsläufigen Entwicklung den größten, noch möglichen Erfolg darin, den Brückenkopf so lange wie möglich zu halten, und zwar durch eine, je nach der taktischen Lage bedingte, freiwillige stete Verkleinerung mit der Mindestzahl an Truppen. Die Masse würde man für den folgenden Kampf um das europäische Festland nicht entbehren können*).

Von einer Verwirklichung dieses Vorschlages war aber um so weniger die Rede, als im Führerhauptquartier die undurchbrechbare

---

*) Rommel hatte schon während der Winterkrise im Osten vorgeschlagen, den afrikanischen Kriegsschauplatz zugunsten der Ostoperation aufzugeben.

Atmosphäre des „Vertrauens in den Endsieg" jeden klaren Überblick auch weiterhin verhinderte. Man glaubte in diesem März 43
– so phantastisch es auch immer erscheinen mag – nicht nur an
die Möglichkeit, Afrika zu halten. Man glaubte sogar, in durchaus
absehbarer Zeit neue Erfolge erzielen und wieder offensiv werden
zu können.

Der Feldmarschall, der an die Front zurückkehren wollte, erhielt
Befehl, zunächst seine Gesundheit wiederherzustellen. Rommel hatte
eine Ausspannung bitter nötig. Schon beim Rückzug durch die Cyrenaika hatte er einen Ohnmachtsanfall erlitten und sich seither weder geschont, noch auf seine Gesundheit geachtet. Professor Horster,
der ihn behandelnde Arzt, hatte längst einen Urlaub als unerläßlich
bezeichnet. Herz und Leber gaben zu Besorgnis Anlaß. Hitler zog
Rommel also nicht aus Afrika zurück, um ihn nicht mit einer Niederlage zu identifizieren oder um sich gar den Nimbus, der den Marschall umgab, ungetrübt zu erhalten, sondern Rommel sollte für
neue Aufgaben in Afrika zur Verfügung stehen.

„Erholen Sie sich", sagte Hitler beim Abschied zu Rommel, „damit
Sie bald wieder in Form kommen. Ich garantiere Ihnen, Sie werden
die Operationen gegen Casablanca führen."

In der Tat müssen wir uns davon überzeugen lassen, daß ungeachtet der Lage in Afrika, ungeachtet der Entwicklung des Krieges
und erst recht ungeachtet der Beurteilung der Situation durch die
in Afrika selbst führenden Generale und Oberbefehlshaber, im
Führerhauptquartier höchst seltsame Wunschbilder die Gemüter bewegten.

Anscheinend hatten die Erfolge bei Gafsa, Sbeitla und südlich Tebessa bei Hitler inzwischen Formen angenommen, die ihn mit einem
nicht mehr verständlichen Optimismus erfüllten. Dazu kam, daß sowohl von deutscher Seite als auch von italienischen Stellen nur zu
bereitwillige Versuche gemacht wurden, die Lage in Afrika zu be-
schönigen. Es war das alte Lied von den „angenehmen Nachrichten", die leichter zu übermitteln sind als dunkle Wahrheiten. Und
in diesem Zusammenhang sollte vermutlich Rommels Pessimismus
nicht ernst genommen werden, weil „ein tropenkranker Mann immer pessimistisch sein muß". Endlich hatte auch die Übermittlung
falscher Berichte an das Führerhauptquartier eine Rolle gespielt,
welche die Versorgung Afrikas und die Sicherung des Nachschubs
durch den Masseneinsatz von Siebelfähren betrafen, die gar nicht
gebaut worden waren. Die 5. Armee verfügte über 34 Panzer, die
1. Armee über 89 deutsche und 24 italienische. Das war die nackte
Wirklichkeit. Es fehlten den deutschen Divisionen allein rund 400
Kampfwagen. Aber in Rom sowohl wie in Berlin war die Welt mit

Nebel verhüllt, und der Nebel war rosenrot angestrahlt. Die Träume, denen man sich hingab und die Wunschbilder, welche die Phantasie belebten, wurden als Tatsachen betrachtet, und über ihnen stand Clausewitzens Grundsatz, daß die beste Verteidigung der Angriff sei. Und da man sich nicht entschließen konnte, dem Traume zu entsagen, die Schiffe, die Panzer, die Truppen, die auf Papier verzeichnet waren, würden zum Leben erwachen, das mittelländische Meer überqueren, in Afrika ankommen und dort schießen und kämpfen, so gab man Befehle und schmiedete Pläne, als seien sie alle nicht nur unterwegs, sondern bereits in Afrika eingetroffen.

Kesselring, der längst eingesehen hatte, was sich zwangsläufig bei diesem Spiel ergeben mußte, hatte noch Ende 42 gemeint, ein Überführungsprogramm verwirklichen zu können, das einen erfolgreichen Kampf erwarten lassen durfte. Nicht nur Rommels, auch seine Hoffnungen waren getäuscht. „Weder die Länge der Front noch der Mangel an kleinen Schiffen können als ausreichende Erklärung dafür gelten", hatte er am 9. März festgestellt. Inzwischen war der Generalfeldmarschall nach dem Vortrage Rommels von Hitler beauftragt worden, den Nachschub zu verdoppeln, alsbald aber ihn um das Dreifache zu steigern. Eine verbindliche Zusage für diese Steigerung konnte aber auf eine Anfrage der Heeresgruppe nicht gegeben werden. Hitlers Befehl war ein Befehl in den luftleeren Raum.

Seine Entscheidung hatte aber einen Hinweis darauf enthalten, daß Rommels Lagebeurteilung in Gegensatz zu jener gestanden hatte, die der Oberbefehlshaber noch Ende des Jahres in den Tagen vor dem Fall von Tripolis gegeben hatte. Er hatte damals nach allen Zusicherungen, die von maßgebender Seite erfolgt waren, mit Recht annehmen müssen, daß bei der Verkürzung des Nachschubweges nach dem Beziehen der Marethfront in kurzer Zeit die Auffüllung der Verbände tatsächlich erfolgen würde. Die Mittel zur Auffrischung sollten ja die Armee in Tunis erwarten. Im übrigen hatte Rommel die Marethlinie nicht als endgültige Stellung vorgeschlagen, sondern das Commando Supremo hatte sie ihm zugewiesen, obwohl die Gabesfront wesentliche Vorteile bot.

Die Zurücknahme der Front auf Bizerta im Norden und Enfidaville im Süden war von Hitler abgelehnt und dafür befohlen worden, vom Cap Seat bis zur Schottstellung Widerstand zu leisten. Kesselring teilte gleichzeitig ergänzend am 13. März mit, daß Mussolini erneut seine Auffassung zur Lage zum Ausdruck gebracht hätte. Übereinstimmend mit Hitler hätte der Duce festgestellt, daß der jetzt zugewiesene und besetzte Raum bis zum Letzten gehalten werden müßte. Denn das bedeutete

1. eine Bindung der in Nordafrika eingesetzten feindlichen Streitkräfte und ihrer Tonnage, die sonst für andere Operationen verfügbar würden,

2. eine Sperrung der Straße von Sizilien, um den Gegner auch weiterhin zu einem Tonnageeinsatz zu zwingen, der in Verbindung
mit den Erfolgen des U-Bootkrieges die Gesamtkriegführung entscheidend beeinflussen konnte;

3. sei Tunis das beste Sprungbrett für einen Angriff auf Süd-
europa, der also verhindert würde.

Jeder Tag, den Tunis länger gehalten würde, sei ein Gewinn und
könnte – bei jetzt noch nicht vorauszusehenden Ereignissen – zu
einer völlig neuen Lage führen ... Mussolini erklärte sich daher bereit, alles, selbst sein letztes Handelsschiff einzusetzen. Er erwartete
aber, ebenfalls in Übereinstimmung mit Hitler, daß auch die Heeresgruppe den letzten Soldaten in Tunesien in die Front bringe.

Arnim, der die Heeresgruppe wenige Tage zuvor übernommen hatte,
schrieb an den Rand dieses Berichtes „zum Kampf gehört Munition". Es war keine dankbare Aufgabe, die ihm zugefallen war.
Auch in der Folge geschah nichts, um sie ihm zu erleichtern. Am
15. März eröffnete der italienische General Rossi, daß nur noch
30 Schiffe zur Verfügung standen, die im Durchschnitt etwa je 3 000
Tonnen im Monat überführen konnten. Da mit einem Verlust von
25 Prozent zu rechnen war, bedeutete das eine Nachschubmenge von
etwa 70 000 Tonnen, die aber gerade den Bedarf in Zeiten der
Kampfruhe decken konnten. Eine Steigerung auf 150 000 Tonnen,
die nach der Anordnung Hitlers hätte sogleich erfolgen müssen, bezeichnete Rossi als ausgeschlossen. Damit war die Antwort auf Arnims Frage eindeutig gegeben worden.

Da Kesselring dem Oberbefehlshaber neuerdings auch jede direkte
taktische Meldung an das OKW oder das OKH untersagt hatte
und in die Führung der Heeresgruppe hineinredete, sah sich der
Oberbefehlshaber zu einem energischen Schritt veranlaßt. Denn mit
diesem Heineinreden war die Heeresgruppe überflüssig. „Zwei
Stellen können nicht führen. Die Ausführung der vom Commando
Supremo gegebenen Weisungen ist allein Sache der Heeresgruppe.
Ein Hineinreden des OBS in taktische Führungsfragen muß ausgeschlossen sein."

In der Tat war Kesselrings Aufgabe, die Auffassungen Hitlers bei
Mussolini und dem Commando Supremo in Rom zu vertreten und
dabei den deutschen Einfluß auf die Führung der dem Oberkommando unterstellten Panzerarmee zu sichern. Nur in diesem Zusammenhang konnte er als Vorgesetzter des OB der Heeresgruppe
gelten. Verantwortlich hatte der Feldmarschall die Versorgung zu

regeln und durchzuführen und im übrigen die operativen Aufgaben in der Luft- und Seekriegsführung wahrzunehmen.

Am nächsten Tage nach General Rossis Besuch erschien Großadmiral Dönitz persönlich in Rom, um der Forderung nach der Steigerung der Seetransporte mehr Nachdruck zu verleihen und zur gleichen Stunde – es war der 16. März, welches Datum nicht ohne Bedeutung werden sollte – Feldmarschall Kesselring im Hauptquartier Arnims. Kesselring kritisierte, nach allem was sich ereignet hatte, ein etwas befremdliches Unterfangen, die moralische Führung der Heeresgruppe. Psychologisch sei es falsch, so meinte er, immer wieder grundsätzliche Befehle zu erteilen, eine Stellung zu halten, um dann beim ersten feindlichen Anstoß auszuweichen. Verfahre man so, dann werde natürlich auch die Schottstellung bei Gabes nicht gehalten, denn die Truppe, durch Erfahrungen gewitzigt, würde mit einem neuen Ausweichen von vornherein rechnen. Das war sicherlich richtig, aber diese Art grundsätzlicher Befehle war nicht den Köpfen der Heeresgruppe oder der Panzerarmee entsprungen, sondern hatten sehr fern vom Schauplatz der Ereignisse das Licht der Welt erblickt: nämlich in Rom und Berlin.

Kesselring ging endlich auf den Befehl Hitlers vom 13. März ein, nach dem die Marethstellung bis zum Letzten zu halten sei. Umfassungen, so meinte er, müßten durch offensive Handlungen abgewehrt werden. Clausewitz hätte sicher an dieser Bemerkung seine Freude gehabt. Die Heeresgruppe konnte sie nicht bezogen, weil ihr der Sprit fehlte. Er bestand aus 1,5 Versorgungssätzen und die Munitionsausstattung betrug gar 0,5.

Generaloberst von Arnim wurde sachlich. „Ich bitte um einen schriftlichen Befehl", erklärte er, „welchen Auftrag ich hier habe. Der mir im Dezember gegebene Befehl" – da war diese buntschillernde Seifenblase wohl zum erstenmal in der „Wolfsschanze" aufgestiegen – „Richtung Casablanca vorzustoßen, ist wohl inzwischen überholt."

Kesselring bejahte und fügte hinzu, daß seines Erachtens die gegenwärtigen Aufträge klar lägen. „Die 5. Armee hat zu halten und durch ständige offensive Vorstöße den feindlichen Aufmarsch zu stören und die feindlichen Kräfte möglichst zu schwächen. Der Auftrag für die 1. Armee lautet, die Marethstellung bis auf den letzten Mann zu halten."

Also wieder, in dieser Unterhaltung bereits der zweite „grundsätzliche Befehl". Aber die Heeresgruppe konnte nicht einmal eine Panzerdivision vom Norden an die Marethfront verlegen, da es keinen Brennstoff gab. „Was wird mir an Mitteln zur Verfügung gestellt?"

Arnim kannte die Antwort, die Kesselring ihm nicht gab, sondern mit der Gegenfrage erledigte, warum die Division überhaupt nach dem Norden gezogen worden sei.

Arnim: „Weil dort die Amerikaner stehen. Wie denkt Jodl sich überhaupt den Kampf gegen sie? Im Norden steht der 5. Armee die 1. englische gegenüber, im Süden der 1. Panzerarmee die 8. englische und in der Mitte die amerikanische Armee, der wir an eigenen Kräften fast nichts entgegenzusetzen haben."

Kesselring: „Darüber habe ich mit Jodl nicht gesprochen. Meiner Ansicht nach ist das auch nicht Sache des OKW oder des Commando Supremo."

Arnim: „Ich schätze die amerikanischen Kräfte auf drei Divisionsgruppen, die ich nicht mit einem verstärkten Regiment schlagen kann. Wie steht es mit der Steigerung der Transportleistungen entsprechend der Führeranordnung?"

Kesselring: „Meiner Meinung nach ist diese Möglichkeit nicht gegeben."

Arnim: „Und was, glauben Sie, kann ich in den nächsten Wochen erwarten?"

Kesselring: „Auf derartig präzise Fragen antworte ich nur ausweichend, weil ich einmal eine verbindliche Antwort nicht geben kann und zweitens schon einmal angegriffen worden bin, weil sich hinterher nicht erfüllt hat, was ich zugesagt hatte."

Arnim: „Glauben Sie, daß wenigstens die bisherige Transportleistung anhalten oder daß sie geringer werden wird? Ich muß das wissen, um den Kampf an der Marethfront führen und auch meinen Leuten sagen zu können, wieviel Munition sie zur Verfügung haben."

„Eine klare Antwort kann ich Ihnen darauf nicht geben."

Kesselring hätte hinzufügen können, weil sie verneinend ausfallen mußte. Aber das wußten beide Generale ohnehin. Jedenfalls konnte er nun nach Rom, in seine fremde Welt, zurückfliegen und der heroischen Tragödie letzter Teil beginnen.

General Messe, dem als Chef des deutschen Verbindungsstabes General Bayerlein, langjähriger Chef des DAK und der Armee, zur Seite stand, hatte in die Schottstellung eben umgruppiert, als auch die 8. Armee wieder antrat, und zwar am Abend dieses gleichen 16. März, noch ehe also Arnim irgendwelche Mittel erhalten hatte, um seinerseits zuschlagen oder zurückboxen zu können.

DIE UNAUSWEICHLICHE NIEDERLAGE

Vergebliche Durchbruchsversuche

Seit Tagen lag der Himmel grau über der Erde. Durch die Täler stürmte der Wind, jagte über die Höhen und preßte die regenschweren Wolken gegen den Dschebel.

In Libyen war dieser März der Monat der Sandstürme gewesen. In Tunesien begrenzten Berge den Horizont und in der Küstenebene lagen Olivenplantagen und Gärten inmitten blühender Teppiche. Auf der Küstenstraße, die mitten durch den Frühling führte, herrschte lebhafter Kolonnenverkehr. Er war das untrügliche Zeichen für kommende Dinge.

Am Abend des 16. März, um 20.30 Uhr, begann der englische Großangriff gegen den Nordteil der Marethstellung. 12 000 Granaten heulten in die deutschen Stellungen. Die ersten Angriffe wurden abgewiesen; gegen Mitternacht gelang ein Einbruch bei den sich zäh wehrenden Jungfaschisten, bald darauf auch auf den Höhen 119 und 117. Im Morgengrauen wurden Gegenstöße angesetzt und die Höhen mit der blanken Waffe zurückgewonnen.

In der gleichen Nacht waren auch die Amerikaner angetreten und wie ein Sturzbach gegen die Front von Gafsa vorgeschwemmt. Der Druck der Panzer war so stark, daß die freundliche Oase geräumt werden mußte. Die 1. amerikanische Division unter General Patton hatte eine gewichtige Aufgabe im Rahmen der Gesamtoperationen Alexanders übernommen. Sie sollte über Maknassy das Meer bei Sfax erreichen, der deutsch-italienischen Südarmee den Weg abschneiden, sie von den nord- und mitteltunesischen Truppen trennen und damit ihre Vernichtung vorbereiten, indessen die 8. Armee sie an die Marethstellung band.

Am 20. März gelang der 10. englischen Panzerdivision der Durchbruch zwischen zwei Aufklärungsabteilungen. Gleichzeitig kämpfte sich das X. englische Korps, aus dem Raume Foum Tatahouine vorbrechend, die Ausgangsstellungen für seinen Angriff gegen die Flanke der Marethstellung im Südwesten frei. Gegen 21.45 brach

General Bastico zu Besuch

Aufbruch zur Schlacht von Sollum

Zerschossene Kirche

Ein erbeuteter Mark II

Rommel überreicht mir das EK II

am Nordabschnitt ein Vernichtungsfeuer los, das fast alles bisher Dagewesene in den Schatten stellte, zumal Wellen von Bombern gleichzeitig gegen die Stellungen und rückwärtigen Verbindungen angesetzt waren. Um Mitternacht überwalzte der Engländer die vorgeschobenen Stellungen auf den Höhen, brach dann in die Hauptkampflinie ein und stieß hier auf die entschlossene Abwehr der Panzergrenadiere. Nach schweren Kämpfen gingen einige Höhen verloren. Alle weiteren Angriffe aber wurden abgeschlagen. Als ein Einbruch in die Stellungen einer italienischen Einheit erzwungen wurde und sogleich Panzer in die Einbruchstelle fluteten, warfen sich die Eingreifreserven General Messes auf den alten Gegner und trieben ihn zurück.

Mit großer Erbitterung gingen die Kämpfe im Nordabschnitt weiter, die Montgomery Erfolge, aber nicht den erstrebten Durchbruch brachten. Demgegenüber hatte sich der Angriff des X. Korps im südlichen Sektor sogleich festgefahren und das einzige bezwungene Werk ging ihm am 23. März wieder verloren, so hart der Widerstand auch immer war, den diese altbewährten Soldaten der 8. Armee leisteten.

Neunmal nahmen sich an diesem Tage die Bombergeschwader die deutschen Stellungen als Ziel, „die sturen achtzehn in Parteitagformation", wie der Soldat sie getauft und welche Bezeichnung auch Eingang in die Kriegstagebücher gefunden hatte.

Mit dem Ausgang des Tages mußte sich Montgomery überzeugen, daß die Marethstellung nicht ohne weiteres zu bezwingen war. Er hatte Material und Blut, sehr viel Blut sogar verloren, ohne Entscheidendes zu erreichen. So wurden die Angriffe im nördlichen Küstenabschnitt eingestellt, in aller Eile umgruppiert, und mit neuer Kraft warf er seine Truppen, südlich Foum Tatahouine in weitem Bogen ausholend, entlang den Westhängen des Ouerghemma gegen die deutsche Flanke am Dschebel Telwaga.

Die alte, bewährte 90. Afrikadivision stand hier abwehrbereit. Sie wurde angegriffen, zum Teil einfach überfahren und ein tiefer Einbruch durch die 2. englische Panzerbrigade erzielt. In schweren Nachtkämpfen gelang es der 90. Leichten nicht, die Lage wiederherzustellen. Damit war die rechte Flanke der Marethstellung aufgerissen und sofort erging Befehl zu beweglicher Kampfführung. Die Schottstellung, von den Infanteriedivisionen bereits besetzt, war das Ziel.

Da stieß mit überwältigender Wucht ein neuer Panzerangriff in die Reihen der 90. Leichten, brach in der Nacht durch Flakriegel und Artilleriestellungen und stand endlich dicht vor Hamma, westlich Gabes. Es waren die Neuseeländer, die ihrem alten Ruhme neue

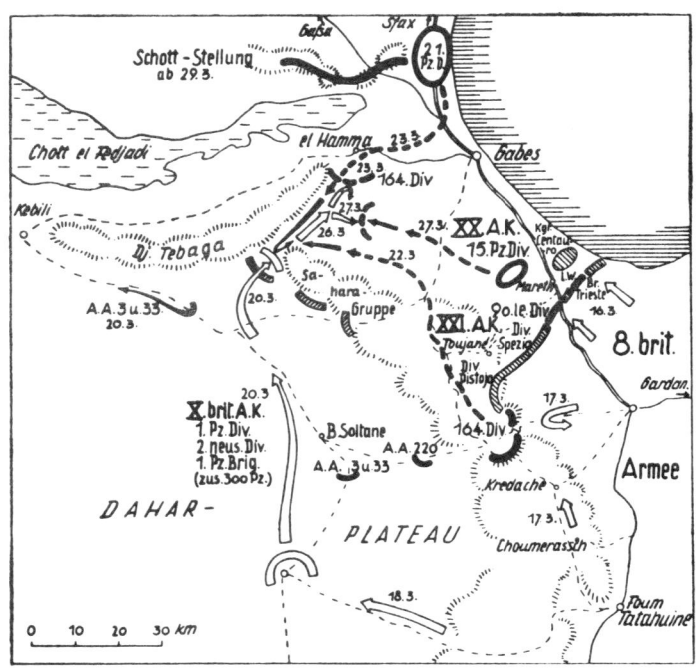

Die Kämpfe in der Marethstellung seit 15. Februar 1943

Letzter *brit. Umfassungsangriff* gegen die durch schwache ital. Kräfte (Sahara-Gruppe) gesicherte Nordwestflanke und Einsatz der 21. Pz.-Div. und 164. Div. zur Abriegelung des Einbruchs in die Flankensicherung. — Brit. Hauptangriff am 26. 3. mit Durchbruch bis südl. el Hamma, der zur Räumung der Marethstellung zwang.

Ehre machten. Höchste Gefahr bedeutete ihr Durchbruch für die mot. Truppen der Armee. Denn der Amerikaner, der Gafsa und am 22. März Maknassy auf dem Wege zum Meer erreicht hatte, wo er zunächst steckengeblieben war, fand bei el Hamma, kam Patton nicht weiter, seine Aufgabe von den Engländern übernommen. Der Durchbruch in den Rücken der 1. Panzerarmee mußte ihr Schicksal besiegeln, wenn es dem Feinde gelang, das Meer bei Gabes zu erreichen.

Aber Montgomery schien seinem Glücke, oder die Durchbruchsdivision den Deutschen nicht zu trauen. Sie tat, was die Engländer schon so oft getan hatten. Statt kühn weiterzurollen, alles in die Waagschale zu werfen und mit einem einzigen Schwung den Nerven-

210

strang nach den Schottstellungen und den rückwärtigen Verbindungen zu durchschneiden, wurden die Bewegungen der Durchbruchsgruppe plötzlich zögernd, unsicher und tastend. Schließlich blieb sie stehen. Wieder fehlte die nötige taktische Wendigkeit, um eine Lage auszunutzen, die einmalig war.

General von Liebenstein bildete noch während der Absetzbewegungen eine Kampfgruppe und stellte sich dem Feinde entgegen. Gleichzeitig wurden die beiden Panzerdivisionen herangezogen und zum Flankenstoß angesetzt. Die Neuseeländer konnten zwar den Angriff auffangen, doch war ihr Ziel vereitelt. Sie waren genötigt, abzudrehen, und damit war die Gefahr gebannt. Ein wagemutiger Entschluß hätte in diesen Märztagen den Kampf um Afrika entscheiden und beenden können.

Planmäßig und ohne weitere Feindeinwirkung wurde nun die Schottstellung besetzt.

Während so im Süden der tödliche Schlag abgewandt worden war, spielten sich im Westabschnitt nicht weniger dramatische Kämpfe ab. Am 20. März war Sened, am 22. Maknassy in die Hand Pattons gefallen. Die deutschen Kräfte, die den Weg zur Küstenstraße sperrten, waren schwach. Der amerikanischen Division stand lediglich die alte Kampfstaffel Rommels unter Major Medicus gegenüber, die über ein einziges 8,8-Geschütz und einige Pak verfügte, im übrigen sich auf ihre Infanteriewaffen verlassen mußte, und mit denen stand es auch nicht zum besten.

Zehn Batterien, darunter zwei 9-cm-Flakbatterien, schirmten die Bereitstellung der Infanterie und der Panzer Pattons ab. Sie hämmerten fünf Stunden auf die deutschen Stellungen der Paßstraße. Als der Angriff losbrach, gerieten die Panzer in Minenfelder. Die Infanterie wurde abgewiesen und zurückgeschlagen, so oft sie auch ihren Sturm wiederholte. Endlich überrannte ein Infanteriebataillon eine Gruppe und damit schien das Schicksal des Passes besiegelt. Aber die Kampfstaffel hatte sich einen halben Zug Pioniere als Reserve aufbewahrt, der jetzt, durch die Melder eines Kompanietrupps verstärkt, einen Gegenstoß unternahm und dem das Unmögliche gelang.

Im Nahkampf wurde das Bataillon geworfen und die alte Stellung wieder in Besitz genommen. Auch ein zweiter Einbruch, bei dem der Troß sich mit der blanken Waffe seiner Haut wehren mußte, wurde in erbittertem Ringen abgefangen und der Feind zurückgetrieben. Ein dritter Einbruch, unmittelbar an der Paßstraße, schien die Entscheidung bringen zu sollen, als ein Feldwebel zu der Pak einer gefallenen Bedienung sprang und durch sein Feuer den Gegner zum Zurückgehen zwang. Die Kampfstaffel, die noch 80 Mann zählte, war am Ende ihrer Kraft, als am Mittag die ersten Verstärkungen und gegen Abend sogar einige 8,8-Flak eintrafen.

Vier Tage wogte der Kampf noch hin und her. In immer neuen Wellen warf die 1. Division sich gegen den Paß. Die Infanterie wurde zusammengeschlagen, die Panzer zurückgetrieben. Schwälend und stinkend lagen die Wracks inmitten einer blühenden Wiese. Endlich erzwang Patton einen Einbruch, der ohne kräftigen Gegenstoß nicht zu bereinigen war. Der Kampfgruppe fehlten die notwendigen Kräfte. Da kamen als Retter in der Not Tigerpanzer zur Verstärkung. Am Mittag war der Feind erneut geworfen und all seiner Vorteile beraubt. Seine Verluste waren so schwer, daß er wider Erwarten die Schlacht abbrach. Der Paß war damit gehalten und die Aufgabe, den Durchstoß zum Meer und damit die Abschnürung der deutsch-italienischen Panzerarmee zu vereiteln, glänzend gelöst worden.

Am 28. März waren die letzten Teile der schnellen Truppen mit 75 Panzern in den Bereich der Gabesfront eingerückt. Daß der Gegner nachstoßen und seine Angriffe jetzt nicht etwa abbrechen würde, war vorauszusehen. So räumten die Infanteriedivisionen die Schottfront, um den beweglichen Verbänden die Verteidigung zu überlassen. Umfassende und frontale Angriffe auf el Hamma wurden zunächst abgewehrt, dann die Schlacht abgebrochen und von der Gabeslinie aus der Widerstand fortgesetzt. Die Schotts mit ihren vom Regen völlig versumpften Salzseen und Tonböden waren zwar nicht passierbar und ein vortrefflicher Flankenschutz, aber da die Gefahr jeden Tag wieder auftreten konnte, daß ein neuer Durchbruchsversuch von Maknassy oder sogar weiter nördlich auf Fondouk zum Erfolge führen und das Ende der Armee besiegeln konnte, so mußte jetzt auch die Schottstellung preisgegeben und langsam in den Raum von Enfidaville zurückgegangen werden. Unter dem Zwang der Lage wurde also jetzt durchgeführt, was Rommel hatte freiwillig unternehmen wollen. Am 29. März hatte Arnim General Jodl einen Funkspruch gesandt. „Nachschub erschütternd. Munition nur noch ein bis zwei Tage, zum Teil wie für schwere Feldhaubitzen keine mehr im Lager. Ähnlich Spritlage, die größere Bewegungen nicht mehr gestattet. Schiffe seit Tagen ausgeblieben. Bevorratung in Verpflegung nur für etwa eine Woche."

Das war 16 Tage nach dem Befehl, die Seetransportleistungen zu verdoppeln und alsdann zu verdreifachen. Jedes Kind konnte dabei sehen, daß der Rückzug in die Einfidavillestellung, deren Ausbau am nächsten Tage zum erstenmal von Rom angeordnet wurde, aber schon lange begonnen worden war, unter wesentlich ungünstigeren Bedingungen erfolgte, als sie noch Mitte des Monats gegeben waren. Die 1. Armee hatte 12 italienische und 5 deutsche Bataillone, 17 italienische und 8 deutsche Batterien mittlerweile verloren, sich also um 17 Bataillone und 25 Batterien vermindert. Das war die Folge der „grundsätzlichen Befehle", die Kesselring als psychologisch falsch bezeichnet hatte, ohne dabei diese Wirkung im Auge zu haben.

General Westphal, der im Auftrage des OBS bei der Heeresgruppe erschien, meinte in diesem Zusammenhang, man glaubte in Rom, die Heeresgruppe schielte immer nach hinten.
„Gewiß schiele ich nach hinten", entgegnete Arnim, „aber nach Schiffen, und da kommen keine. Mit Optimismus kann ich nicht schießen ..." „Wenn ich im neuen Raum", fuhr er fort, „nicht mehr an Nachschub bekomme, bin ich dort in zwei Tagen erledigt ..." Er schilderte noch einmal die Nachschubentwicklung und meinte dann, der OBS sollte ihn in Ordnung bringen, statt sich in die Führung zu mischen. „Wir sind ohne Brot und Munition, genau wie damals die Armee Rommel. Die Folge ist unausbleiblich." Im schlechtesten Falle könnte bis zum nächsten Abend bei Guettar gehalten werden. Warum nicht länger? Nun, weil drei Divisionen des Feindes gegen drei eigene Bataillone stehen, also 27 gegen 3. Immerhin konnte Westphal fünf Schiffe ankündigen, die bereits in See waren und für die ersten Apriltage einen weiteren Geleitzug.
Seit dem 23. März war kein Schiff eingelaufen. 87 Panzer waren alles, was die Heeresgruppe noch besaß. „Ich hatte gebeten, mir im Dezember und Januar einen kleinen Vorrat zu geben. Wäre das geschehen, hätten wir jetzt nicht diese Sorgen. Ein Drittel des Fahrzeugverkehrs mußte gedrosselt werden. Was kann überhaupt noch zugesagt werden?"
Eine erhebliche Besserung auf dem Luftwege, antwortete Westphal. Sie würde einer Tagesleistung von 400 Tonnen entsprechen. Und dazu kämen dann, bei besserer See, im Sommer (er sagte wahrhaftig „im Sommer") mehr Fähren... „Wir führen den Kampf wie immer, fünf Minuten vor Toresschluß." Arnim war des Spieles mit Worten und der leeren Zusagen müde. Er wußte, daß mindestens die Hälfte aller Transportmaschinen, wenn nicht mehr, den Boden Tunesiens gar nicht erst erreichen würden.
Zwischen den Südketten des Saharaatlasses und der Küste spielten sich die folgenden Kämpfe ab, deren Schwerpunkte am 31. März im Raume der Gafsastraße bei el Guettar lagen. Mit 7 000 Fahrzeugen drückte die 8. Armee auf Gabes nach. Im hinhaltenden Kampf gelang es jedoch, jeden Durchbruch zu verhindern und den hartnäckigen Feind immer wieder abzuwehren. Ein Glück war es, daß die Wege, vor wie nach verschlammt, dem Gegner beträchtliche

Schwierigkeiten bereiteten, freilich genauso den deutsch-italienischen Truppen hinderlich waren und für die nichtmotorisierte Infanterie ungeheure Strapazen bedeuteten.

Am 6. April unternahm Montgomery erneut einen Versuch. 600 Bomber und Jäger folgten einem Trommelfeuer, das die ganze Nacht dem Höhengelände um den Fatnapaß und dem Paß selber gegolten hatte. Der Dschebel Roumana ging verloren, aber sonst wurde mit der blanken Waffe Mann gegen Mann jeder Einbruch verhindert oder bereinigt. Aber unter welchen Bedingungen war dieser geringe Erfolg errungen worden! Die Kampfkraft der Italiener war zermürbt. Sie waren weder für Gegenangriffe noch für weitere Verteidigung mehr verwendbar. Die Verluste der 1. Armee stiegen auf 23 Bataillone und 39 Batterien, vor allem italienischer Truppen. Arnim ersuchte daher, keine italienischen Truppen mehr nachzuschieben, da die Verteidigung doch nur von deutschen Verbänden geführt werden mußte. Die 1. Armee besaß jetzt noch fünf Bataillone der Division Jungfaschisten mit 27 Geschützen, vier Bataillone mit 29 Geschützen der Trieste, zwei Bataillone mit 31 Geschützen der Pistoia. Die Centauro und die Spezia waren praktisch nicht mehr vorhanden. Die italienische Armeeartillerie hatte noch 17 Geschütze. Von den deutschen Kräften bildeten die 90. Leichte und die 164. Afrikadivision zusammen eine nicht volle Division. Die 15. Panzerdivision bestand noch aus einer Kampfgruppe. Dazu kamen sieben schwere Flakbatterien und einige schwere Gruppen der deutschen Armeeartillerie.

Wieder löste sich die Infanterie vom Feinde, marschierte sie Kilometer um Kilometer, diese schlaflose Infanterie, die seit Wochen in der Schlacht stand, abgezehrt, ausgemergelt von ermüdenden Kämpfen und nicht endenden Märschen, die sich mit ungenügender eintöniger Verpflegung begnügen mußte, leidend auch unter der alles durchdringenden Nässe unablässiger Sprühregen.

Erst am 8. April folgte der Engländer, erreichte am nächsten Tage mit starken Panzerverbänden Graiba und Mehares, ja den Raum von Agareb, westlich Sfax, von wo noch kurz zuvor wertvolle Munitionsbestände abtransportiert worden waren. Schwere Kämpfe erfüllten die Nacht zum 10. April mit ihrem Lärm. Sfax wurde dem Feinde überlassen und die nächste Stellung in überschlagendem Einsatz erreicht, während die Masse der 8. Armee nordwestlich nach Kairuan abbog.

Seit den letzten Märztagen hatten sich nämlich in der Flanke und abermals rückwärts der Südarmee Kämpfe entwickelt, deren Verlauf noch einmal über Sein oder Nichtsein der Panzerarmee entscheiden sollten. Noch während der Durchbruchsschlacht am Passe bei Maknassy begannen die Amerikaner in Richtung Fondouk ein zweites Unternehmen, dessen Ziel ebenfalls das Meer, und zwar über die Teppichstadt Kairuan war. Mit dieser Schlacht, die erst am Abend des 10. Aprils abgebrochen wurde, war das Schicksal der Rommelarmee wiederum in Frage gestellt.

Am 22. März hatte Oberstleutnant Fullriede den Befehl erhalten, selbständig und nach eigenem Ermessen alle Maßnahmen zu treffen, um einem Angriff in der Enge von Fondouk begegnen zu können. Fünf Tage später marschierte eine amerikanische Infanteriedivision, verstärkt durch Panzer und Artillerie, auf Fondouk zu.

Bis zum 31. März tobte ein erbittertes, wildes Ringen um den Besitz der Paßstraße, den Kämpfen um Tobruk in ihrer Verbissenheit etwa vergleichbar. Abermals war es eine einzige Kampfgruppe, die eine feindliche Division aufhielt. Handgranaten, Maschinenpistolen und Scharfschützenbüchsen waren die Hauptwaffen. Das Stärkeverhältnis betrug etwa zwei bis drei Bataillone gegen eine deutsche Kompanie. Dabei wurde offensichtlich, daß der amerikanische Soldat, der nach zwei Jahren schwerer Kämpfe als völliger Neuling auf diesem Kriegsschauplatz erschien, sich erst an die Härte und vor allem an die Anforderungen des Nahkampfes gewöhnen mußte. Gut ausgerüstet, weit besser als der deutsche und sogar der englische Soldat – zu gut oft, denn sein Gepäck war zu umfangreich –, unter einer jungen, von Traditionen unbelasteten Führung kämpfend, in geradezu vorbildlicher Weise durch das Zusammenwirken aller Waffen, besonders der fliegenden Verbände, unterstützt, hatte er das Stehvermögen und die Angriffshärte noch nicht gewonnen, welche nur Training und lange Erfahrung gewährten. So kam es auch, daß Einbrüche in die Stellungen nicht ausgenützt wurden und bereits schwache Gegenstöße ihn aller Vorteile beraubten, die er sich unter hohen Opfern erkämpft hatte.

Am 1. April übernahm die 6. englische Panzerdivision den Abschnitt. Aber auch ihr gelang erst am 9. April, seitlich des Passes einzubrechen, sich vorzuschieben und den Einbruch zu erweitern, während am Passe selber 30 Kampfwagen zum Stehen gebracht worden waren. Wieder war eine Situation von atemraubender Spannung eingetreten, denn die Südarmee, an diesem Tage mit ihren Nachhuten bei Sfax, mußte Kairuan auf ihrem Rückzug in die Enfidavillestellung noch durchschreiten. Mindestens bis zum 10. April abends mußte die Enge von Fondouk gehalten werden.

Die dramatische Schlacht endete an diesem Tage mit der völligen Vernichtung einer Feindgruppe, die in die Wassersiedlung Fondouk eingedrungen war. In der Nacht aber trat die 6. PD. schon wieder an und erzwang mit ihrer Masse, zum Keil angesetzt, einen Durchbruch. Als die Panzer den Weg frei vor sich liegen sahen und gegen Kairuan vorpreschen wollten, hatte der unbegreifliche Zufall bereits anders entschieden. Sie kamen um einen Tag zu spät. Sie rollten einer deutschen Panzerphalanx in die weit geöffneten Arme. 60 englische Panzer wurden abgeschossen, der Rest zurückgetrieben.

Unbehelligt durchrollten am Abend des 10. April die letzten Teile der 1. Panzerarmee die Stadt. Sie fiel, geräumt und ohne Gegenwirkung, am nächsten Tage der 6. PD. zu. Bis zum 14. April aber wehrten noch kleine, versprengte Trupps der Gruppe Fullriede den Feind ab. Sie kämpften, nun schon im Rücken der 8. Armee und ringsum eingeschlossen, bis zur letzten Patrone. Dann verschwanden sie. Einige gerieten in Gefangenschaft, andere schlugen sich durch die feindlichen Linien, von Arabern gastlich aufgenommen, von ihnen verborgen gehalten, endlich in arabische Kleider gesteckt und so, in nächtlichen, gefahrvollen Märschen zur deutschen Front gebracht.

Fesselungsangriffe und Ablenkungsunternehmen, die während dieser Zeit im Norden, an der Sedjenanefront und in der Mitte unternommen worden waren, mußten bei geringem Geländegewinn vom Gegner teuer bezahlt werden. Erst am 5. April, nach achttägigem Kampfe, gelang im Norden ein Einbruch in Richtung Mateur. Drei Brigaden stießen hier auf die Abwehr eines deutschen Bataillons.

Im Mittelabschnitt waren bei Oued Zarga alle Vorstöße nach wechselnden Erfolgen blutig abgewiesen worden. Mit dem 12. April, der Besetzung von Sousse durch die 8. Armee, endete der erste Teil der Abwehrschlacht. Der Feind folgte nur mit mot. Einheiten und Aufklärungsverbänden.

Während General Messe sich nun in der Enfidavillestellung einrichtete, begann Alexander seine Kräfte neu zu gruppieren. Arnim stand vor der schwersten und zugleich traurigsten Aufgabe seines Lebens. Es wurde erwartet, daß er den Feind noch Monate aufhalten würde. Aber die Mittel, um dieses zu tun, schwanden dahin. Neue wurden nicht mehr zugeführt. Er sah klar das Ende voraus und wußte, daß es unmittelbar bevorstand.

„Der Topf, aus dem die anderen schöpfen können, ist leider viel größer als der unsere", hatte Rommel vor Alamein einmal gesagt. Und das traf in der Tat den Kern aller Dinge. Gegen einen Gegner, der über unerschöpfliche Reserven an Material verfügte, war nicht aufzukommen. Wenn das aber schon in Afrika nicht möglich war, so konnte es in Europa erst recht nicht möglich werden.

Die Sünden, deren sich Berlin und Rom schuldig gemacht hatten, lagen nicht allein in den schweren Fehlern, für die die Heeresgruppe

Afrika jetzt bezahlen mußte. Sie lagen auch in dem Unvermögen, nicht erkennen zu können und nicht erkennen zu wollen, daß Deutschland im Kampf gegen eine hochindustrialisierte und reiche Welt jeden Krieg verlieren mußte.

Alexander erzwingt die Entscheidung

Was war seit dem Beginn des Jahres 43 eigentlich unternommen worden, um die Heeresgruppe Afrika aufzurüsten und instand zu setzen, ihren Brückenkopf erfolgreich zu behaupten? Glaubte Hitler den Traum von Casablanca zur Wirklichkeit erwecken zu können, so hätte der Nachschub strömen und die beiden Armeen der Heeresgruppe hätte stärker sein müssen als zu irgendeiner anderen Zeit es deutsche Truppen in Afrika waren.

Im Januar waren 46 000 Tonnen mit 50 Panzern, 2 000 Fahrzeugen und 214 Geschützen nach Tunis verschifft worden. Der Tonnage nach entsprach das etwa der Menge, welche allein die 1. deutsch-italienische Panzerarmee brauchte und um die sie seit Monaten für Libyen gebeten hatte.

Im Februar gelang es, diese Zahl auf 52 750 Tonnen zu steigern, unter denen sich 50 Panzer, 1 300 Fahrzeuge und 120 Geschütze befanden. Der Monatsbedarf zur Sicherung des Existenzminimums belief sich auf 70 000 Tonnen, ohne daß dabei die Anlage von Vorräten berücksichtigt worden war. Denn um die Festung versorgungsmäßig für einen Großkampf auszustatten, hätten zusätzlich, also neben den laufenden Sätzen für die tägliche Versorgung, weitere 70 000 Tonnen zur Stapelung über das Mittelmeer herangebracht werden müssen.

An die Erfüllung solcher Forderungen war nicht zu denken, und so nahmen die Spannungen in der Versorgung weiter zu, nachdem die Kampfhandlungen wieder eingesetzt hatten, neue Truppen auf dem Luftwege nach Tunis geworfen worden waren und zugleich die Versenkungsziffern erneut steil anstiegen. War bisher mit einem Verlust von 25 Prozent aller Schiffe gerechnet worden, so war jetzt jede Berechnung überflüssig. Die britisch-amerikanische Luftwaffe konzentrierte sich auf die Abschneidung aller Zufuhren und war unbestritten Herr der Situation.

Nach der Zurücknahme der Südfront in die Enfidavillestellung war ihr Wirkungsradius noch günstiger und innerhalb weniger Minuten konnte die alliierte Luftwaffe mit Jägerverbänden und Bomberstaffeln über Tunis und seinem Hafen La Goulette sein. Die deutschen Transportmaschinen wurden verstärkt eingesetzt. Es war aber ein reines Hasardspiel, ob sie ankamen oder ob sie nicht ankamen. Und trafen sie wirklich auf dem Flugplatz ein, so war noch nicht gesagt, daß sie auch wieder fortkonnten. Denn zumeist erschien wenige Minuten später schon ein Verband, um die Maschinen mit ihren kostbaren Lasten zu bomben, oder aber Jäger stürzten sich auf die langsamen Ju 52, sobald sie zum Rückflug in Tunis starteten. Treibstoff und auch Panzer wurden mit den übergroßen Transportstaffeln der „Giganten" überflogen. Sie hatten zehn Mann Besatzung und verfügten über eine ansehnliche Feuerkraft, so daß sie nicht ohne weiteres anzugreifen und abzuschießen waren. Aber ein einziger Treffer in den Bauch eines „Giganten" genügte, um ihn mit seiner Brennstoffladung in Flammen aufgehen zu lassen. Und so schwanden diese Transportmaschinen dahin. Sie versanken im Mittelmeer und der Flugplatz von Tunis war von ihren Trümmern übersät. Bei jedem Fluge wurden sie dezimiert, ja an manchen Tagen ganze Staffeln zusammengeschossen und als furchtbare Feuersäulen in die Tiefe geschickt.

Nicht nur für Arnim, für jeden Schützen war es klar, daß sich angesichts dieser Zustände die Kämpfe ihrem Ende zuneigten. Es bedurfte nur eines energischen Stoßes, eines Durchbruches, einer schnellen Ausnützung der dann entstehenden Lage, um das Ende der Heeresgruppe herbeizuführen. Niemand verstand, warum Alexander zögerte und worauf er wartete. Rommel, an seiner Stelle, hätte längst gehandelt und rücksichtslos die Entscheidungsschlacht erzwungen. Denn die voll aufgefüllte 8. Armee und die englisch-amerikanischen Divisionen unter Andersen standen, verstärkt auch noch durch Girauds Truppen, bereit*).

Es ergab sich aber der merkwürdige Umstand, daß niemand es wagte, aus den Gegebenheiten in Tunesien auch eine Folgerung zu ziehen. In La Goulette wurden italienische Truppen verladen, um nach Italien zurückzukehren. Die gleichen Leichter, welche diese Soldaten auf ein Schiff außerhalb des Hafens brachten, beförderten auf dem Rückweg Einheiten der Division Hermann Göring an Land. Sie waren neu eingekleidet, auf das beste bewaffnet und während langer Monate sorgsam ausgebildet worden. Junge, tatendurstige

---

*) Im Süden lagen jetzt die 51. englische Division, die 2. neuseeländische, die 4. indische, die 50. englische und die 7. Panzer-Division in der Front. Daran schlossen sich die französischen Divisionen Constantine, Marokko und Algier. Bis zum Norden waren vom rechten Flügel im Süden ab eingesetzt: die 10. englische Panzer-Division, die 34. amerikanische Infanterie-Division, Teile der 2. US-Panzer-Division, die 1. und die 6. englische Panzer-Division, die 46., die 4. und 78. englische Infanteriedivision und endlich die 1. US-Panzer-Division, die 1. und 9. amerikanische ID. und das Freie französische Korps.

Offiziere standen an ihrer Spitze, um sie zum erstenmal gegen den Feind zu führen. Und das alles nur, um wenige Tage später in Gefangenschaft zu geraten. Es war ein Wahnsinn, aber es schien, daß er nicht zu ändern war. Truppenkommandeuren, die sich nach ihrer Verwundung oder einem Kommando in Rom zum Rückflug nach Tunis meldeten, wurde zwar offen erklärt, daß es unsinnig sei, sich nur zu dem Zwecke über das Mittelmeer zu begeben, um sehr bald ein englisches oder amerikanisches Gefangenenlager zu bevölkern, aber es fand sich kein Mann und keine Dienststelle, um ihnen zu befehlen, diesen Unsinn nicht zu begehen und in Rom zu bleiben. Man schloß die Augen und tat brav seine Pflicht, um sich keine Ungelegenheiten zu bereiten. Fast bis zum letzten Tage wurden Offiziere und Truppen überflogen und viele von ihnen fanden auf diesem Wege schon den Tod in den Wellen.

Nicht Truppen aber brauchte die Heeresgruppe, sondern Munition und Brennstoff. Im Gegenteil wäre es eine Erleichterung für die Führung gewesen, hätte man frühzeitig alle rückwärtigen Dienste abgebaut und nach Italien gebracht. Die Versorgungstruppen, die Werkstätten, die Heeres-, Luftwaffen- und Marineeinheiten, welcher die Heeresgruppe zur Aufrechterhaltung der Nachschubwege, der Lager und all der vielfältigen Einrichtungen bedurft hatte, waren längst überflüssig geworden. Sie stellten unnütze Esser dar und waren ein Ballast für die Armeen. Rommel hatte ein andermal Vorschläge ausgearbeitet, die darauf abzielten, einen großen Teil der Truppen, darunter die kampferfahrenen und an Spezialwaffen ausgebildeten Einheiten zu retten, die man in der Folge zur Verteidigung des europäischen Festlandes dringend brauchen würde. Aber teils glaubte man selbst jetzt, im April, noch immer, Tunis lange Monate halten zu können, teils galt es wohl als „ehrenhafter" – denn klüger konnte man es nicht nennen – in einem afrikanischen Stalingrad bis zur letzten Patrone zu kämpfen, als vor dem Volke das Odium eines Rückzuges und einer Niederlage auf sich zu nehmen.

Die Kämpfe wurden auf beiden Seiten mit wachsender Erbitterung geführt. Die freie und stolze Atmosphäre der Wüste war nicht die tunesische. Es lag in der Natur der Schlacht, daß dort, wo der Infanterist sich mit der blanken Waffe den Eingang in die feindlichen Stellungen erkämpfen und wo er auf der anderen Seite mit Handgranaten und Bajonett einen zahlenmäßig überlegenen Feind abwehren und im Gegenstoß aus seiner eigenen Stellung herauswerfen sollte, äußerste Erbitterung von der Seele jedes einzelnen Soldaten Besitz ergriff. Nur in der 8. Armee und bei der 1. Panzerarmee traf man noch jene merkwürdige und mit schöner Bewunderung des Gegners vermischte Einstellung an, die beide in zwei Jahren ihres Wüstenfeldzuges ausgezeichnet hatte. Und wie sich diese beiden Armeen untereinander durch besondere Gebräuche, durch eine eigene Ausdrucksweise, durch eiserne Kameradschaft und ein stillschweigendes Zusammengehörigkeitsgefühl zu gleichen schienen, so unterschieden sie sich auch von den Truppen, die erst in Tunis den Boden Afrikas betreten hatten.

War die 8. Armee die Elite Englands, weil sie kampferfahren und kampfgewohnt war, so dünkte sich auch das DAK eine zu sein, während auf der anderen Seite die 5. Panzerarmee auf ihre Erfahrungen in Rußland zurückblickte und ihren eigenen Hochmut nährte. Aus diesen und allerlei anderen Gründen begegnete man in den Kreisen der 5. Panzerarmee einer Einstellung zum libyschen Expeditionskorps, die weder gerecht noch der gemeinsamen Sache förderlich war. Dieses hatte Monate des Rückzuges hinter sich. Man übersah, daß er die Folgen nicht einer verlorenen Frontschlacht der Soldaten, sondern einer verlorenen Nachschubschlacht war. Sie war die Ursache, jene die Wirkung. Der Rückzug aber konnte als eine der glänzendsten Taten der Armee und ihres Oberbefehlshabers gelten.

Wenn die 5. Armee, die am 10. Dezember gebildet worden war, anfangs mit einer Handvoll Truppen Erfolge erringen und endlich im wesentlichen die Linien halten konnte, die sie zur Bildung des Brückenkopfes vorgeschoben hatte, so dankte sie das neben der eigenen Kühnheit und der Entschlossenheit ihrer Kampfführung auch einem Gegner, der sich auf die gemeinsame Entscheidungsschlacht mit der 8. Armee hatte vorbereiten wollen und mit seinen kampfungewohnten und unerfahrenen Divisionen jedem Risiko aus dem Wege gegangen war. Inzwischen war die Schlacht entbrannt und im gleichen Augenblick hatte auch die Kalamität des Nachschubs und der allgemeine Mangel beide Armeen der Heeresgruppe erfaßt.

Am 17. April eröffneten die Amerikaner die neue Schlacht mit einem Angriff auf Medjez el Bab, der die Straße nach Tunis aufbrechen sollte. Er konnte sein Ziel erreichen, bis ein Gegenangriff alles über den Haufen warf und darüber hinaus in die rückwärtigen Stellungen der Amerikaner stieß, wo einige hundert Gefangene gemacht und fünf Batterien vernichtet wurden. Die Kämpfe gingen vor allem nördlich um die Höhen von Haidous weiter.

Nach schwerem Ringen ging die wichtige Höhe 668 endgültig verloren. Doch alle Anstrengungen, den Durchbruch und damit die Entscheidung zu erzwingen, blieben ohne Erfolg.

Ein zweiter Schwerpunkt bildete sich im Süden, wo die 8. Armee mit zwei Panzer- und vier Infanteriedivisionen gegen die günstigen Stellungen von Enfidaville anrannte, deren steil abfallende

Hänge sich fast bis ans Meer heranzogen. Bis Hammam Lif, der Residenz des Beys von Tunis, war das Trommelfeuer zu hören, mit dem Montgomery seinen Angriff vorbereitete. Am 20. April brachen Wellen von Infanterie, von Panzern gedeckt und begleitet, gegen die deutschen Stellungen. Takrouna ging verloren, wurde aber von Italienern wiedererobert. Enfidaville selbst wurde geräumt, blieb im Niemandsland liegen, und zwischen die üppig wuchernden Gärten des Regierungsgebäudes und in die breiten, sonnenübergossenen Straßen des kleinen Städtchens segelten nur noch von Zeit zu Zeit einige Granaten, um mit sinnlosem Gedröhne zu bersten.

Am 21. April ging Takrouna wieder verloren. Die Höhen und die Paßstraße Enfidaville–Zaghouan in Besitz zu nehmen, gelang jedoch nicht. Abermals und abermals stürmten Engländer, Neuseeländer und Inder gegen die Stellungen. Der Raum, der ihnen hätte die Möglichkeit geben sollen, die Angriffsmassen der Armee voll zu entfalten, blieb gesperrt. Erschöpft von den ungeheuren Strapazen des Gebirgskampfes und geschwächt durch die blutigen Verluste der Schlacht, stellte sie die Angriffe schließlich ein.

Inzwischen waren die Kämpfe um Medjez el Bab wieder aufgeflammt und Alexander zog drei Divisionen Montgomerys von der Südfront ab. Sie sollten im Westen eingesetzt werden, wo jetzt der Schwerpunkt aller Kämpfe lag, denn hier war in der Tat die wunde Stelle der Front. Bei Medjez am Medjerdafluß verbreiterte sich das Tal zu einer Ebene, die, dem Norden zu von Höhenrücken begleitet, nordostwärts hinter Tebourba vor Djedeida zur offenen Plaine wurde. Zwar bildeten zunächst die bis 200 Meter ansteigenden Berge des Westufers für die Verteidiger bis Tebourba vorzügliche Abwehrstellungen, doch war dieser Raum als ganzer der natürliche Ansatzpunkt für einen Durchbruch großen Stiles mit Panzermassen, mit denen im Gebirge ja nicht viel anzufangen war.

Die 10. Panzerdivision, deren erster Kommandeur, General Fischer, gleich in den ersten Tagen nach der Landung auf eine Mine geraten und gefallen war, wobei Oberstleutnat Graf Stauffenberg schwer verwundet wurde, derselbe Graf Stauffenberg, der am 20. Juli des kommenden Jahres eine so wichtige Rolle spielen sollte, und die Division Hermann Göring waren hier zur Abwehr eingesetzt. Bis zum 24. April wurden alle Angriffe im wahren Sinne des Wortes in Blut erstickt*). Bei Pont du Fahs und nördlich Medjez el Bab

---

*) Am Abend des 23. Aprils meldete die Heeresgruppe nach Rom, daß sie unbeweglich war. Die 10. PD. besaß nur noch Brennstoff für einen halben Tag, die 21. PD. war völlig unbeweglich und die übrigen Verbände hatten bis zum 24. abends noch Betriebsstoff. Die Munition reichte teilweise bis zum 25., bei verschiedenen anderen Geschützarten bis zum 26. und 28. April.

wurden an die hundert Panzer vernichtet, teilweise auf nahe Entfernung, da sie hier bis auf 50 Meter an die deutschen Stellungen herangekommen waren. Enttäuscht hatten kurz zuvor bei Pont du Fahs einige Bataillone Araber, Freiwillige, voll kriegerischer Würde und kindlichen Stolzes, die aber beim ersten Angriff überliefen und ihre deutschen Offiziere in den verlassenen Stellungen zurückließen. Allerdings hatte man die Ungeschicklichkeit begangen, sie ausgerechnet den marokkanischen Truppen Girauds gegenüberzustellen. Hingegen schlug sich eine französische Freiwilligenformation tapfer und unverdrossen an der Seite der Panzerarmee.

Die deutschen Verluste, die in diesen schweren Kämpfen ebenfalls hoch gewesen waren, zwangen die Führung zu einer Frontverkürzung**). Im gleichen Augenblick stießen die Divisionen der 8. Armee, von Enfidaville eingetroffen, in die Bewegung und am Salzsee el Kourzia durch. Sie wurden aufgefangen und die Kämpfe wogten mit abwechselnden Erfolgen hin und her, Angriffe lösten Gegenangriffe ab, das Dröhnen eines sich immer mehr steigernden Artilleriekampfes, das Rauschen herabfallender Bomben, das Knattern der automatischen Waffen und das Rasseln der Panzerraupen erfüllte die Tage mit wildem Kampfeslärm.

Die 1. englische Armee, meldete London am 26. April, „traf auf den Widerstand der berühmten deutschen Panzergrenadiere, Arnims Elitetruppen". Sie hielten auch in den folgenden Tagen stand, bereinigten einen Einbruch ostwärts des Flusses, der bis zum Dschebel el Bou Aoukaz vorgedrungen war und eroberten sogar die Höhe 187 zurück. Von ihren rückwärtigen Verbindungen abgeschnitten, lagen die Grenadiere in den einsamen Bergstellungen, ohne Wasser und Verpflegung, taumelnd vor Müdigkeit, sofort zur Waffe greifend, wenn nach dem Trommeln der Artillerie Panzer und Infanterie versuchten, zwischen den Stützpunkten durchzusickern. Aber auch der Feind leistete Übermenschliches. Mit verbissener Wut warf er sich immer wieder gegen die Höhenstellungen, klomm er die kahlen Berge hinan und lag er im zusammengefaßten Feuer der deutschen Abwehrwaffen.

Von der Härte dieser Kämpfe gaben Beutepapiere eine Vorstellung, welche die schweren Verluste der Angriffsdivisionen nannten. Das 1. Royal Infanterieregiment verlor am Karfreitag 400 Mann, die 1. Irish Guards, Mitte März mit 850 Mann Kampftruppen gelandet, zählten noch 120 Gewehre. Die Welsh Guards büßten 80 Prozent ihres Bestandes ein. Vor einer einzigen deutschen Stellung lagen

---

**) Am 28. April besaß die Heeresgruppe nur noch 76 intakte Panzer bei einem Soll von 518. An Brennstoff besaßen die Truppen 0,1 bis 0,7 Prozent eines Versorgungssatzes und 0,2 bis 1,2 Munitionsausstattungen.

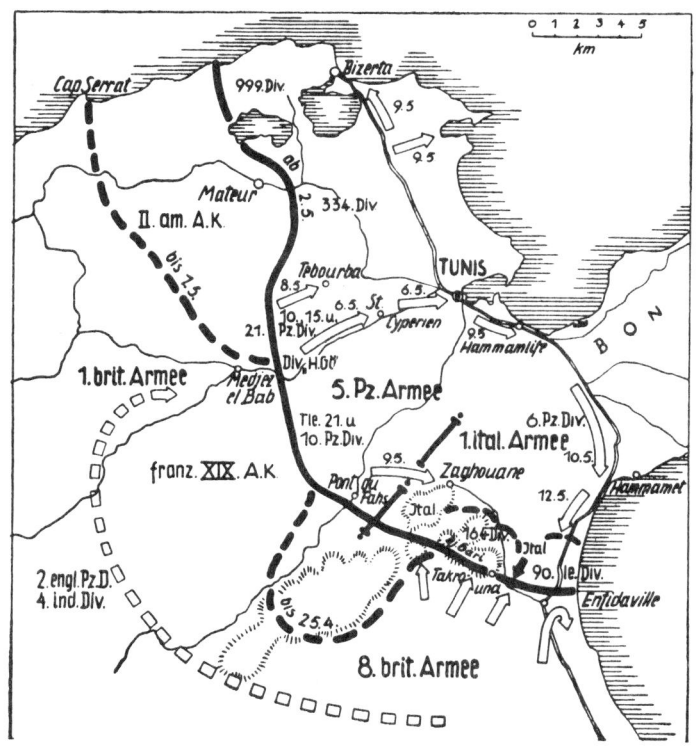

Die Endkämpfe um Tunis

Gliederung: H.-Gr. Afrika (Arnim) mit 5. Pz.-Armee (Gen. v. Vaerst), rechts-Reste der deutschen 10., 15., 21. Pz.-Div., 334., 999. Div. u. Div. „H. Göring" sowie Italiener — und I. ital. Armee (Gen. Messe) links (Südfront) gegenüber 8. brit. Armee (Montgomery) mit 90. le., 164. Div. und Resten von 4. ital. Div.

600 Tote. Die Luft, die sich über Mittag zu drückender, nervenzerfressender Schwüle verdickte, war erfüllt von Verwesungsgeruch. „Die deutschen Besatzungen dieser Bergfestungen sind bereit, kämpfend zu sterben", erklärte ein englischer Kommentar. „Sie wehren sich mit einer Entschlossenheit, die man nicht für möglich hielt und mit der nicht gerechnet wurde." Bis zum 4. Mai blieben die entscheidenden Höhen im Besitz der deutschen Grenadiere. In die felsige Erde waren mit Brechstange und Hacke Löcher hineingewühlt worden, in denen eine Handvoll Infanteristen ohne Aussicht auf

ein Ende als dasjenige lebte, in diesem Steinloch zu sterben oder in Gefangenschaft zu geraten. Dort, wo sie nicht einmal ihren Nachbarn sehen konnten, wo ihr junger Kompanieführer irgendwo seinen Gefechtsstand hatte, nur durch ein Rennen mit dem Tode durch das Trommelfeuer zu erreichen, wo dann und wann, wie aus der Erde gespien, die hagere Gestalt des Bataillonskommandeurs auftauchte, um ebenso plötzlich wieder zu verschwinden, dort schlief todmüde und erschöpft der Infanterist über seinem MG. Taumelnd fuhr er hoch, wenn die nahen Einschläge der Granaten einen Klumpen Dreck oder Eisen in seine dürftige Deckung warfen. 800 Meter weiter lagen wieder vier Mann. Ausgedörrt von der Hitze der Sonnentage, erschöpft vor Hunger und Durst, ließen sie die letzte schwarze Zigarette reihum gehen und, hörte das Feuer jäh auf, löste das Brechen, Heulen und Bersten sich in beklemmende Stille, so sprangen sie ohne einen anderen Befehl an ihre Waffen als jenen der grimmigen Entschlossenheit, bis zur letzten Stunde zu kämpfen.

Und drüben? auf der anderen Seite? Sie hatten mehr zu essen. Sie waren besser ausgerüstet und sie zählten mehr Truppen. Aber sonst war es genau dasselbe. Heroismus hüben wie drüben, hier, wo man die Ausweglosigkeit des Ringens kannte, dennoch keinem schwächlichen Gedanken erlag, dort wo man des Preises sicher war und dessen ungeachtet keine Opfer scheute, ihn zu erringen.

Heroismus gewiß – aber in ihm lag auch der ganze Widersinn des Krieges eingeschlossen.

Der Bou Aoukaz hatte inzwischen viermal seinen Besitzer gewechselt. Auch das I. amerikanische Korps hatte hier blutige Kämpfe zu bestehen. Endlich ließen die Angriffe nach, da Alexander die erschöpften Divisionen mit ihrer todmüden Infanterie neu gruppieren mußte. Bevor er aber noch seine Angriffe fortsetzte, war eine andere Drohung über der Festung Tunis heraufgezogen.

Im Nordabschnitt, zwischen Küste, Wüste und den Höhen um das Sedjenanetal standen amerikanische und französische Einheiten. Dieses Gebiet war ein ziemlich verteufeltes Gelände mit mannshohem Unterwuchs, der jede Sicht nahm, mit Dornengestrüpp, das auf den Höhen und in den Tälern wucherte. Es erstickte die fruchtbare Üppigkeit, die sonst Tunesien auszeichnete. In mühevollen, stundenlangen Märschen mußten Munition, Wasser und Verpflegung für die Stellungen von Mensch und Maultier herangeschleppt werden. Und hier waren nun langsam, Schritt für Schritt, in völliger Lautlosigkeit Amerikaner und Franzosen in die Stellungen der Bersaglieri eingesickert, die den Küstenabschnitt, angelehnt an die deutsche Division des Generals von Manteuffel, besetzt hielten.

Größere Einheiten wurden überrumpelt und niedergekämpft. Sofort entstanden breite Frontlücken und damit war das Sedjenanetal, das sich anschloß, bedroht. Reserven, um die Flanken abzuschirmen, standen nicht mehr zur Verfügung, denn alle verfügbaren Eingreiftruppen waren bei Medjez el Bab in die Schlacht geworfen worden.

So wurde die Führung zu einer einschneidenden Maßnahme gezwungen. Sie verlegte den gesamten Frontabschnitt und gab das bisher vom Feinde vergeblich berannte Höhengelände auf. In der Nacht zum Ostersonntag löste sich die Division Manteuffel unbemerkt vom Feinde und bezog an der Straße Beja–Mateur eine neue Stellung. Sie lehnte sich an den großen Salzsee an, in dessen Mitte der einsame Kegel des Dschebel Achkel wie eine Trutzburg emporragte und den Weg nach Bizerta versperrte. Mateur wurde geräumt. Bizerta lag nun unmittelbar hinter der Front.

Damit hatten die Amerikaner ohne neue Verluste einen unbestreitbaren, schönen Erfolg errungen, gestützt durch die Engländer, deren Angriffe bei Medjez el Bab Arnim gezwungen hatten, sich aller Reserven zu entblößen.

Am 3. Mai rollten die ersten amerikanischen Panzer in Mateur ein. Am nächsten Tage schon erfolgte ein Angriff gegen die neue Front Manteuffels, der abgewiesen wurde, und am 5. Mai ostwärts Mateur ein Panzervorstoß. Von 24 Kampfwagen wurden 13 durch ein einzelnes Flakgeschütz außer Gefecht gesetzt, aber die Masse, die der ersten Welle folgte, war nicht mehr aufzuhalten. Sie brach in die Stellungen ein, gewann das Höhengelände südlich Ferryville, und schon fluteten die Stoßtruppen durch die aufgerissene Front nach. Ohne Widerstand fiel die Hafenstadt den amerikanischen Truppen in die Hand und nur die Festung, von einer Handvoll Kanonieren, Infanteristen, Marinesoldaten, Fliegern und Italienern, einem zusammengewürfelten Haufen, verteidigt, hielt sich noch einige Tage. Die Bataillone und Kompanien Manteuffels aber, in einzelne Teile zersprengt, saßen ohne Kenntnis der Ereignisse irgendwo in ihren Stützpunkten, an Hängen und auf Höhen und schlugen sich mit dem Mute der letzten Verzweiflung. Drei Tage noch währten die Kämpfe. Dann hatte die Truppe keine Munition und kein Wasser mehr. Ihr Schicksal war besiegelt. Die Nordfront hatte aufgehört zu bestehen.

Bei Medjez el Bab aber war General Alexander wieder angetreten, entschlossen, endlich die Entscheidung herbeizuführen. Um jeden Fußbreit Boden wurde mit der blanken Waffe gekämpft. Zunächst gingen die immer wieder umstrittenen Höhen 212 und 214 verloren. Pausenlos hämmerte die Artillerie auf die deutschen Stellungen.

Kaum graute der Morgen, so dröhnte die Luft vom Brausen Hunderter von Jägern, die jedes einzelne Fahrzeug angriffen, jede erkannte Stellung mit Splitterbomben überschütteten, bis die Bomber sie ablösten und im „Parteitagflug" ihre Lasten auf engstem Raume abluden.

Die deutsche Luftwaffe war nicht mehr zu sehen. Jeder einsame Jäger, der noch auftauchte, wurde sofort umstellt und abgeschossen. Nicht nur die kämpfende Truppe, auch die Versorgungsstraßen, die Lager und die letzten wenigen Flugplätze wurden bei Tage und bei Nacht gebombt, von der englisch-amerikanischen Luftwaffe kontrolliert und damit in die Front mit einbezogen.

Als die Sonne am 6. Mai wie ein glühender Feuerball über den Bergen des Medjerdatales emporstieg, rollten 1 000 englische und amerikanische Panzerwagen zum Angriff und Durchbruch in die Ebene vor. Es waren die zusamengefaßten Verbände der 1. und 8. Armee, die jetzt, begleitet von Bombern und Jägern, dröhnend und kettenrasselnd die Entscheidung herbeiführten. Todesmutig warf sich die 15. Panzerdivision unter ihrem Kommandeur, General Borowitz, dem Strom entgegen. Die alte Afrikadivision wurde zerschlagen und vernichtet. Nach kurzem Kampf war sie ausgelöscht.

Es gab keine Möglichkeit, die wie einen feuerglühenden Lavastrom unaufhörlich vorwärts walzenden Panzerverbände aufzuhalten. Am Abend standen die Engländer in St. Zyperien, am Rande der Stadt Tunis. Dort blieben sie liegen. So kam der Freitag. Es war der 7. Mai. Die Truppen verfügten noch über 0,1 bis 1,4 Brennstoffsätze. Die Infanterie besaß eine Munitionsausstattung von 0,8, die Pak von 0,5 bis 0,9 und die Artillerie von 0,5 bis 1,2. Noch in der Nacht waren die letzten Reste des Panzer AOK 5 in Erwartung des Feindes aus Tunis nach der Halbinsel Bon abgerückt. Die unterirdische Bunkerstadt im Park von Belvedere lag leer und verlassen. Am Morgen erging Befehl zur Zerstörung der Häfen von Tunis und La Goulette oder vielmehr dessen, was von ihnen noch übrig war. Die Stadt selbst war trotz der rollenden Bombenangriffe wenig zerstört. Nur der Hafen bedeckte ein wüstes Trümmerfeld. Die einzige wirklich zerbombte Stadt war Bizerta. Von den Einwohnern rechtzeitig verlassen, lag sie in Staub und Schutt. Im Dezember noch war es General Gause, lange Zeit Chef des Stabes der Panzerarmee, gelungen, neun U-Boote, drei Zerstörer und drei Avisos in Besitz zu nehmen und 9000 französische Soldaten zu überreden, in ihr Mutterland als friedliche Heimkehrer zurückzugehen. Inzwischen war Bizerta aber als Hafen fast unbenutzbar geworden. Das reizvolle, einst so friedliche Städtchen bot einen grausigen Anblick, denn kein Haus, das nicht die Spuren der Angriffe trug, mit denen die alliierte Luftwaffe diesen wichtigen Versorgungsplatz lahmzulegen sich bemüht hatte. Nur kleine Fahrzeuge und Siebelfähren konnten noch anlegen.

Nichts ist trostloser in einem Kriege, nichts entmutigender und nichts erscheint sinnloser als der Zusammenbruch einer Armee. Was bis vor einer Stunde noch als höchste Ordnung galt, ein Präzisionswerk unerschütterlicher Disziplin und Exaktheit, löst sich nun in völligem Chaos auf. Millionenwerte, sorgsam gehütet, bewacht, gestapelt, gezählt, registriert, werden in Minuten zerstört. Fast hatte es den Anschein, als vernichtete der Mensch mit besonderer Sorgfalt, ja sogar mit Wohlgefallen, was ihm gestern noch das Leben erhielt.

Während über dem Hafen die brandroten Explosionssäulen emporschossen, Versorgungslager und Depots gesprengt und angezündet wurden, vor den Unterkünften der Stäbe Karten und Akten aufgeschichtet und mit Benzin übergossen wurden, während Lastwagen und andere Fahrzeuge in den Straßen rotglühend ausbrannten, Flaksoldaten ihre Munition vernichteten, ihre Geschütze unbrauchbar machten und andere sinnlos umherliefen, als könnte es noch einen Ausweg geben, ging die Bevölkerung, teilweise neugierig, teilweise unberührt, ihres Weges. Sie verhielt sich bis zur letzten Stunde korrekt, ja neigte vielfach zu freundlichen Gefühlen. Kein einziger Akt der Sabotage oder eines Guerillakrieges ereignete sich.

Die Lazarette waren bis an den Rand mit Verwundeten gefüllt. In den Zimmern und auf den Gängen standen Tragbahren und auf jedem freien Raum lagen die Leiber blutender Männer. Im Hafen von La Goulette bombten Engländer die „Beluno", bis – inmitten dieses wirren Durcheinanders — ein direkter Funkspruch Generaloberst von Arnims an die englische Führung erging, daß sich auf der „Beluno" 600 englische und amerikanische Gefangene befänden und das zweite, noch vor Anker liegende Schiff in der Bucht ein Lazarettschiff sei.

Über der Stadt dröhnten Tiefflieger. Wellen von Jagdbombern stürzten sich in die Bucht von Tunis, um einzelne Schiffe zu vernichten, die La Goulette gegen Abend verlassen hatten, Schnellboote, Avisos und einige Fischkutter. Sie wurden in Brand geschossen und fast ausnahmslos vernichtet.

Um 17 Uhr erschienen die ersten Panzerwagen in der Stadt. Sie war geräumt und leer. Die letzte Nummer der „Oase", der Frontzeitung der 1. Panzerarmee und zuletzt der Heeresgruppe, lag noch druckfeucht in den verlassenen Unterkünften. Ordnungsgemäß wurden die Lazarette übergeben. Vom Meer her warf die Silhouette eines ausglühenden Schnellbootes blutige Reflexe auf das dunkle Wasser. Eine letzte Ju 52 pirschte sich, wenige Meter über dem Wasser fliegend, durch den dunklen Abend und nahm Richtung Sizilien.

Mit dem Fall von Tunis war die deutsche Front in zwei Teile zerfallen. Eine neue Linie wurde in aller Eile zur Sperrung der Halbinsel Bon errichtet und besetzt. Bei Soliman, westlich Hammam Lif, am nördlichen Zugang zur Halbinsel, wurde der Feind gestoppt. Ungebrochen und auch unberührt von diesen Ereignissen stand jetzt allein noch die Front der 1. Panzerarmee bei Enfidaville, freilich abgeschnitten von ihrer Versorgung und ihrer lebenswichtigen Basen beraubt. Um den Dschebel Zaghouan, einen rauhen, phantastischen Gebirgsstock, wurde erbittert weitergekämpft. Ihre Verwundeten in der Mitte, erwarteten die Soldaten aller Waffengattungen den Feind zum letzten Gang.

Am 12. Mai war die Nordspitze der Halbinsel Bon von englischen Panzern erreicht und damit der Kampf beendet worden. Die Truppen hatten kapituliert. 24 Stunden später streckten die Divisionen in der Enfidavillestellung die Waffen und zeigten auch die Kampfgruppen im Dschebel von Zaghouan die weiße Fahne. Sie hatten keine Munition mehr.

Generaloberst von Arnim, von General Alexander empfangen, der Wert darauf legte, seinem ritterlichen Gegner für den Funkspruch zu danken, der 600 seiner Soldaten das Leben gerettet hatte, ersuchte, aufgefordert, einen Wunsch zu äußern, die gleiche Anzahl deutscher Verwundeter mit einem Lazarettschiff in die Heimat zu entsenden. Die Bitte wurde gewährt und zum letzten Male fand eine Gesinnung beredten Ausdruck, die den Krieg in der Wüste von Anbeginn an in schöner und bester soldatischer Weise ausgezeichnet hatte.

Das Oberkommando der deutschen Wehrmacht, das am 13. Mai in einer Verlautbarung den Abschluß des Krieges in Nordafrika bekanntgab, erklärte, daß „die Truppen dem Mangel an Nachschub, nicht dem Ansturm des Feindes erlagen, der die Überlegenheit unserer Waffen auch auf diesem Kriegsschauplatz oft genug hat anerkennen müssen."

War auch der Sinn dieser Begründung reichlich dunkel und widerspruchsvoll, so wurde doch endlich und zwar zum ersten und einzigen Male offen zugegeben, daß trotz aller Versprechungen und Befehle dem libyschen Expeditionskorps und späterhin der Heeresgruppe Afrika die Mittel versagt worden waren, um einen aussichtsreichen Kampf führen zu können. Die Nachschubschlacht wurde verloren. Die Armeen unterlagen dem erdrückenden Übergewicht des Feindes. Der Krieg um das Mittelmeer war entschieden und der Weg zu einer Landung im Süden Europas frei.

Wären die Erfahrungen dieser Niederlage nutzbringend angewandt worden, so hätte der Krieg jetzt beendet werden müssen und nicht, Europa der Zerstörung preisgebend, bis zum Jahre 1945 anzudauern brauchen. Die Lehre, welche Afrika erteilt hatte, war eindeutig. Die deutschen Kräfte reichten nicht aus, um den Krieg gegen eine ihm überlegene Welt mit Aussicht auf Erfolg weiterführen zu können. Selbst wenn dem libyschen Expeditionskorps die Mittel gesichert worden wären, um England in Ägypten zu schlagen, so wäre die Überlegenheit Englands und der Vereinigten Staaten damit nicht beseitigt gewesen. Ihre aus unerschöpflichen Reserven sich nährenden Armeen hätten, entlastet durch den Krieg im Osten Europas, an anderer Stelle die Entscheidung zu ihren Gunsten erzwungen, wie es anderthalb Jahre später ja denn auch geschah.

Die Deutsche Führung hatte ihre Kräfte überschätzt und den Feind in strafbarer Leichtfertigkeit unterschätzt. Sie verfügte schon lange über keine schlagkräftige Luftwaffe mehr, ohne die keinem Gegner mit einer starken Luftmacht entgegengetreten werden konnte. Der weitere Verlauf des Krieges war nicht mehr zweifelhaft. Deutschland, auf sich allein gestellt, vermochte, das hatte schon der erste Weltkrieg erwiesen, nur e i n e n Krieg zu gewinnen: den Krieg nämlich, den es nicht führte.

Die Siege und die Niederlagen aber, die zwei Völker in stets wechselndem Geschick auf afrikanischen Boden erstritten und erlitten, sind die Geschichte tapferer Generale und tapferer Soldaten. Beide führten den Krieg im Glauben an eine gute und gerechte Sache. Beide führten ihn als einen ehrlichen Kampf ohne Furcht und Tadel, frei von Leidenschaften und blindem Haß, männlich und großartig.

Tausende ruhen, im Tode vereint, in der Unendlichkeit der Wüste, jener schrecklichen Wüste, die ihnen zum Schicksal wurde, die den Menschen immer wieder mit geheimnisvollen Kräften anzieht, mit schmerzlicher Inbrunst seinen Geist erfüllt und ihn in die große Einsamkeit zurückruft.

Möge der Menschen Herzen aus den Opfern der Soldaten eine Lehre ziehen.

ZEITTAFEL

9. 12. 40. Beginn der englischen Offensive unter Wavell gegen Libyen.

12. 11. 40. OKW-Weisung Nr. 18: Vorbereitung des Angriffs auf Gibraltar über Spanien; Besetzung Südfrankreichs; Unterstützung Italiens gegen Griechenland und in Nordafrika zum Angriff auf Ägypten im Herbst 41.

12. 12. Gibraltar-Unternehmen wird wegen der ablehnenden Haltung Spaniens abgesagt.

13. 12. OKW-Weisung Nr. 20: Offensive aus Bulgarien gegen Nordgriechenland und Becken von Saloniki, um die Einrichtung englischer Luftbasen zu verhindern.

18. 12. OKW-Weisung Nr. 21: Vorbereitung des Unternehmens „Barbarossa", Angriff gegen die Sowjetunion.

Januar 41. Verlegung des X. Fliegerkorps nach Sizilien.

16. 1. 41. Hitler bezeichnet „Barbarossa" als die entscheidende Aufgabe für 1941. Kriegführung in Afrika habe zu verhindern, daß Italien innerlich zusammenbreche, deshalb Entsendung eines Verbandes, der die Italien fehlenden Waffen enthält; Sicherungsaufgabe, die beweglich und gepaart mit einer gewissen Angriffskraft durchzuführen ist.

6. 2. 41. Rommel erhält Befehl zur Übernahme des Deutschen Afrika-Korps.

6. 2. Rommel trifft in Tripolis ein.

12. 2. Erster deutscher Luftangriff auf den Hafen Bengasi.

1./2. 3. Donauübergang der 12. Armee nach Bulgarien.

2. 3. Englische Truppenlandungen in Griechenland.

22. 3. Besetzung el Aghei-
las.

2. 4. Einnahme Agedabias.
8. 4. Schlacht bei Mechilli.
12. 4. Erster Angriff auf
Tobruk. Besetzung von
Bardia und Sollum an der
ägyptischen Grenze.

15. 6. Schlacht bei Sollum.

25. 7. Bildung der Panzergruppe Afrika.

18. 11. Britische Gegenoffensive unter Auchinleck und
Cunningham gegen die Pan-
zergruppe Afrika.
23. 11. Schlacht bei Sidi
Rezegh.

7. 12. Freigabe Tobruks,
Rückzug auf die Gazala-
linie.

20. 1. 42. Kapitulation des
Halfayapasses.
21. 1. Gegenangriff zur Rückeroberung der Cyrenaika.
28. 1. Einnahme von Bengasi.
Februar: Beginn der Luft-
offensive gegen Malta.

17. 3. Hitler dehnt das Operationsziel
gegen Griechenland auf die Besitz-
nahme des ganzen Landes aus, um die
Basis für die Gewinnung der Luftherr-
schaft im ostwärtigen Mittelmeer in
der Hand zu haben.
26. 3. Staatsstreich in Belgrad.
6. 4. Feldzug gegen Griechenland und
Jugoslawien.

20. 5. Angriff auf Kreta.
18. 6. Deutsch-türkischer Vertrag.
22. 6. Beginn des Unternehmens „Barbarossa", Angriff auf die Sowjetunion.
6. 7. Riga genommen.
10. 7. Pleskau genommen, Panzerspitzen vor Kiew, Beginn der deutsch-
finnischen Offensive.
21. 7. Panzergruppe 4 vor Leningrad.
August: Schlacht bei Smolensk.
September: Englische Truppen rücken
im Iran ein.
3.—10. 9. Schlacht bei Kiew.
Oktober: Antreten der Heeresgruppe
Mitte auf Moskau.

Ende November: Gegenangriff auf
Rostow, Zurücknahme der 1. Panzerarmee auf den Miusabschnitt.
6. 12. Rückschlag vor Moskau, Beginn
der russischen Winteroffensive.
7. 12. Pearl Harbour, Japans Eintritt
in den Krieg.

Mitte Februar: Abschluß der örtlichen
Rückzüge bei den Heeresgruppen Mitte
und Nord.

232

26.5. Dritte Offensive Rommels aus der Gazalafront.
2.6. Beginn der Schlacht von Bir Hacheim.
20. 6. Einnahme Tobruks.
22. 6. Vorstoß nach Ägypten.
29.6. Einnahme von Marsa Matruch.
1.7. Erster Angriff gegen el Alamein.
9. 7. Zweiter Angriff gegen die Südfront von el Alamein.

30.8. Durchbruch durch die Front von el Alamein.
2. 9. Abbruch der Schlacht und der Operation gegen den Nil.

23. 10. Beginn der englischen Offensive unter Montgomery und Alexander.
2. 11. Durchbruch der 8. Armee durch die Alameinfront.
4. 11. Rückzug auf die Fukalinie.

20. 11. Marsa el Bregastellung erreicht.
24. 12. Angriff gegen die Bueratlinie.
22. 1. 43. Räumung von Tripolis.

12. 2. Einrücken der Panzerarmee Rommel in die Marethstellung und Vereinigung mit der 5. Panzerarmee in Tunis.
15. 2. Vorstoß nach Gafsa und Sidi Bouzid.

April: Konferenz des britisch-amerikanischen Generalstabes in London. Erste Planung für die Invasion.

Juni: Roosevelt und Churchill beschließen in Washington gemeinsame Operationen in Französisch-Nordafrika.
22. 6. Beginn der Sommeroffensive an der gesamten Ostfront.

1. 7. Sewastopol genommen.

19. 8. Britisches Landungsunternehmen bei Dieppe.

25. 9. Wechsel Chef des Generalstabes des Heeres. An die Stelle von Halder tritt Zeitzler.

7. 11. Englisch-amerikanische Landung in Französisch-Nordafrika.
19. 11. Beginn der russischen Offensive beiderseits Stalingrad.

Januar: Beginn der englisch-amerikanischen Luftoffensive gegen Deutschland.
1. 2. Kapitulation in Stalingrad.

233

20. 2. Vorstoß auf Thala —
Le Kef.

23. 2. Bildung der Heeresgruppe Afrika.

31. 3. Schlacht bei el Guettar.

20. 4. Antreten der 8. Armee
gegen die Enfidavillestellung.

3. 5. Durchbruch nach Mateur.

7. 5. Tunis in englisch-ameri-
kanischer Hand.

12./13. 5. Kapitulation der
deutsch-italienischen
Truppen.

Mai: Roosevelt und Churchill beschließen die Invasion in Frankreich für den
Sommer 1944.

NAMENREGISTER

9 Mei 78

Gezeichnet am So 20.5.78 in Brüssel

a SERVAIS Biographie